LA

MARQUISE DE BRINVILLIERS

DANS LA MÊME COLLECTION

OUVRAGES DU MÊME AUTEUR

LES BORGIA

LA MARQUISE DE GANGES — LES CENCI

Un volume.

LES MASSACRES DU MIDI

Un volume.

MARIE STUART

KARL-LUDWIG SAND — MURAT

Un volume.

E. GREVIN — IMPRIMERIE DE LAGNY

LA MARQUISE
DE BRINVILLIERS

LA COMTESSE DE SAINT-GÉRAN
JEANNE DE NAPLES

PAR

ALEXANDRE DUMAS

PARIS

ERNEST FLAMMARION, ÉDITEUR

26, RUE RACINE, 26

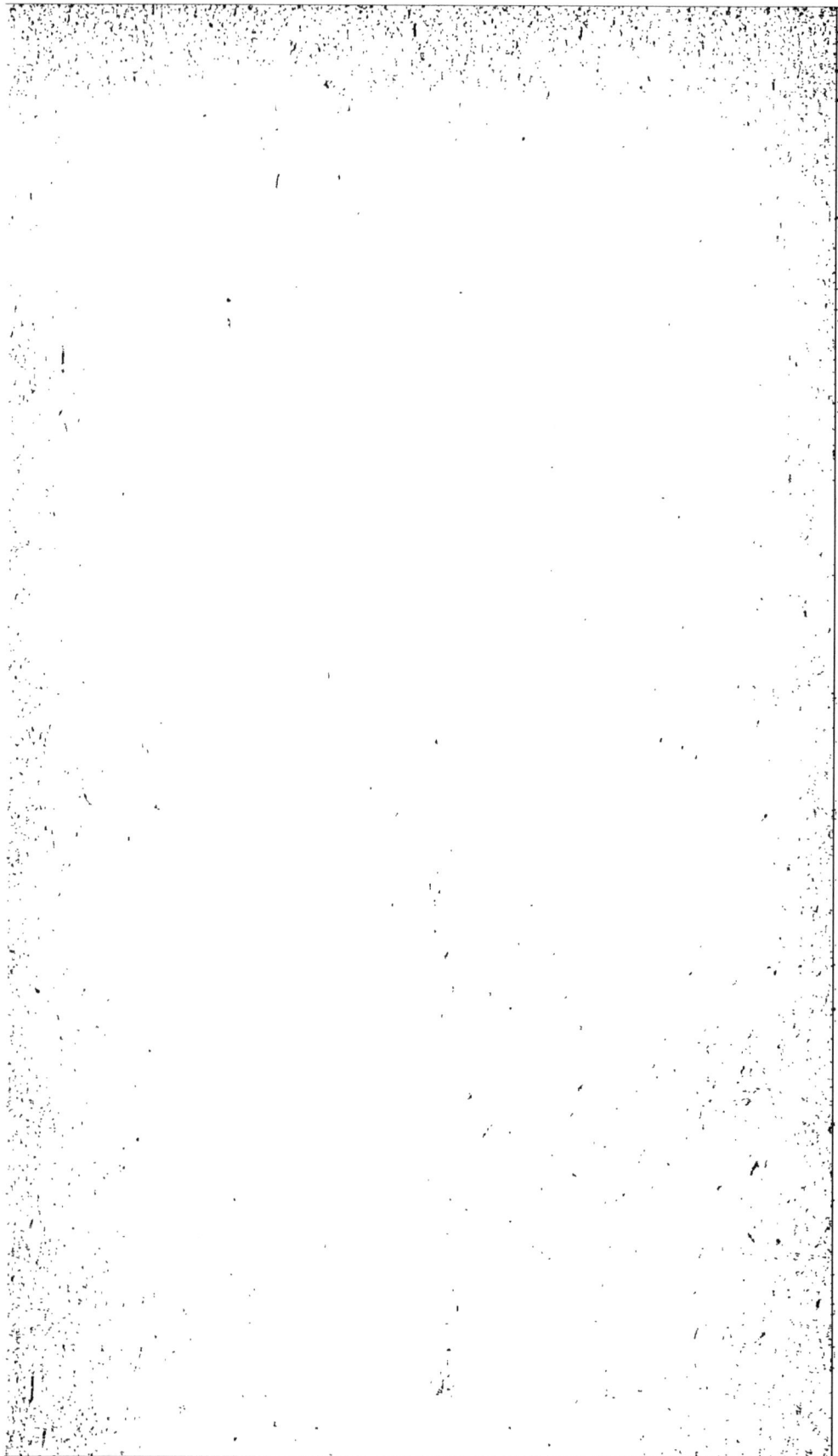

LA
MARQUISE DE BRINVILLIERS

1676

Vers la fin de l'année 1665, par une belle soirée d'automne, un rassemblement considérable était attroupé sur la partie du pont Neuf qui redescend vers la rue Dauphine.

L'objet qui en formait le centre, et qui attirait sur lui l'attention publique, était un carrosse exactement fermé, dont un exempt s'efforçait d'ouvrir la portière, tandis que, des quatre sergents qui formaient sa suite, deux arrêtaient les chevaux, en même temps que les deux autres contenaient le cocher, qui, sourd aux sommations faites, n'y avait répondu qu'en essayant de mettre son attelage au galop.

Cette espèce de lutte durait depuis quelque temps déjà, lorsque tout à coup un des panneaux s'ouvrit avec violence, et un jeune officier, revêtu de l'uniforme de capitaine de cavalerie, sauta sur le pavé, refermant du même coup la portière qui venait de lui donner passage, mais point si vivement encore, que ceux qui étaient les plus rapprochés n'eussent eu le temps de distinguer au fond du carrosse, enveloppée dans une mante et couverte d'un voile, une femme qui, aux précautions qu'elle avait prises de dérober son visage à tous les yeux, paraissait avoir le plus grand intérêt à rester inconnue.

— Monsieur, dit le jeune homme, s'adressant d'un ton hautain et impératif à l'exempt, comme je présume qu'à moins de méprise, c'est à moi seul que vous avez affaire, je vous prierai de me faire connaître les pouvoirs en vertu desquels vous avez arrêté ce carrosse où j'étais ; et maintenant que je n'y suis plus, je vous somme de donner l'ordre à vos gens de lui laisser continuer sa route.

— Et d'abord, répondit l'exempt sans se laisser intimider par ce ton de grand seigneur et en faisant signe aux sergents de ne lâcher ni le cocher ni les chevaux, ayez la bonté de répondre à mes questions.

— J'écoute, dit le jeune homme, se faisant visiblement violence pour conserver son sang-froid.

— Êtes-vous bien le chevalier Gaudin de Sainte-Croix ?

— C'est moi-même.

— Capitaine au régiment de Tracy ?

— Oui, monsieur.

— Alors, je vous arrête au nom du roi.

— En vertu de quel ordre ?

— En vertu de cette lettre de cachet.

Le chevalier jeta un regard rapide sur le papier qu'on lui présentait, et ayant reconnu au premier coup d'œil la signature du ministre de la police, il ne parut plus préoccupé que de la femme qui était restée dans la voiture ; aussi revint-il aussitôt à la première demande qu'il avait faite.

— C'est très bien, monsieur, dit-il à l'exempt ; mais cette lettre de cachet porte mon seul nom, et, je vous le répète, ne vous donne pas le droit d'exposer, comme vous le faites, à la curiosité publique la personne auprès de laquelle j'étais lorsque vous m'avez arrêté. Donnez donc, je vous prie, l'ordre à vos sergents de permettre à ce carrosse de continuer sa route et conduisez-moi ensuite où vous voudrez ; je suis prêt à vous suivre.

Cette demande sembla juste, à ce qu'il paraît, à l'officier public ; car il fit signe à ses gens de lâcher le cocher et les chevaux ; et ceux-ci, comme s'ils n'eussent, de leur côté, attendu que ce moment pour repartir, fendirent aussitôt la foule, qui s'écarta devant eux, et emportèrent avec rapidité la femme pour laquelle le prisonnier paraissait si préoccupé.

De son côté, comme il l'avait promis, Sainte-Croix ne fit aucune résistance ; il suivit pendant quelques instants son guide au milieu du rassemblement, dont toute la curiosité paraissait ramenée sur lui ; puis, au coin du quai de l'Horloge, un sergent ayant fait avancer une voiture de place qui était cachée, il monta dedans avec le même air hautain et dédaigneux qu'il avait conservé pendant tout le temps qu'avait duré la scène que nous venons de décrire. L'exempt se plaça près de lui, deux des sergents montèrent derrière, et les deux autres, en vertu des ordres qu'ils avaient probablement reçus de leur supérieur, se retirèrent en jetant au cocher cette dernière parole : « A la Bastille ! »

Maintenant, que nos lecteurs nous permettent de leur faire faire plus ample connaissance avec celui des personnages de cette histoire que nous mettons le premier en scène.

Le chevaler Gaudin de Sainte-Croix, dont on ne connaissait pas l'origine, était, disaient les uns, le bâtard d'un grand seigneur, tandis qu'au contraire les autres prétendaient qu'il était né de parents pauvres, et que, n'ayant pu supporter l'obscurité de sa naissance, il lui préférait un déshonneur doré, en se faisant passer pour ce qu'il n'était pas. Tout ce que l'on savait donc de positif à cet égard, c'est qu'il était né à Montauban ; quant à son état actuel dans le monde, il était capitaine au régiment de Tracy.

Sainte-Croix, à l'époque où s'ouvre ce récit, c'est-à-dire vers la fin de l'année 1665, pouvait avoir de vingt-huit à trente ans ; c'était un beau jeune homme d'une physionomie heureuse et pleine d'esprit, joyeux compagnon d'orgie et brave capitaine ; faisant son plaisir du plaisir des autres, et dont le caractère mobile entrait dans un dessein de piété avec autant de joie que dans une partie de débauche : facile d'ailleurs à se prendre d'amour, jaloux jusqu'à la fureur, fût-ce d'une courtisane, lorsque cette courtisane lui avait plu ; d'une prodigalité princière, sans que cette prodigalité fût appuyée sur aucun revenu ; enfin, sensible à l'injure, comme tous ceux qui, placés dans une position exceptionnelle,

pensent sans cesse que tout le monde, en faisant allu-
sion à leur origine, a l'intention de les offenser.

Maintenant, voici par quelle suite de circonstances il
en était arrivé où nous le prenons.

Vers 1660, Sainte-Croix, étant à l'armée, avait fait
connaissance du marquis de Brinvilliers, mestre de
camp au régiment de Normandie. Leur âge, qui était à
peu près le même, leur carrière qui les conduisait dans
une voie pareille, leurs qualités et leurs défauts, qui
étaient semblables, avaient bientôt changé cette simple
liaison en une amitié sincère ; de sorte qu'à son retour
de l'armée, le marquis de Brinvilliers avait présenté
Sainte-Croix à sa femme et l'avait établi en sa maison.

Cette intimité n'avait point tardé à amener les résultats ordinaires. Madame la marquise de Brinvilliers
était alors âgée de vingt-huit ans à peine : en 1651,
c'est-à-dire neuf ans auparavant, elle avait épousé le
marquis de Brinvilliers, qui jouissait de trente mille
livres de rente, et auquel elle avait apporté deux cent
mille livres de dot, sans compter l'espérance de sa por-
tion héréditaire. Elle se nommait Marie-Madeleine ; elle
avait deux frères et une sœur, et son père, M. de Dreux
d'Aubray, était lieutenant civil au Châtelet de Paris.

A l'âge de vingt-huit ans, la marquise de Brinvilliers
était dans tout l'éclat de sa beauté : sa taille était
petite, mais parfaitement prise ; son visage arrondi
était d'une mignardise charmante ; ses traits, d'autant
plus réguliers qu'ils n'étaient jamais altérés par aucune
impression intérieure, semblaient ceux d'une statue qui,
par un pouvoir magique, aurait momentanément reçu
la vie, et chacun pouvait prendre pour le reflet de la
sérénité d'une âme pure cette froide et cruelle impassibilité, qui n'était qu'un masque à couvrir le remords.

Sainte-Croix et la marquise se plurent à la première
vue et bientôt furent amant et maîtresse. Quant au
marquis, soit qu'il fût doué de cette philosophie conjugale sans laquelle il n'y avait point de bon goût à cette
époque, soit que les plaisirs auxquels il s'abandonnait
lui-même ne lui donnassent pas le loisir de s'apercevoir
de ce qui se passait presque sous ses yeux, il n'apporta
par sa jalousie aucun empêchement à cette intimité, et
continua les folles dépenses par lesquelles il avait déjà

fortement entamé sa fortune : bientôt ses affaires se dérangèrent tellement, que la marquise, qui ne l'aimait plus, et qui, dans toute l'ardeur d'un nouvel amour, désirait une liberté plus grande encore, demanda et obtint une séparation. Dès lors elle quitta la maison conjugale, et, ne gardant plus de mesure, se montra partout et publiquement avec Sainte-Croix (1).

Ce commerce, autorisé au reste par l'exemple des plus grands seigneurs, ne fit aucune impression sur le marquis de Brinvilliers, qui continua de se ruiner gaiement, sans s'inquiéter de ce que faisait sa femme. Mais il n'en fut point ainsi de M. de Dreux d'Aubray, qui avait conservé les scrupules de la noblesse de robe : scandalisé des désordres de sa fille, et craignant qu'en rejaillissant sur lui ils ne fissent tache à sa réputation, il obtint une lettre de cachet qui l'autorisait à faire arrêter Sainte-Croix partout où celui qui en serait porteur le rencontrerait. Nous avons vu comment elle fut mise à exécution au moment même où Sainte-Croix était dans le carrosse de la marquise de Brinvilliers, que nos lecteurs ont sans doute déjà reconnue dans la femme qui se cachait avec tant de soin.

On comprend, avec le caractère de Sainte-Croix, quelle violence il dut se faire à lui-même pour ne point se laisser emporter à sa colère lorsqu'il se trouva ainsi arrêté au milieu de la rue : aussi, quoique pendant tout le trajet il ne prononçât point une seule parole, il était facile de s'apercevoir qu'un orage terrible s'amassait dans son âme et ne tarderait point à éclater. Cependant il conserva la même impassibilité qu'il avait montrée jusqu'alors, non-seulement lorsqu'il vit s'ouvrir et se refermer les portes fatales qui, comme celles de l'enfer, avaient si souvent commandé à ceux qu'elles engloutissaient de laisser l'espérance au seuil, mais encore, en répondant aux questions d'usage que lui adressa le gouverneur, sa voix demeura impassible, et ce fut sans que sa main tremblât qu'il signa le registre d'écrou qui lui fut présenté. Aussitôt, un geôlier, après avoir pris les ordres du gouverneur, invita le prisonnier à le suivre, et après quelques détours dans ces corridors froids et humides, où le jour pénétrait parfois, mais jamais l'air, il ouvrit la porte d'une chambre, où Sainte-Croix fut à peine entré, qu'il entendit la porte se refermer derrière lui.

Au grincement des verrous, Sainte-Croix se retourna : le geôlier l'avait laissé sans autre lumière que celle de la lune, qui, se glissant à travers les barreaux d'une fenêtre élevée de huit ou dix pieds, tombait sur une mauvaise couchette qu'elle éclairait, rejetant tout le reste de la chambre dans une obscurité profonde. Le prisonnier s'arrêta un instant debout et écoutant; puis, lorsqu'il eut entendu les pas se perdre dans l'éloignement, certain enfin d'être seul, et arrivé à ce degré de colère où il faut que le cœur éclate ou se brise, il se rua sur le lit avec un rugissement qui appartenait plutôt à une bête fauve qu'à une créature humaine, maudissant les hommes qui venaient ainsi le prendre au milieu de sa joyeuse vie, pour le jeter dans un cachot, maudissant Dieu, qui les laissait faire, et appelant à son aide toute puissance, quelle qu'elle fût, qui lui amènerait la vengeance et la liberté.

A l'instant même, et comme si ses paroles l'eussent tiré du sein de la terre, un homme maigre, pâle, aux cheveux longs et vêtu d'un pourpoint noir, entra lentement dans le cercle de lumière bleuâtre qui tombait de la fenêtre, et s'approcha du pied du lit sur lequel était couché Sainte-Croix. Si brave que fût le prisonnier, cette apparition répondait tellement à ses paroles, que, dans cette époque où l'on croyait encore aux mystères de l'incantation et de la magie, il ne douta point un instant que cet ennemi du genre humain, qui tourne sans cesse autour de l'homme, ne l'eût entendu et ne vînt à sa voix. Il se souleva donc sur son lit, cherchant machinalement la poignée de son épée à la place où deux heures auparavant elle était encore, et sentant, à chaque pas que l'être mystérieux et fantastique faisait vers lui, ses cheveux se dresser sur son front et une sueur froide pointer à leur racine et découler sur son visage. Enfin l'apparition s'arrêta, et le fantôme et le prisonnier restèrent un instant en silence et les yeux fixés l'un sur l'autre; alors l'être mystérieux prit le premier la parole, et d'une voix sombre :

— Jeune homme, lui dit-il, tu as demandé à l'enfer un moyen de te venger des hommes qui t'ont proscrit, et de lutter contre Dieu qui t'abandonne : ce moyen, je l'ai et je viens te l'offrir. As-tu le courage de l'accepter?

— Mais auparavant, demanda Sainte-Croix, qui es-tu?

— Qu'as-tu besoin de savoir qui je suis, reprit l'inconnu, du moment où je viens quand tu m'appelles et où je t'apporte ce que tu demandes?

— N'importe, répondit Sainte-Croix, pensant toujours avoir affaire à un être surnaturel : quand on fait un pareil pacte, on n'est point fâché de savoir avec qui l'on traite.

— Eh bien! puisque tu veux le savoir, dit l'étranger, je suis l'Italien Exili.

Sainte-Croix sentit un nouveau frisson courir dans ses veines, car il passait d'une vision infernale à une réalité terrible. En effet, le nom qu'il venait d'entendre était alors affreusement célèbre, non-seulement par toute la France, mais encore par toute l'Italie. Chassé de Rome sous la prévention d'empoisonnements nombreux, dont on n'avait pu se procurer les preuves, Exili était venu à Paris, où bientôt, comme dans son pays natal, il avait fixé sur lui les regards de l'autorité; mais pas plus à Paris qu'à Rome on n'avait pu convaincre le disciple de René et de la Trophana. Cependant, quoiqu'il n'eût point de preuves, il y avait une conviction morale assez grande pour qu'on n'hésitât point à le décréter d'arrestation. Une lettre de cachet fut donc lancée contre lui, et Exili, arrêté, avait été conduit à la Bastille. Il y était depuis six mois environ lorsque Sainte-Croix y fut mené à son tour. Comme à cette heure les prisonniers étaient nombreux, le gouverneur avait fait conduire son nouvel hôte dans la chambre de l'ancien, et il avait réuni Exili à Sainte-Croix, sans penser qu'il accouplait deux démons. Maintenant nos lecteurs comprennent le reste. Sainte-Croix était entré dans cette chambre, où le geôlier l'avait laissé sans lumière, et où, dans l'obscurité, il n'avait pu distinguer un second commensal; il s'était alors livré à sa colère, et ses imprécations ayant révélé à Exili sa haine, celui-ci avait saisi cette occasion de se faire un disciple puissant et dévoué, qui, une fois sorti, lui fît ouvrir les portes à son tour, ou qui le vengeât du moins, s'il devait rester éternellement prisonnier (2).

Cette répugnance de Sainte-Croix pour son compagnon

de chambrée ne fut pas longue, et le maître habile trouva un digne écolier. Sainte-Croix, avec son étrange composé de bien et de mal, assemblage de qualités et de défauts, mélange de vices et de vertus, en était arrivé à ce point suprême de sa vie où les uns devaient l'emporter sur les autres. Si, dans l'état où il était, un ange l'eût pris, peut-être l'eût-il mené vers Dieu : ce fut un démon qu'il rencontra, le démon le conduisit à Satan.

Exili n'était point un empoisonneur vulgaire : c'était un grand artiste en poison, comme en avaient fait les Médicis et les Borgia. Pour lui, le meurtre était devenu un art, et il l'avait soumis à des règles fixes et positives ; aussi en était-il arrivé à ce point que ce n'était plus l'intérêt qui le guidait, mais un désir irrésistible d'expérimentation. Dieu a réservé la création pour la seule puissance divine, et a abandonné la destruction à la puissance humaine : il en résulte que l'homme croit se faire l'égal de Dieu en détruisant. Tel était l'orgueil d'Exili, sombre et pâle alchimiste du néant, qui, laissant aux autres le soin de chercher le secret de la vie, avait trouvé celui de la mort.

Sainte-Croix hésita quelque temps ; mais enfin il céda aux railleries de son compagnon, qui, accusant les Français de mettre de la bonne foi jusque dans leurs crimes, les lui fit voir presque toujours enveloppés eux-mêmes dans leur propre vengeance, et succombant avec leur ennemi, tandis qu'ils pourraient lui survivre et insulter à sa mort. En opposition avec cet éclat, qui souvent attire au meurtrier une mort plus cruelle que celle qu'il donne, il montra la ruse florentine, avec sa bouche souriante et son poison implacable. Il lui nomma ces poudres et ces liqueurs, dont les unes sont sourdes et consument par des langueurs si lentes, que le malade meurt avec de longues plaintes, et dont les autres sont si violentes et si rapides, qu'elles tuent comme la foudre sans laisser le temps à celui qu'elles frappent de jeter un cri. Peu à peu Sainte-Croix se prit d'intérêt pour ce jeu terrible qui met la vie de tous dans les mains d'un seul. Il commença par partager les expériences d'Exili ; puis, à son tour, il fut assez habile pour en faire lui-même, et lorsqu'au bout d'un an il sortit de la Bastille, l'élève avait presque égalé le maître.

Sainte-Croix rentrait dans la société, qui l'avait un moment exilé, fort d'un secret fatal à l'aide duquel il pouvait lui rendre tout le mal qu'il en avait reçu. Bientôt après Exili sortit à son tour, on ignore sur quelles instances, et vint retrouver Sainte-Croix : celui-ci loua une chambre au nom de son intendant, Martin de Breuille; cette chambre était située au cul-de-sac des Marchands de chevaux de la place Maubert, et appartenait à une dame Brunet (3).

On ignore si, pendant son séjour à la Bastille, la marquise de Brinvilliers eut occasion de voir Sainte-Croix ; mais ce qui est constant, c'est qu'aussitôt la sortie du prisonnier, les deux amants se retrouvèrent plus amoureux que jamais. Cependant ils avaient appris par expérience ce qu'ils avaient à craindre; aussi résolurent-ils de faire au plus tôt l'essai de la science qu'avait acquise Sainte-Croix, et M. d'Aubray fut choisi par sa fille même comme première victime. Ainsi elle se débarrassait d'un censeur rigide et incommode à ses plaisirs, tandis que du même coup elle réparait, par l'héritage paternel, sa fortune à peu près dissipée par son mari.

Cependant, comme lorsqu'on frappe un pareil coup, il doit être décisif, la marquise voulut auparavant essayer les poisons de Sainte-Croix sur quelque autre que son père. A cet effet, un jour que sa femme de chambre, nommée Françoise Roussel, entrait chez elle après son déjeuner, elle lui donna une tranche de jambon et des groseilles confites, afin qu'elle déjeûnât à son tour. Cette fille, sans défiance, mangea ce que lui avait donné sa maîtresse (4); mais presque aussitôt elle se trouva indisposée, *éprouvant un grand mal à l'estomac, et sentant comme si on lui eût piqué le cœur avec des épingles* (5). Cependant elle n'en mourut point, et la marquise vit que le poison avait besoin d'acquérir un plus grand degré d'intensité ; en conséquence elle le rendit à Sainte-Croix, qui, au bout de quelques jours, lui en apporta un autre.

Le temps était venu de l'employer. M. d'Aubray, fatigué des travaux de sa charge, devait aller passer ses vacances à son château d'Offemont. Madame la marquise de Brinvilliers s'offrit pour l'accompagner. M. d'Aubray croyait ses relations avec Sainte-Croix entièrement rompues ; il accepta avec joie.

Offemont était une retraite comme il convenait pour exécuter un pareil crime. Situé au milieu de la forêt de l'Aigue, à trois ou quatre lieues de Compiègne, le poison devait déjà avoir fait des progrès assez violents, lorsque les secours arriveraient, pour que ces secours fussent inutiles.

M. d'Aubray partit avec sa fille et un seul domestique. Jamais la marquise n'avait eu pour son père les soins extrêmes, les attentions empressées dont elle l'entoura pendant ce voyage. De son côté, pareil au Christ, qui, sans avoir eu d'enfants, avait un cœur de père, M. d'Aubray l'aimait mieux de se repentir que si elle n'avait jamais péché.

Ce fut alors que la marquise appela à son aide cette terrible impassibilité de visage dont nous avons déjà parlé : sans cesse près de son père, couchant dans la chambre voisine de sa chambre, mangeant avec lui, l'accablant de soins, de caresses et de prévenances, au point de ne pas vouloir qu'une autre personne qu'elle le servît, il lui fallut se faire, au milieu de ses projets infâmes, un visage riant et ouvert, sur lequel l'œil le plus soupçonneux ne pût rien lire que la tendresse et la piété. Ce fut avec ce masque qu'elle lui présenta, un soir, un bouillon empoisonné. M. d'Aubray le prit de ses mains, elle le lui vit approcher de sa bouche, elle le suivit des yeux jusque dans sa poitrine, et pas un signe ne décela sur ce visage de bronze la terrible anxiété qui devait lui presser le cœur. Puis, lorsque M. d'Aubray eut tout bu, qu'elle eut reçu sans trembler la tasse sur l'assiette qu'elle lui tendait, elle se retira dans sa chambre, attendant et écoutant (6).

Les effets du breuvage furent prompts : la marquise entendit son père pousser quelques plaintes, puis de ces plaintes passer aux gémissements. Enfin, ne pouvant plus résister aux douleurs qu'il éprouvait, il appela à haute voix sa fille. La marquise entra.

Mais, cette fois, sa physionomie portait l'empreinte de l'inquiétude la plus vive, et ce fut M. d'Aubray qui se trouva forcé de la rassurer sur son propre état; lui-même ne croyait qu'à une indisposition légère et ne voulait point qu'on dérangeât un médecin. Enfin, il fut pris de vomissements si terribles suivis bientôt de douleurs d'estomac si insupportables, qu'il céda aux instances de sa fille, et donna l'ordre d'aller chercher du secours. Un médecin arriva vers les huit heures du matin ; mais déjà tout ce qui pouvait guider les investigations de la science avait disparu : le docteur ne vit dans ce que lui raconta M. d'Aubray que les symptômes d'une indigestion, le traita en conséquence, et retourna à Compiègne.

De toute cette journée la marquise ne quitta point le malade. La nuit venue, elle se fit dresser un lit dans la même chambre, et déclara qu'elle seule le veillerait : elle put donc étudier tous les progrès du mal et suivre de ses yeux la lutte que la mort et la vie se livraient dans la poitrine de son père.

Le lendemain, le docteur revint : M. d'Aubray était plus mal : ses vomissements avaient cessé ; mais les douleurs d'estomac étaient devenues plus aiguës, et des chaleurs étranges lui brûlaient les entrailles ; il ordonna un traitement qui nécessitait le retour du malade à Paris. Déjà cependant il était si faible, qu'il hésita s'il ne se ferait pas conduire tout simplement à Compiègne ; mais la marquise insista tellement sur la nécessité de soins plus complets et plus intelligents qu'il pouvait recevoir hors de chez lui, que M. d'Aubray se décida à revenir à sa maison.

Il fit le trajet couché dans sa voiture et la tête appuyée sur l'épaule de sa fille ; pas un instant l'apparence ne se démentit, et pendant tout le voyage la marquise de Brinvilliers resta la même : enfin M. d'Aubray arriva à Paris. Tout avait marché selon les désirs de la marquise : le théâtre de la scène était changé ; le médecin qui avait vu les symptômes ne verrait pas l'agonie ; aucun œil n'aurait, en étudiant les progrès du mal, pu en découvrir les causes : le fil de l'investigation était brisé par la moitié, et les deux parties en étaient trop éloignées maintenant pour qu'il y eût chance qu'il se renouât.

Malgré les soins les plus empressés, l'état de M. d'Aubray continua d'empirer ; la marquise, fidèle à sa mission, ne le quitta point d'une heure : enfin, au bout de quatre jours d'agonie, il expira entre les bras de sa fille, bénissant celle qui l'avait assassiné.

Alors la douleur de la marquise éclata en sentiments

si vifs et en sanglots si profonds, que celle de ses frères
parut froide auprès de la sienne. Au reste, comme nul
ne soupçonnait le crime, il n'y eut point d'autopsie, et
la tombe se referma sans que le plus léger soupçon
planât au-dessus d'elle.

Cependant la marquise n'avait atteint que la moitié de
son but : elle s'était bien fait une liberté plus grande
pour ses amours; mais la succession de son père ne lui
avait pas été aussi avantageuse qu'elle l'avait espéré ;
la majeure partie des biens, avec la charge, étaient
échus à son frère aîné et à son second frère, qui était
conseiller au parlement : la position de la marquise se
trouva donc médiocrement améliorée du côté de la fortune.

Quant à Sainte Croix, il menait large et joyeuse vie ;
quoique personne ne lui connût de fortune, il avait un
intendant nommé Martin, trois laquais nommés
Georges, Lapierre et Lachaussée, de plus, et outre son
carrosse et ses équipages, des porteurs ordinaires pour
ses excursions de nuit. Au reste, comme il était jeune,
comme il était beau, on ne s'inquiétait pas d'où lui
venait ce luxe. C'était assez l'habitude à cette époque
que les cavaliers bien faits ne manquassent de rien, et
l'on disait de Sainte-Croix qu'il avait trouvé la pierre
philosophale (7).

Dans ses relations du monde, il s'était lié d'amitié
avec plusieurs personnes, soit de noblesse, soit de fortune : parmi ces dernières, était un nommé Reich de
Penautier, receveur général du clergé et trésorier de la
bourse des états du Languedoc; c'était un homme riche
à millions, un de ces hommes à qui tout réussit, et qui
semblent, à l'aide de leur argent, donner des lois aux
choses qui n'en reçoivent que de Dieu.

En effet, Reich de Penautier était associé d'intérêts et
d'affaires avec un nommé d'Alibert, son premier commis,
qui meurt tout à coup d'une apoplexie; cette apoplexie
est connue de Penautier avant d'être connue de la
famille ; les papiers qui établissent la société disparaissent on ne sait comment; et la femme et l'enfant
d'Alibert sont ruinés.

Le beau-frère de d'Alibert, le sieur de la Magdelaine,
a quelques vagues soupçons sur cette mort et veut les

approfondir : en conséquence, il commence des recherches, mais au milieu de ses recherches il meurt subitement (8).

En un seul point, le bonheur semblait avoir abandonné son favori : maître Penautier avait un grand désir de succéder au sieur de Mennevillette, receveur du clergé ; cette charge valait soixante mille livres à peu près, et sachant que M. de Mennevillette allait s'en défaire en faveur de son premier commis, messire Pierre Hanyvel, sieur de Saint-Laurent, il avait fait toutes les démarches nécessaires pour l'acheter au détriment de ce dernier ; mais, parfaitement soutenu par messieurs du clergé, le sieur Saint-Laurent avait obtenu gratis la survivance du titulaire ; ce qui ne s'était jamais fait. Penautier lui avait alors offert quarante mille écus pour le mettre de moitié de cette charge ; mais Saint-Laurent avait refusé. Leurs relations cependant n'étaient point rompues, et ils continuaient de se voir : au reste, Penautier passait pour un homme si prédestiné, que l'on ne doutait pas qu'un jour ou l'autre il n'obtînt par un moyen quelconque cette charge qu'il avait tant convoitée.

Ceux qui ne croyaient pas aux mystères de l'alchimie disaient que Sainte-Croix faisait des affaires avec Penautier.

Cependant le temps du deuil écoulé, les relations de Sainte-Croix avec la marquise avaient repris toute leur ancienne publicité ; MM. d'Aubray en firent parler à madame de Brinvilliers par une sœur cadette qu'elle avait au couvent des Carmélites, et la marquise s'aperçut que M. d'Aubray en mourant avait laissé à ses frères la surveillance de sa conduite.

Ainsi, le premier crime de la marquise avait été à peu près inutile ; elle avait voulu se débarrasser des remontrances de son père et hériter de sa fortune ; cette fortune ne lui était parvenue que diminuée par la part de ses aînés, au point qu'elle avait à peine suffi à payer ses dettes ; et voilà que les remontrances renaissaient dans la bouche de ses frères, dont l'un, en sa qualité de lieutenant civil, pouvait la séparer une seconde fois de son amant.

Il fallait prévenir ces choses : Lachaussée quitta le

service de Sainte-Croix, et trois mois après entra, par l'entremise de la marquise, au service du conseiller au parlement, qui demeurait avec son frère le lieutenant civil.

Cette fois ce n'était point un poison aussi rapidement mortel que celui qui avait servi à M. d'Aubray qu'il fallait employer : la mort frappant si promptement dans une même famille aurait pu éveiller les soupçons. On recommença les expériences, non pas sur des animaux, car les différences anatomiques qui existent entre les diverses organisations auraient pu mettre la science en défaut, mais, comme la première fois, on essaya sur des sujets humains, comme la première fois on expérimenta *in animâ vili*.

La marquise était connue pour une femme pieuse et bienfaisante, rarement la misère s'adressait à elle sans être soulagée ; il y avait plus : partageant les soins des saintes filles qui se vouaient au service des malades, elle parcourait parfois les hôpitaux auxquels elle envoyait du vin et des médicaments : on ne fut donc point étonné de la voir comme d'habitude paraître à l'Hôtel-Dieu ; cette fois elle apportait des biscuits et des confitures pour les convalescents ; ses dons, comme toujours, furent reçus avec reconnaissance.

Un mois après elle repassa à l'hôpital, et s'informa de quelques malades auxquels elle avait pris un vif intérêt : depuis sa visite, ils avaient eu une rechute, et la maladie, tout en changeant de caractère, avait pris une plus grande gravité. C'était une langueur mortelle, qui les menait à la mort par un dépérissement étrange. Elle interrogea les médecins, les médecins ne purent rien lui dire : cette maladie leur était inconnue et déjouait toutes les ressources de leur art.

Quinze jours après elle revint ; quelques-uns des malades étaient morts, d'autres étaient encore vivants, mais dans une agonie désespérée : squelettes animés, ils n'avaient plus de l'existence que la voix, la vue et le souffle.

Au bout de deux mois, tous étaient morts, et la médecine avait été aussi aveugle dans l'autopsie du cadavre qu'elle l'avait été dans le traitement du moribond.

De pareils essais étaient rassurants : aussi Lachaussée

reçut-il l'ordre d'accomplir ses instructions (9). Un jour, M. le lieutenant civil ayant sonné, Lachaussée, qui, ainsi que nous l'avons dit, servait le conseiller, entra pour demander ses ordres ; il le trouva travaillant avec son secrétaire, nommé Cousté ; ce que désirait M. d'Aubray était un verre d'eau et de vin. Lachaussée rentra un instant après avec l'objet demandé.

Le lieutenant civil porta le verre à ses lèvres, mais à la première gorgée il le repoussa en s'écriant : — Que m'as-tu donné là, misérable ? je crois que tu veux m'empoisonner. — Puis tendant le verre à son secrétaire : — Voyez donc cela, Cousté, lui dit-il, et qu'y a-t-il là-dedans (10) ?

Le secrétaire puisa quelques gouttes de la liqueur dans une cuiller à café et l'approcha de son nez et de sa bouche : la liqueur avait l'odeur et l'amertume du vitriol. Pendant ce temps Lachaussée s'avança vers le secrétaire, disant qu'il savait ce que c'était, qu'un valet de chambre du conseiller avait pris médecine le matin même, et que, sans y faire attention, il avait apporté sans doute le verre qui avait servi à son camarade ; à ces mots, il reprit le verre des mains du secrétaire, l'approcha de sa bouche, puis, feignant d'y goûter à son tour, il dit que c'était bien cela ; qu'il reconnaissait la même odeur, et jeta la liqueur dans la cheminée (11).

Comme le lieutenant civil n'avait point avalé une assez grande quantité de ce breuvage pour en être incommodé, il oublia bientôt cette circonstance, et ne conserva rien du soupçon qui s'était instinctivement présenté à son esprit ; quant à Sainte-Croix et à la marquise, ils virent que c'était un coup manqué, et, au risque d'envelopper plusieurs personnes dans leur vengeance, ils résolurent d'employer un autre moyen.

Trois mois s'écoulèrent sans que l'occasion leur parût favorable ; mais enfin, vers les premiers jours d'avril 1670, le lieutenant civil emmena son frère le conseiller passer les fêtes de Pâques à sa terre de Villequoy en Beauce ; Lachaussée suivit son maître, et reçut au moment de partir de nouvelles instructions.

Le lendemain de l'installation à la campagne, on servit à dîner une tourte de pigeonneaux : sept personnes qui en mangèrent se trouvèrent indisposées après le

repas ; trois qui s'en étaient abstenues n'éprouvèrent
aucune incommodité.

Ceux sur lesquels la substance vénéneuse avait particulièrement agi étaient le lieutenant civil, le conseiller
et le chevalier du guet (12). Soit qu'il en eût mangé en
plus grande quantité, soit que l'essai qu'il avait déjà
fait du poison l'eût prédisposé à une impression plus
grande, le lieutenant civil fut attaqué le premier de
vomissements (13) ; deux heures après, le conseiller
éprouva les mêmes symptômes ; quant au chevalier du
guet et aux autres personnes, ils furent en proie pendant
quelques jours à des douleurs d'estomac affreuses ; mais
leur état ne présenta point dès l'abord le même caractère de gravité que celui des deux frères.

Cette fois encore, comme toujours, les secours de la
médecine furent impuissants. Le 12 avril, c'est-à-dire
cinq jours après l'empoisonnement, le lieutenant civil
et le conseiller revinrent à Paris, si changés tous deux,
qu'on eût dit qu'ils venaient de faire une longue et
cruelle maladie (14). Madame de Brinvilliers était alors
à la campagne, et n'en revint point de tout le temps
que dura la maladie de ses frères.

Dès la première consultation dont le lieutenant civil
fut l'objet, tout espoir de la part des médecins fut perdu.
C'étaient les symptômes du même mal auquel avait
succombé M. d'Aubray père : ils crurent à une maladie
héréditaire et inconnue, et condamnèrent hautement le
malade.

En effet, sa position alla toujours en empirant ; il
avait une aversion insurmontable pour toute espèce de
viande, et ses vomissements ne cessaient pas. Les trois
derniers jours de sa vie, il se plaignait d'avoir comme
un foyer brûlant dans la poitrine, et la flamme intérieure qui le dévorait semblait sortir par ses yeux, seule
partie de son corps qui demeurât vivante encore, quand
le reste n'était déjà plus qu'un cadavre. Enfin, le
17 juin 1670, il expira : le poison avait mis soixante-
douze jours à faire son œuvre.

Les soupçons commençaient à poindre : le lieutenant
civil fut averti, et procès-verbal de l'autopsie fut dressé.
L'opération, faite en présence de MM. Dupré et Durant,
chirurgiens, et Gavart, apothicaire, par M. Bachot,

médecin ordinaire des deux frères, ils trouvèrent l'estomac et le duodénum noirs et s'en allant par morceaux, et le foie gangrené et brûlé. Ils reconnurent que ces accidents avaient dû être produits par le poison ; mais comme la présence de certaines humeurs amène parfois les mêmes phénomènes, ils n'osèrent affirmer que la mort du lieutenant civil ne fût point naturelle, et il fut enterré sans qu'aucune recherche ultérieure fût faite (15).

C'était surtout comme médecin du conseiller que M. Bachot avait réclamé l'autopsie de son frère. Il paraissait atteint de la même maladie que son aîné, et le docteur espérait trouver dans la mort même des armes pour défendre la vie. Le conseiller éprouvait une fièvre ardente, et était en proie à des agitations d'esprit et de corps dont la violence était extrême et sans relâche ; il ne trouvait aucune situation qu'il pût supporter au delà de quelques minutes. Le lit était pour lui un supplice ; et cependant, dès qu'il l'avait quitté, il le redemandait, pour changer au moins de douleurs (16). Enfin, au bout de trois mois, il mourut. Il avait l'estomac, le duodénum et le foie dans le même état de désorganisation où on les avait trouvés chez son frère, et de plus le corps brûlé extérieurement ; *ce qui était,* dirent les médecins, *un signe non équivoque de poison ; quoiqu'il arrive cependant,* ajoutèrent-ils, *qu'une cacochymie produise les mêmes effets.* Quant à Lachaussée, il fut si loin d'être soupçonné de cette mort, que le conseiller, reconnaissant des soins qu'il en avait reçus dans cette dernière maladie, lui laissa par testament un legs de cent écus ; d'un autre côté, il reçut mille francs de Sainte-Croix et de la marquise.

Cependant, tant de trépas dans une seule famille non seulement affligeaient le cœur, mais épouvantaient l'esprit. La mort n'est point haineuse ; elle est sourde et aveugle, voilà tout, et l'on s'étonnait de son acharnement à détruire tout ce qui portait un même nom. Pourtant nul ne soupçonna les vrais coupables, les regards se perdirent, les recherches s'égarèrent ; la marquise prit le deuil de ses frères, Sainte-Croix continua ses folles dépenses, et tout marcha dans l'ordre accoutumé.

Pendant ce temps, Sainte-Croix avait fait connais-

sance avec le sieur de Saint-Laurent, le même dont
Penautier avait sollicité la charge sans pouvoir l'obtenir, et s'était lié avec lui : quoique, dans l'intervalle,
maître Penautier eût hérité du sieur Lesecq, son beau-
père, qui était mort au moment où l'on s'y attendait
le moins, lui laissant la seconde charge de la bourse
de Languedoc et des biens immenses, il n'avait point
cessé de convoiter la place de receveur du clergé.
En cette circonstance encore, le hasard le servit;
quelques jours après avoir reçu de Sainte-Croix
un nouveau domestique nommé Georges, M. de Saint-
Laurent tomba malade, et sa maladie présenta bientôt
les mêmes caractères de gravité que l'on avait remarqués
dans celle de MM. d'Aubray père et fils ; seulement elle
fut plus rapide, car elle ne dura que vingt-quatre heures.
Enfin, comme eux, M. de Saint-Laurent mourut en
proie à des douleurs atroces. Le même jour, un officier
de la cour souveraine vint pour le voir, se fit conter tous
les détails de la mort de son ami, et sur le récit des
symptômes et des accidents, dit devant les domestiques,
au notaire Sainfray, qu'il fallait faire ouvrir le cadavre.
Une heure après, Georges avait disparu sans rien dire
à personne et sans demander ses gages (17). Les soupçons en augmentèrent; mais cette fois encore ils restèrent dans le vague. L'autopsie présenta des phénomènes généraux qui n'étaient point précisément parti-
culiers au poison; seulement, les intestins, que la
substance mortelle n'avait point eu le temps de brûler,
comme ceux de MM. d'Aubray, étaient tachetés de points
rougeâtres, pareils à des piqûres de puces.

En juin 1669, Penautier obtint la charge du sieur de
Saint-Laurent.

Cependant la veuve avait conçu des soupçons qui
furent presque convertis en certitude par la fuite de
Georges. Une circonstance vint encore à l'appui de ses
doutes et en fit une conviction. Un abbé qui était des
amis du défunt, et qui connaissait la circonstance de la
disparition de Georges, le rencontra quelques jours
après dans la rue des Maçons, proche la Sorbonne : ils
étaient tous deux du même côté, et une charrette de
foin qui suivait la rue faisait une barrière à cet endroit. Georges lève la tête, aperçoit l'abbé, le reconnaît

pour un ami de son ancien maître, se coule sous la
charrette, passe de l'autre côté, et, au risque d'être
écrasé, échappe à la vue d'un homme dont le seul
aspect lui rappelle son crime et lui en fait craindre la
punition.

Mme de Saint-Laurent porta plainte contre Georges ;
mais, quelques recherches que l'on fit de cet homme,
on ne put le retrouver.

Cependant le bruit de ces morts étranges, inconnues
et subites, se répandait dans Paris, qui commençait à
s'en épouvanter. Sainte-Croix, toujours élégant et
joyeux cavalier, croisa ces rumeurs dans les salons
qu'il fréquentait, et il en prit de l'inquiétude. Nul
soupçon, il est vrai, ne planait encore sur lui ; mais
cependant les précautions n'étaient point inutiles :
Sainte-Croix pensa à se faire une position qui le mît au-
dessus de cette crainte. Une charge chez le roi était
près de vaquer ; elle devait coûter cent mille écus :
Sainte-Croix, comme nous l'avons dit, n'avait aucune
ressource apparente ; le bruit ne s'en répandit pas
moins qu'il allait l'acheter.

Ce fut à Belleguise qu'il s'adressa pour traiter de cette
affaire avec Penautier. Elle éprouva cependant de la
part de celui-ci quelque difficulté. La somme était forte ;
Penautier n'avait plus besoin de Sainte-Croix ; il avait
fait tous les héritages qu'il comptait faire ; il essaya
donc de le faire renoncer à ce projet.

Voilà ce qu'écrivit alors Sainte-Croix à Belleguise :

« Est-il possible, notre cher, qu'il faille vous faire de
nouvelles semonces pour une affaire qui est aussi belle,
aussi importante et aussi grande que celle que vous
savez, et qui peut nous donner à tous deux du repos
pour la vie ! Pour moi, je crois que le diable s'en
mêle, ou que vous ne voulez pas raisonner. Raisonnez
donc, notre cher, je vous prie, et vertigez ma proposition à contre-poil ; prenez-la du plus méchant biais du
monde, et vous trouverez que vous devez encore me
satisfaire sur le pied que j'ai établi les choses pour votre
sûreté, puisque tous nos intérêts se trouveront en cette
rencontre. Enfin, notre cher, aidez-moi, je vous prie ;
soyez bien persuadé d'une parfaite reconnaissance, et

que jamais vous n'aurez rien fait de si agréable au
monde, pour vous et pour moi. Vous le savez assez,
puisque je vous en parle avec plus d'ouverture de cœur
que je n'ai fait à mon propre frère. Si tu peux donc
venir cette après-dînée, je serai au logis ou dans le
voisinage, au lieu en question, ou je t'attendrai demain
matin, ou j'irai te trouver, suivant ta réponse; je serai
de tout à toi et de tout mon cœur. »

Le logis de Sainte-Croix était rue des Bernardins, et le
lieu du voisinage où il devait attendre Belleguise était
cette chambre qu'il avait louée chez la veuve Brunet, au
cul-de-sac de la place Maubert.

C'était dans cette chambre et chez l'apothicaire Glazer
que Sainte-Croix faisait ses expériences; mais, par un
juste retour, cette manipulation de poisons était fatale à
ceux qui les préparaient. L'apothicaire tomba malade et
mourut; Martin fut atteint de vomissements terribles
qui le mirent à l'agonie; Sainte-Croix lui-même, in-
disposé, mais sans en savoir la cause, ne pouvant plus
même sortir, tant sa faiblesse était grande, fit transporter un fourneau de chez Glazer chez lui, afin, tout
souffrant qu'il était, de continuer ses expériences.

C'est qu'en effet Sainte-Croix était à la recherche d'un
poison si subtil que sa seule émanation pouvait tuer. Il
avait entendu parler de cette serviette empoisonnée
avec laquelle le jeune dauphin, frère aîné de Charles VII,
s'était essuyé en jouant à la paume, et dont le contact
lui avait donné la mort; et des traditions presque
vivantes encore lui avaient raconté l'histoire des gants
de Jeanne d'Albret : ces secrets s'étaient perdus, et
Sainte-Croix espérait les retrouver.

C'est alors qu'arriva un de ces événements étranges
qui semblent non point un accident du hasard, mais une
punition du ciel. Au moment où Sainte-Croix, penché
sur son fourneau, voyait la préparation fatale arriver
à son plus haut degré d'intensité, le masque de verre
dont il se couvrait le visage pour se garantir des
exhalaisons mortelles qui s'échappaient de la liqueur
en fusion se détacha tout à coup, et Sainte-Croix tomba
comme frappé de la foudre (18).

A l'heure du souper, sa femme, ne le voyant point

sortir du cabinet où il s'était enfermé, vint frapper à la porte, personne ne lui répondit; et comme elle savait que son mari s'occupait d'œuvres sombres et mystérieuses, elle craignit qu'il ne lui fût arrivé malheur. Elle appela ses domestiques, qui enfoncèrent la porte, et elle trouva Sainte-Croix étendu à côté du fourneau et ayant près de lui le masque de verre brisé.

Il n'y avait pas moyen de dérober au public les circonstances de cette mort subite et étrange; les domestiques avaient vu le cadavre et pouvaient parler. Le commissaire Picard fut requis pour mettre les scellés, et la veuve de Sainte-Croix se contenta de faire disparaître le fourneau et les débris du masque.

Le bruit de cet événement se répandit bientôt par tout Paris. Sainte-Croix était fort connu, et la nouvelle qu'il allait acheter une charge à la cour avait encore répandu son nom. Lachaussée apprit l'un des premiers la mort de son maître, et, ayant su que l'on avait apposé les scellés sur son cabinet, il se hâta de former une opposition en ces termes :

« Opposition de Lachaussée, qui a dit qu'il y avait sept ans qu'il était au service du défunt; qu'il lui a donné en garde, depuis deux ans, cent pistoles et cent écus blancs qui doivent être dans un sac de toile derrière la fenêtre du cabinet, et dans lequel il y a un billet comme ladite somme lui appartient, avec un transport d'une somme de trois cents livres qui lui était due par feu M. d'Aubray, conseiller; ledit transport par lui fait à Laserre, et trois quittances de son maître d'apprentissage, de cent livres chacune : lesquelles sommes et papiers il réclame. »

Il fut répondu à Lachaussée qu'il eût à attendre le jour de la levée des scellés, et que, si toutes choses étaient comme il le disait, ce qui lui appartenait lui serait rendu.

Cependant Lachaussée n'était point le seul qui se fût ému à la mort de Sainte-Croix : la marquise, à qui tout les secrets de ce fatal cabinet étaient familiers, avait, dès qu'elle avait su cet événement, couru chez le commissaire, et, quoiqu'il fût dix heures du soir, elle avait fait demander à lui parler; mais il lui avait été répondu par le premier clerc, nommé Pierre Frater, que son maître était couché; la marquise avait alors insisté, priant qu'on le réveillât et réclamant une cassette qu'elle voulait avoir sans qu'elle fût ouverte. Le clerc était en conséquence monté à la chambre à coucher du sieur Picard; mais il en était redescendu en disant que ce que la marquise demandait était impossible en ce moment, attendu que le commissaire dormait. Mme de Brinvilliers, voyant que ses instances étaient inutiles, s'était alors retirée en disant qu'elle enverrait le lendemain un homme la chercher. En effet, cet homme vint dès le lendemain, offrant, de la part de la marquise, cinquante louis au commissaire s'il voulait lui rendre cette cassette; mais celui-ci avait répondu que la cassette était sous les scellés, qu'elle serait ouverte lorsqu'on les lèverait, et que, si les objets que réclamait la marquise étaient effectivement à elle, ils lui seraient fidèlement rendus.

Cette réponse fut un coup de foudre pour la marquise. Il n'y avait pas de temps à perdre; elle retourna en toute hâte de la rue Neuve-Saint-Paul, où était sa maison de ville, à Picpus, où était sa maison de campagne, et le même soir elle partit en poste pour Liège, où elle arriva le surlendemain, et se retira dans un couvent.

On avait apposé les scellés chez Sainte-Croix le 31 juillet 1672, et l'on procéda à leur levée le 8 août suivant. Au moment où l'on commençait l'opération, un procureur chargé des pleins pouvoirs de la marquise comparut, et fit insérer cet acte au procès-verbal :

« Est comparu Alexandre Delamarre, procureur de la dame de Brinvilliers, lequel a déclaré que si, dans ladite cassette réclamée par sa mandataire, il se trouve une promesse signée d'elle, de la somme de trente mille livres, c'est une pièce qui a été surprise d'elle et contre laquelle, en cas que sa signature soit véritable, elle entend se pourvoir pour la faire déclarer nulle. »

Cette formalité remplie, on procéda à l'ouverture du cabinet de Sainte-Croix; la clef en fut présentée au commissaire Picard par un carme nommé frère Victorin. Le commissaire ouvrit la porte; les parties intéressées, les officiers et la veuve y entrèrent avec lui, et l'on commença par mettre les papiers courants à part, afin de les relever par ordre et les uns après les autres. Comme on s'occupait de ce détail, un petit rouleau tomba, sur lequel étaient écrits ces deux mots : *Ma confession.* Tous ceux qui étaient présents, n'ayant encore aucun motif de croire Sainte-Croix un malhonnête homme, décidèrent alors que ce papier ne devait pas être lu. Le substitut du procureur général, consulté à ce sujet, fut de cet avis, et *la confession* de Sainte-Croix fut brûlée.

Cet acte de conscience accompli, on procéda à l'inventaire. Un des premiers objets qui frappèrent les yeux des officiers fut la cassette réclamée par Mme de Brinvilliers. Ses instances avaient éveillé la curiosité, de sorte que l'on commença par elle; chacun s'en approcha pour savoir ce qu'elle contenait, et l'on procéda à l'ouverture. Nous allons laisser parler le procès-verbal; rien n'est puissant et terrible en pareil cas comme la pièce officielle elle-même.

« Dans le cabinet de Sainte-Croix s'est trouvée une petite cassette d'un pied en carré, à l'ouverture de laquelle s'est offerte une demi-feuille de papier, intitulée : *Mon testament,* écrite d'un côté et contenant ces mots :

« Je supplie très humblement ceux ou celles entre les « mains de qui tombera cette cassette de me faire la « grâce de vouloir la rendre en mains propres à Mme la « marquise de Brinvilliers, demeurant rue Neuve-Saint-« Paul, attendu que tout ce qu'elle contient la regarde et « appartient à elle seule, et que d'ailleurs il n'y a rien « d'aucune utilité à personne au monde, son intérêt à « part; et en cas qu'elle fût plus tôt morte que moi, de « la brûler et tout ce qu'il y a dedans sans rien ouvrir ni « innover. Et afin que l'on n'en prétende cause d'igno« rance, je jure sur le Dieu que j'adore et par tout ce « qu'il y a de plus sacré, qu'on n'impose rien qui ne soit « véritable. Si d'aventure on contrevient à mes inten« tions toutes justes et raisonnables en ce chef, j'en « charge, en ce monde et en l'autre, leur conscience

« pour la décharge de la mienne, protestant que c'est
« ma dernière volonté.

« Fait à Paris, ce 25 mai, après midi, 1672. Signé : de
« Sainte-Croix. »

« Et au-dessous sont écrits ces mots :

« Il y a un seul paquet adressé à M. Penautier qu'il
« faut rendre. »

On comprend qu'un pareil début ne fit qu'augmenter
l'intérêt de cette scène : un murmure de curiosité se fit
entendre; puis le silence s'étant rétabli, l'inventaire
continua en ces termes :

« S'est trouvé un paquet cacheté de huit cachets
marqués de différentes armes, sur lequel est écrit :
« Papiers pour être brûlés en cas de mort, n'étant
« d'aucune conséquence à personne. Je supplie très
« humblement ceux entre les mains de qui ils tombe-
« ront de les brûler; j'en charge même leur conscience :
« le tout sans ouvrir le paquet. » Dans ce paquet s'est
trouvé deux paquets de drogue de sublimé.

« *Item*, un autre paquet cacheté de six cachets de plusieurs armes, sur lequel était pareille inscription, dans
lequel s'est trouvé d'autre sublimé du poids d'une demi-
livre.

Item, un autre paquet cacheté de six cachets de plusieurs armes, sur lequel était pareille inscription dans
lequel s'est trouvé trois paquets contenant, l'un une demi-
once de sublimé, l'autre deux onces et un quarteron de
vitriol romain, et le troisième du vitriol calciné et préparé.

« Dans la cassette fut trouvée une grande fiole carrée,
d'une chopine, pleine d'eau claire, laquelle observée
par M. Moreau, médecin, celui-ci a dit n'en pouvoir
désigner la qualité jusqu'à ce que l'épreuve en ait été faite.

« *Item*, une autre fiole, d'un demi-setier d'eau claire,
au fond de laquelle il y a un sédiment blanchâtre.
Moreau a dit la même chose que de la précédente.

« Un petit pot de faïence, dans lequel étaient deux ou
trois gros d'opium préparé.

« *Item*, un papier ployé, dans lequel il y avait deux
drachmes de sublimé corrosif en poudre.

« Plus, une petite boîte, dans laquelle s'est trouvée

une manière de pierre, appelée pierre infernale.

« Plus, un papier. dans lequel était une once d'opium.

« Plus, un morceau de régule d'antimoine pesant trois onces.

« Plus, un paquet de poudre sur lequel était écrit : « Pour arrêter la perte du sang des femmes. » Moreau a dit que c'était de la fleur de coing et du bouton de coing séché.

« *Item*, fut trouvé un paquet cacheté de six cachets, sur lequel est écrit : « Papiers pour être brûlés en cas de mort », dans lequel s'est trouvé trente-quatre lettres, que l'on a dit être écrites par la dame de Brinvilliers.

« *Item*, une autre paquet cacheté de six cachets, sur lequel est écrite pareille inscription que dessus, dans lequel s'est trouvé vingt-sept morceaux de papier, sur chacun desquels est écrit : « Plusieurs secrets curieux. »

« *Item*, un autre paquet, contenant encore six cachets, sur lequel était écrite pareille inscription que ci-dessus, dans lequel s'est trouvé soixante-quinze lettres, adressées à différentes personnes. »

Outre ces objets, on trouva dans la cassette deux obligations, l'une de madame la marquise de Brinvilliers, l'autre de Penautier, la première de trente mille francs, la seconde de dix mille ; celle-ci correspondant à l'époque de la mort de M. d'Aubray père, celle-là à l'époque de la mort du sieur de Saint-Laurent. La différence des sommes fait voir que Sainte-Croix avait un tarif, et que le parricide était plus cher que l'assassinat.

Ainsi Sainte-Croix, en mourant, lègue ses poisons à sa maîtresse et à son ami ; il n'a point assez de ses crimes passés, il veut encore être complice des crimes à venir.

Le premier soin des officiers civils fut de soumettre ces diverses substances à l'analyse, et de faire des expériences avec elles sur différents animaux.

Voici le rapport de Guy Simon, marchand apothicaire, qui fut chargé de cet examen et de ces épreuves.

« Ce poison artificieux se dérobe aux recherches que l'on en veut faire ; il est si déguisé qu'on ne peut le reconnaître, si subtil qu'il trompe l'art, si pénétrant qu'il échappe à la capacité des médecins ; sur ce poison, les expériences sont fausses, les règles fautives, les aphorismes ridicules.

« Les expériences les plus sûres et les plus communes se font par les éléments ou sur les animaux.

« Dans l'eau, la pesanteur du poison ordinaire le jette au fond ; elle est supérieure, il obéit, se précipite et prend le dessous.

« L'épreuve du feu n'est pas moins sûre : le feu évapore, dissipe, consume ce qu'il y a d'innocent et de pur ; il ne laisse qu'une matière âcre et piquante, qui seule résiste à son impression.

« Les effets que le poison produit sur les animaux sont encore plus sensibles : il porte sa malignité dans toutes les parties où il se distribue, et vicie tout ce qu'il touche ; il brûle et rôtit d'un feu étrange et violent toutes les entrailles.

« Le poison de Sainte-Croix a passé par toutes les épreuves, et se joue de toutes les expériences : ce poison nage sur l'eau, il est supérieur, et c'est lui qui fait obéir cet élément ; il se sauve de l'expérience du feu, où il ne laisse qu'une matière douce et innocente ; dans les animaux, il se cache avec tant d'art et d'adresse qu'on ne peut le reconnaître : toutes les parties de l'animal sont saines et vivantes ; dans le même temps qu'il y fait couler une source de mort, ce poison artificieux y laisse l'image et les marques de la vie.

« On a fait toutes sortes d'épreuves : la première, en versant quelques gouttes d'une liqueur trouvée dans l'une des fioles dans l'huile de tartre et dans l'eau marine, et il ne s'est rien précipité au fond des vaisseaux dans lesquels la liqueur a été versée ; la seconde, en mettant la même liqueur dans un vaisseau sablé, et il n'a été retrouvé au fond du vaisseau aucune matière acide, ni âcre à la langue, et presque point de sel fixe ; la troisième sur un poulet d'Inde, un pigeon, un chien et autres animaux, lesquels animaux étant morts, quelque temps après, et le lendemain ayant été ouverts, on n'a rien trouvé qu'un peu de sang caillé au ventricule du cœur.

« Autre épreuve d'une poudre blanche donnée à un chat, dans une fressure de mouton, ayant été faite, le chat vomit pendant une demi-heure, et ayant été trouvé mort le lendemain, fut ouvert sans que l'on ait rencontré aucune partie altérée par le poison.

« Une seconde épreuve de la même poudre ayant été faite sur un pigeon, il en mourut quelque temps après, et fut ouvert, et ne fut rien trouvé de particulier, sinon qu'un peu d'eau rousse dans l'estomac. »

Ces épreuves, tout en prouvant que Sainte-Croix était un chimiste profond, firent naître l'idée qu'il ne se livrait pas gratuitement à cet art : ces morts subites et inattendues revinrent à la mémoire de tout le monde, ces obligations de la marquise et de Penautier parurent le prix du sang ; et comme l'une était absente, que l'autre était trop puissant et trop riche pour qu'on osât l'arrêter sans preuves, on se rappela l'opposition de Lachaussée.

Il était dit dans cette opposition que depuis sept ans Lachaussée était au service de Sainte-Croix ; donc Lachaussée ne regardait pas comme une interruption à ce service le temps qu'il avait passé chez MM. d'Aubray. Le sac contenant les mille pistoles et les trois obligations de cent livres avait été trouvé à la place indiquée : donc Lachaussée avait une connaissance parfaite des localités de ce cabinet, il devait connaître la cassette ; s'il connaissait la cassette, il ne pouvait être innocent.

Ces indices suffirent pour que Mme Mangot de Villarceaux, veuve de M. d'Aubray fils, lieutenant civil, rendît plainte contre lui ; en conséquence de cette plainte, Lachaussée fut décrété de prise de corps et arrêté. Au moment de l'arrestation on trouva du poison sur lui.

La cause fut appelée devant le Châtelet : Lachaussée nia avec obstination ; et les juges, ne croyant point avoir assez de preuves contre lui, le condamnèrent à la question préparatoire (19). Mme Mangot de Villarceaux appela d'un jugement qui sauvait probablement le coupable s'il avait la force de résister aux douleurs et de ne rien avouer, et en vertu de cet appel, un arrêt de la Tournelle, en date du 4 mars 1673, déclara *Jean Amelin, dit Lachaussée, atteint et convaincu d'avoir empoisonné le dernier lieutenant civil et le conseiller ; pour réparation de quoi, il fut condamné à être rompu vif, et à expirer sur la roue, préalablement appliqué à la question ordi-*

naire et extraordinaire, pour avoir révélation de ses complices.

Par le même arrêt, la marquise de Brinvilliers fut condamnée par contumace à avoir la tête tranchée.

Lachaussée subit la torture des brodequins, qui consistait à lier chaque jambe du condamné entre deux planches, à approcher les deux jambes l'une de l'autre par un anneau de fer, et à enfoncer des coins entre les planches du milieu; la question ordinaire était de quatre coins, la question extraordinaire de huit.

Au troisième coin, Lachaussée déclara qu'il était prêt à parler : en conséquence, la question fut suspendue, puis on le porta sur un matelas étendu dans le chœur de la chapelle, et là, comme il était très faible et pouvait parler à peine, il demanda une demi-heure pour se remettre : voici l'extrait même du procès-verbal de la question et exécution de mort :

« Lachaussée relâché de la question, mis sur le matelas, M. le rapporteur s'étant retiré, une demi-heure après Lachaussée le fit prier de revenir : il lui a dit qu'il était coupable; que Sainte-Croix lui a dit que la dame de Brinvilliers lui avait donné les poisons pour empoisonner ses frères; qu'il les a empoisonnés dans de l'eau et des bouillons, a mis de l'eau roussâtre dans le verre du lieutenant civil, à Paris, et de l'eau claire dans la tourte de Villequoy; que Sainte-Croix lui avait promis cent pistoles et de le garder toujours près de lui; qu'il allait lui rendre compte de l'effet des poisons; que Sainte-Croix lui a donné desdites eaux bien des fois. Sainte-Croix lui a dit que la dame de Brinvilliers ne savait rien de ses autres empoisonnements, mais il croit qu'elle le savait, parce qu'elle lui parlait toujours, à lui Lachaussée, de ses poisons; qu'elle le voulait obliger de s'enfuir et lui donner deux écus pour s'en aller; qu'elle lui demandait où était la cassette et ce qu'il y avait dedans; que si Sainte-Croix avait pu mettre quelqu'un auprès de Mme d'Aubray, la lieutenante civile, il l'aurait fait peut-être empoisonner à son tour; enfin que Sainte-Croix avait envie sur la demoiselle d'Aubray. »

Cette déclaration, qui ne laissait aucun doute, donna

lieu à l'arrêt suivant, que nous extrayons des registres du parlement :

« Vu par la cour, le procès-verbal de question et exécution de mort du 24 du présent mois de mars 1673, contenant les déclarations et confessions de Jean Amelin, dit Lachaussée ; la cour a ordonné que les nommés Belleguise, Martin, Poitevin, Olivier, le père Véron, la femme du nommé Quesdon, perruquier, seront ajournés à comparoir à la cour, pour être ouïs et interrogés sur les cas résultant du procès, par-devant le conseiller-rapporteur du présent arrêt : ordonne que le décret de prise de corps contre le nommé Lapierre, et l'ordonnance d'assigné contre Penautier pour être ouïs, décernés par le lieutenant criminel, seront exécutés. Fait en parlement, le 27 mars 1673. »

En vertu de cet arrêt, les 21, 22 et 24 avril, Penautier, Martin et Belleguise sont interrogés.

Le 26 juillet, Penautier est déchargé de l'assigné ; on ordonne qu'il sera plus amplement informé contre Belleguise, et l'on décerne un décret de prise de corps contre Martin.

Dès le 24 mars, Lachaussée avait été roué en Grève.

Quant à Exili, le principe de tout mal, il avait disparu comme Méphistophélès après la perte de Faust, et nul n'en avait plus entendu parler.

Vers la fin de l'année, Martin fut relâché à défaut de charges suffisantes.

Cependant la marquise de Brinvilliers était toujours à Liège, et quoique retirée dans un couvent, n'avait point renoncé pour cela à l'un des côtés les plus mondains de la vie : bientôt consolée de la mort de Sainte-Croix, qu'elle avait aimé cependant au point d'avoir voulu se tuer pour lui (20), elle lui avait donné pour successeur un nommé Théria, sur lequel il nous a été impossible de trouver d'autres renseignements que son nom plusieurs fois prononcé au procès.

Ainsi qu'on l'a vu, toutes les charges de l'accusation étaient successivement retombées sur elle : aussi résolut-on de la poursuivre dans la retraite où elle se croyait en sûreté.

3

C'était une mission difficile et surtout délicate : Desgrais, l'un des exempts les plus habiles de la maréchaussée, se présenta pour l'exécuter. C'était un beau garçon de trente-six à trente-huit ans, chez lequel rien ne dénonçait le suppôt de police, portant tous les costumes avec la même aisance, et parcourant tous les degrés de l'échelle sociale, dans ses déguisements, depuis le croquant jusqu'au grand seigneur. C'était l'homme qui convenait; aussi fut-il accepté.

Il partit en conséquence pour Liège, escorté de plusieurs archers, et muni d'une lettre du roi adressée au conseil des Soixante de la ville, par laquelle Louis XIV réclamait la coupable pour la faire punir. Après avoir examiné la procédure, dont Desgrais avait pris soin de se munir, le conseil autorisa l'extradition de la marquise.

C'était déjà beaucoup; mais ce n'était point assez encore : la marquise, ainsi que nous l'avons dit, avait cherché asile dans un couvent, où Desgrais n'osait l'arrêter de vive force, pour deux raisons : la première, parce qu'elle pouvait être prévenue à temps, et se cacher dans quelqu'une de ces retraites claustrales dont les supérieures ont seules le secret; la seconde, parce que, dans une ville aussi religieuse que Liège, l'éclat qui accompagnerait sans aucun doute un pareil événement pourrait être regardé comme une profanation, et amener quelque soulèvement populaire, à l'aide duquel il deviendrait possible à la marquise de lui échapper.

Desgrais fit la visite de sa garde-robe, et croyant qu'un habit d'abbé était le plus propre à éloigner de lui tout soupçon, il se présenta aux portes du couvent comme un compatriote arrivant de Rome, et qui n'avait pas voulu passer par Liège sans présenter ses hommages à une femme aussi célèbre par sa beauté et ses malheurs que l'était la marquise. Desgrais avait toutes les manières d'un cadet de bonne maison, et était flatteur comme un courtisan, entreprenant comme un mousquetaire : il fut, dans cette première visite, charmant d'esprit et d'impertinence; si bien qu'il obtint plus facilement qu'il ne l'espérait d'en faire une seconde.

Cette seconde visite ne se fit pas attendre; Desgrais se présenta dès le lendemain. Un pareil empressement n'avait rien que de flatteur pour la marquise : aussi Desgrais fut-il mieux reçu encore que la veille. Femme d'esprit et de condition, privée depuis près d'un an de toute communication avec les gens d'un certain monde, la marquise retrouvait en Desgrais ses habitudes parisiennes. Malheureusement, le charmant abbé devait quitter Liège sous peu de jours ; il n'en devint que plus pressant, et la visite du lendemain fut demandée et obtenue dans toutes les formes d'un rendez-vous.

Desgrais fut exact : la marquise l'attendait avec impatience ; mais, par une réunion de circonstances qu'avait sans doute préparée Desgrais, l'entretien amoureux fut troublé deux ou trois fois au moment même où, devenant plus intime, il redoutait davantage les témoins. Desgrais se plaignit d'une pareille importunité ; d'ailleurs, elle compromettait la marquise et lui-même : il devait des ménagements à l'habit qu'il portait. Il supplia la marquise de lui accorder un rendez-vous hors de la ville, dans un endroit de la promenade assez peu fréquenté pour qu'ils n'eussent point à craindre d'être reconnus ou suivis ; la marquise ne se défendit qu'autant qu'il était nécessaire pour donner plus de prix à la faveur qu'elle accordait, et le rendez-vous fut pris pour le même soir.

Le soir arriva ; tous deux l'attendaient avec la même impatience, mais dans un espoir bien différent : la marquise trouva Desgrais au lieu convenu ; celui-ci lui offrit le bras ; puis, lorsqu'il lui tint la main dans la sienne, il fit un signe, les archers parurent, l'amant déposa son masque, et Desgrais se fit connaître : la marquise était prisonnière.

Desgrais laissa Mme de Brinvilliers aux mains des sergents, et courut en toute hâte au couvent. Ce fut alors seulement qu'il exhiba son ordre des Soixante, au moyen duquel il se fit ouvrir la chambre de la marquise. Il trouva sous le lit une cassette dont il s'empara, et sur laquelle il appliqua les scellés ; puis il vint la rejoindre et donner l'ordre de partir.

Lorsque la marquise vit la cassette entre les mains de Desgrais, elle parut d'abord atterrée ; puis, bientôt se remettant, elle réclama un papier qui y était renfermé, et qui contenait sa confession. Desgrais refusa, et comme il se retournait pour faire avancer la voiture, la marquise essaya de s'étrangler en avalant une épingle; mais un archer nommé Claude Rolla s'aperçut de son intention, et parvint à la lui retirer de la bouche. Desgrais ordonna de redoubler de surveillance.

On s'arrêta pour souper : un archer nommé Antoine Barbier assistait au repas, et veillait à ce qu'on ne mît sur la table ni couteau ni fourchette, ni aucun instrument avec lequel la marquise se pût tuer ou blesser. Mme de Brinvilliers, en portant son verre à sa bouche, comme pour boire, en brisa un morceau entre ses dents; l'archer s'en aperçut à temps, et la força de le rejeter dans son assiette. Alors elle lui dit que, s'il la voulait sauver, elle lui ferait sa fortune; il lui demanda ce qu'il fallait faire pour cela; la marquise lui proposa de couper la gorge à Desgrais; mais il refusa, en lui disant que, pour toute autre chose, il était à son service. En conséquence, elle lui demanda une plume et du papier, et écrivit cette lettre :

« Mon cher Théria, je suis entre les mains de Desgrais, qui me fait suivre la route de Liège à Paris. Venez en hâte m'en tirer. »

Antoine Barbier prit la lettre, promettant de la faire rendre à son adresse; mais, au lieu de cela, il la remit à Desgrais.

Le lendemain, trouvant que cette lettre n'était point assez pressante, elle lui en écrivit une seconde, dans laquelle elle lui disait que l'escorte n'était composée que de huit personnes, qui pouvaient être facilement défaites par quatre ou cinq hommes déterminés, et qu'elle comptait sur lui pour ce coup de main.

Enfin, inquiète de ne recevoir aucune réponse et de ne pas voir l'effet de ses dépêches, elle expédia une troisième missive à Théria. Dans celle-ci, elle lui recommandait sur son âme, s'il n'était point assez fort pour attaquer l'escorte et la délivrer, de tuer au moins deux des quatre chevaux qui la conduisaient, et de profiter du moment de trouble que produirait cet accident pour s'emparer de la cassette et la jeter au feu : autrement, disait-elle, elle était perdue.

Quoique Théria n'eût reçu aucune de ces trois lettres, qui avaient été successivement remises par Antoine Barbier à Desgrais, il ne s'en trouva pas moins, de son propre mouvement, à Maëstricht, par où la marquise devait passer. Là il tenta de corrompre les archers, en leur offrant jusqu'à dix mille livres; mais les archers furent incorruptibles.

A Rocroy, le cortège rencontra M. le conseiller Palluau, que le parlement avait envoyé au-devant de la prisonnière, pour l'interroger au moment où, s'y attendant le moins, elle n'aurait pas eu le temps de méditer ses réponses. Desgrais le mit au fait de ce qui s'était passé, et lui recommanda surtout la fameuse cassette, objet de tant d'inquiétudes et de si vives recommandations. M. de Palluau l'ouvrit, et y trouva, entre autres choses, un papier intitulé : *Ma confession* (21).

Cette confession était une preuve étrange du besoin qu'ont les coupables de déposer leurs crimes dans le sein des hommes ou dans la miséricorde de Dieu. Déjà, comme on l'a vu, Sainte-Croix avait écrit une confession qui avait été brûlée, et voilà que la marquise commet à son tour la même imprudence. Au reste, cette confession, qui contenait sept articles et qui commençait par ces mots : *Je me confesse à Dieu, et à vous, mon père*, était un aveu complet de tous les crimes qu'elle avait commis.

Dans le premier article, elle s'accusait d'avoir été incendiaire;

Dans le second, d'avoir cessé d'être fille à sept ans;

Dans le troisième, d'avoir empoisonné son père;

Dans le quatrième, d'avoir tenté d'empoisonner ses deux frères;

Dans le cinquième, d'avoir tenté d'empoisonner sa sœur, religieuse aux Carmélites.

Les deux autres articles étaient consacrés au récit de débauches bizarres et monstrueuses. Il y avait à la fois dans cette femme de la Locuste et de la Messaline : l'antiquité ne nous avait rien offert de mieux.

M. de Palluau, fort de la connaissance de cette pièce importante, commença aussitôt l'interrogatoire. Nous le rapportons textuellement, heureux que nous serons chaque fois que nous pourrons substituer les pièces officielles à notre propre récit.

Interrogée pourquoi elle s'était enfuie à Liège.

— A dit s'être retirée de France à cause des affaires qu'elle avait avec sa belle-sœur.

Interrogée si elle avait connaissance des papiers qui se trouvaient dans sa cassette.

— A dit que, dans sa cassette, il y a plusieurs papiers de sa famille, et parmi ces papiers, une confession générale qu'elle voulait faire; mais que, lorsqu'elle l'écrivit, elle avait l'esprit désespéré; ne sait ce qu'elle y a mis, ne sachant ce qu'elle faisait ayant l'esprit aliéné, se voyant dans des pays étrangers, sans secours de ses parents, réduite à emprunter un écu.

Interrogée, sur le premier article de sa confession, dans quelle maison elle a fait mettre le feu.

— A dit ne l'avoir point fait, et que, lorsqu'elle avait écrit pareille chose, elle avait l'esprit troublé.

Interrogée sur les six autres articles de sa confession.

— A dit qu'elle ne sait ce que c'est et ne se souvient point de cela.

Interrogée si elle n'a point empoisonné son père et ses frères.

— A dit ne savoir rien de tout cela.

Interrogée si ce n'est point Lachaussée qui a empoisonnée ses frères.

— A dit ne rien savoir de tout cela.

Interrogée si elle ne savait point que sa sœur ne devait pas vivre longtemps, à cause qu'elle avait été empoisonnée.

— A dit qu'elle le prévoyait, à cause que sa sœur était sujette aux mêmes incommodités que ses frères; qu'elle a perdu la mémoire du temps où elle a écrit sa confession; avoue être sortie de France par le conseil de ses parents.

Interrogée pourquoi ce conseil lui a été donné par ses parents.

— A dit que c'était à cause de l'affaire de ses frères; avoue avoir vu Sainte-Croix depuis sa sortie de la Bastille.

Interrogée si Sainte-Croix ne l'a pas persuadée de se défaire de son père.

— A dit ne s'en souvenir, ne se souvenant non plus si Sainte-Croix lui a donné des poudres ou autres drogues, ni si Sainte-Croix lui a dit qu'il savait le moyen de la rendre riche.

A elle représentées huit lettres et sommée de déclarer à qui elle les écrivait.

— A dit ne s'en souvenir.

Interrogée pourquoi elle avait fait une promesse de trente mille livres à Sainte-Croix.

— A dit qu'elle prétendait mettre cette somme aux mains de Sainte-Croix pour s'en servir en ce qu'elle aurait besoin, le croyant de ses amis; qu'elle ne voulait point que cela parût, à cause de ses créanciers; qu'elle en avait une reconnaissance de Sainte-Croix qu'elle a perdue dans son voyage; que son mari ne savait rien de cette promesse.

Interrogée si la promesse a été faite avant ou après la mort de ses frères.

— A dit ne s'en souvenir, et que cela ne fait rien à la chose.

Interrogée si elle connaît un apothicaire nommé Glazer.

— A dit avoir été trois fois chez lui pour ses fluxions.

Interrogée pourquoi elle a écrit à Théria d'enlever la cassette.

— A dit ne savoir ce que c'était.

Interrogée pourquoi, en écrivant à Théria, elle disait qu'elle était perdue s'il ne s'emparait de la cassette.

— A dit ne s'en souvenir.

Interrogée si elle s'est aperçue pendant le voyage d'Offemont des premiers symptômes de la maladie de son père.

— A dit qu'elle ne s'était pas aperçue que son père se fût trouvé mal en 1666 à son voyage d'Offemont, ni en allant ni en revenant.

Interrogée si elle n'avait pas eu commerce avec Penautier.

— A dit n'avoir eu commerce avec Penautier que pour trente mille livres qu'il lui devait.

Interrogée comment Penautier lui devait ces trente mille livres.

— A dit que son mari et elle avaient prêté dix mille écus à Penautier, qu'il leur a rendu cette somme, et que depuis le remboursement ils n'ont eu aucune relation avec lui.

La marquise se renfermait, comme on le voit, dans un système complet de dénégation. Arrivée à Paris, et écrouée à la Conciergerie, elle continua de le suivre; mais bientôt, aux charges terribles qui l'accablaient déjà, vinrent s'en joindre de nouvelles.

Le sergent Cluet déposa.

Que, voyant Lachaussée servir de laquais à M. d'Aubry, conseiller, lequel il avait aussi vu au service de Sainte-Croix, il dit à Mme de Brinvilliers que, si le lieutenant civil savait que Lachaussée eût été à Sainte-Croix, il ne le trouverait pas bon; qu'alors ladite dame de Brinvilliers s'écria : — Mon Dieu, ne le dites point à mes frères, car on lui donnerait des coups de bâton, et mieux vaut qu'il gagne quelque chose qu'un autre. — Il n'en dit donc rien aux dits sieurs d'Aubry, quoiqu'il vît Lachaussée aller tous les jours chez Sainte-Croix et chez ladite dame de Brinvilliers, qui mitonnait Sainte-Croix pour avoir sa cassette, et qu'elle voulait que Sainte-Croix lui rendît son billet de deux ou trois mille pistoles; autrement, elle le ferait poignarder; qu'elle avait dit qu'elle voudrait fort que l'on ne vît point ce qu'il y avait dans ladite cassette; que c'était chose de grande conséquence, et qui ne regardait qu'elle seule. Le témoin ajouta qu'après l'ouverture de la cassette, il avait rapporté à ladite dame que le commissaire Picard avait dit à Lachaussée qu'il avait été trouvé d'étranges choses; qu'alors la dame de Brinvilliers rougit et changea de discours. Il lui demanda si elle n'était pas complice; elle répondit : — Pourquoi moi ? Puis elle ajouta, comme se parlant à elle-même : — Il faudrait envoyer Lachaussée en Picardie. — Dit encore le déposant qu'il y avait longtemps qu'elle était après Sainte-Croix, pour avoir ladite cassette, et si elle l'avait eue, elle l'aurait fait égorger. Ce témoin ajoute encore qu'ayant dit à Briancourt que Lachaussée était pris et que sans doute il dirait tout, Briancourt avait répondu en parlant de la dame de Brinvilliers : — Voilà une femme perdue. — Que la demoiselle d'Aubray ayant dit que Briancourt était un fripon, il avait répondu, lui Briancourt, que la demoiselle d'Aubray ne savait pas quelle obligation elle lui avait; qu'on avait voulu l'empoisonner, elle et la lieutenante civile, et que c'était lui qui avait empêché le coup. A ouï dire à Briancourt que la dame de Brinvilliers disait souvent qu'il y avait des moyens de se défaire des gens quand ils déplaisaient, et qu'on leur donnait un coup de pistolet dans un bouillon.

La fille Edme Huet, femme Briscien, déposa.

Que Sainte-Croix allait tous les jours chez la dame de Brinvilliers, et que dans une cassette appartenant à ladite dame, elle avait vu deux petites boîtes contenant du sublimé en poudre et en pâte, ce qu'elle reconnut bien, étant fille d'apothicaire. Ajoute que ladite dame de Brinvilliers ayant un jour dîné en compagnie et étant gaie, elle lui montra une petite boîte, lui disant : — Voilà de quoi se venger de ses ennemis ; et cette boîte n'est pas grande, mais elle est pleine de successions. — Qu'elle lui remit alors cette boîte entre les mains ; mais que bientôt, étant revenue de sa gaieté, elle s'écria : — Bon Dieu ! que vous ai-je dit ! ne le répétez à personne. — Que Lambert, clerc du palais, lui avait dit qu'il avait porté les deux petites boîtes à la dame de Brinvilliers de la part de Sainte-Croix ; que Lachaussée était souvent chez elle, et que, n'étant point payée, elle femme Briscien, de dix pistoles qui lui étaient dues par la dame de Brinvilliers, elle alla en faire plainte à Sainte-Croix et menaça de dire au lieutenant civil ce qu'elle avait vu ; ce qui fit qu'on lui donna les dix pistoles ; que Sainte-Croix et ladite dame de Brinvilliers avaient toujours du poison sur eux, pour s'en servir au cas où ils seraient pris.

Laurent Perrette, demeurant chez Glazer, apothicaire, déclara.

Qu'il a souvent vu une dame venir chez son maître, conduite par Sainte-Croix ; que le laquais lui a dit que cette dame était la marquise de Brinvilliers ; qu'il parierait sa tête que c'était du poison qu'ils venaient faire faire à Glazer ; que quand ils venaient, ils laissaient leur carrosse à la foire Saint-Germain.

Marie de Villeray, demoiselle suivante de ladite dame de Brinvilliers, déposa.

Que depuis la mort de M. d'Aubray, conseiller, Lachaussée vint trouver ladite dame de Brinvilliers et lui parla en particulier ; que Briancourt lui a dit que ladite dame faisait mourir d'honnêtes gens ; que lui Briancourt prenait tous les jours de l'orviétan, de peur d'être empoisonné, et que c'était sans doute à cette seule précaution qu'il devait d'être encore en vie ; mais qu'il craignait d'être poignardé à cause qu'elle lui avait dit son secret touchant l'empoisonnement ; qu'il fallait avertir Mlle d'Aubray qu'on voulait l'empoisonner ; qu'on avait pareil dessein sur le gouverneur des enfants de M. de Brinvilliers. Ajoute Marie de Villeray que deux jours après la mort du conseiller, comme Lachaussée était dans la chambre à coucher de Mme de Brinvilliers, et qu'on annonça Cousté, secrétaire de feu le lieutenant civil, elle fit cacher Lachaussée dans la ruelle de son lit. Lachaussée apportait à la marquise une lettre de Sainte-Croix.

François Desgrais, exempt, déposa.

Qu'étant chargé de l'ordre du roi, il arrêta à Liège la dame de Brinvilliers : il trouva sous son lit une cassette qu'il scella : ladite dame lui demanda un papier qui s'y trouvait, et qui était sa confession ; mais qu'il la lui refusa ; que par les chemins qu'ils suivaient ensemble pour venir à Paris, la dame de Brinvilliers lui dit qu'elle croyait que c'était Glazer qui faisait les poisons de Sainte-Croix ; que Sainte-Croix lui ayant donné un jour à elle, dame de Brinvilliers, un rendez-vous à la croix Saint-Honoré, il lui montra quatre petites bouteilles, et lui dit : — Voilà ce que Glazer m'a envoyé. — Elle lui en demanda une ; mais Sainte-Croix répondit qu'il aimerait mieux mourir que de lui en donner. Ajoute que l'archer Antoine Barbier lui avait remis trois lettres que la dame de Brinvilliers écrivait à Théria ;

Que dans la première elle lui disait de venir en diligence la tirer des mains des soldats qui l'escortaient ;

Que par la seconde elle lui disait que l'escorte ne se composait que de huit personnes amassées, que cinq hommes pourraient défaire ;

Et par la troisième, que s'il ne pouvait venir la tirer des mains de ceux qui l'emmenaient, il allât au moins au commissaire, qu'il tuât le cheval de son valet de chambre, et deux des quatre chevaux du carrosse qui la conduisait ; qu'il prît la cassette, et qu'il jetât tout au feu ; autrement qu'elle était perdue.

Laviolette, archer, déposa.

Que le soir même de l'arrestation, la dame de Brinvilliers avait une longue épingle qu'elle voulut mettre dans sa bouche ; qu'il l'en empêcha, et lui dit qu'elle était bien misérable ; qu'il voyait que ce qu'on disait d'elle était véritable, et qu'elle avait empoisonné toute sa famille : à quoi elle fit réponse que si elle l'avait fait ce n'était que par un mauvais conseil, et que d'ailleurs on n'avait pas toujours de bons moments.

Antoine Barbier, archer, déclara.

Que la dame de Brinvilliers étant à table et buvant dans un verre, elle en voulut manger un morceau, et que comme il l'en empêcha, elle lui dit que s'il voulait la sauver, elle lui ferait sa fortune ; qu'elle a écrit plusieurs lettres à Théria ; que pendant tout le voyage elle a fait ce qu'elle a pu pour avaler du verre, de la terre ou des épingles ; qu'elle lui a proposé de couper la gorge à Desgrais, de tuer le valet de chambre de M. le commissaire ; qu'elle lui avait dit qu'il fallait prendre et brûler la cassette, qu'il fallait porter la mèche allumée pour brûler tout ; qu'elle a écrit à Penautier de la Conciergerie (22), qu'elle lui donna la lettre et qu'il fit semblant de la porter.

Enfin Françoise Roussel déposa.

Qu'elle avait été au service de la dame de Brinvilliers ; que cette dame lui donna un jour des groseilles confites à manger ; qu'elle en mangea sur la pointe d'un couteau, dont aussitôt elle se sentit mal. Elle lui donna encore une tranche de jambon humide, laquelle elle mangea, et depuis lequel temps elle a souffert grand mal à l'estomac, se sentant comme si on lui eût piqué le cœur, et a été trois ans ainsi, croyant être empoisonnée.

Il était difficile de continuer le même système de dénégation absolue en face de pareilles preuves. La marquise de Brinvilliers n'en persista pas moins à soutenir qu'elle n'était point coupable, et Me Nivelle, l'un des meilleurs avocats de cette époque, consentit à se charger de sa cause.

Il combattit les unes après les autres, et avec un talent remarquable, toutes les charges de l'accusation, avouant les amours adultères de la marquise avec Sainte-Croix, mais niant sa participation aux meurtres de MM. d'Aubray père et fils, qu'il rejetait entièrement sur la vengeance que Sainte-Croix avait voulu tirer d'eux.

Quant à la confession, qui était la plus forte et selon lui la seule charge que l'on pût opposer à la dame de Brinvilliers, il attaquait la validité d'un pareil témoignage par des faits tirés de cas pareils, où le témoignage porté par les coupables contre eux-mêmes n'avait point été admis, en vertu de cet axiome de législation : *Non auditur perire volens.*

Il cita trois exemples, et comme ils ne manquent pas d'intérêt, nous les copions textuellement dans son mémoire (23).

PREMIER EXEMPLE

Dominicus Soto, qui est un très fameux canoniste et très grand théologien, qui était confesseur de Charles-Quint, et qui avait assisté aux premières assemblées du concile de Trente sous Paul III, propose une question d'un homme qui avait perdu un papier où il avait écrit ses péchés : or il advint qu'un juge ecclésiastique ayant trouvé ce papier, et ayant voulu informer sur ce fondement contre celui qui l'avait écrit, ce juge fut justement puni de son supérieur, par la raison que la confession est chose si sacrée, que même ce qui est destiné pour la faire doit être enseveli dans un silence éternel. C'est en vertu de cette proposition que le jugement suivant, rapporté dans le *Traité des Confesseurs*, de Roderic Acugno, célèbre archevêque portugais, fut rendu.

Un Catalan, né en la ville de Barcelone, ayant été condamné à mort pour un homicide qu'il avait commis et avoué, refusa de se confesser lorsque l'heure du supplice fut arrivée. Quelques instances qu'on lui fît, il résista avec tant de violence, sans néanmoins donner aucune raison de ses rejets, que chacun fut persuadé que cette conduite, qu'on attribuait au trouble de son esprit, était causée chez lui par la crainte de la mort.

On avertit de cette obstination saint Thomas de Villeneuve, archevêque de Valence, en Espagne, qui était le lieu où la condamnation avait été rendue. Le digne prélat eut alors cette charité de vouloir bien s'employer pour obliger le criminel à faire sa confession, afin de ne pas perdre tout ensemble l'âme et le corps. Mais il fut fort surpris lorsque, lui ayant demandé la raison du refus qu'il faisait de se confesser, le condamné lui répondit qu'il devait avoir en exécration les confesseurs puisqu'il n'avait été condamné qu'en conséquence de la révélation que son confesseur avait faite de l'homicide qu'il lui avait déclaré ; que qui que ce soit n'en avait eu connaissance ; mais que s'étant confessé, il avait avoué son crime et déclaré l'endroit où il avait enterré celui qu'il avait assassiné et toutes les autres circonstances du crime ; que ces circonstances ayant été révélées par son confesseur, il n'avait pu les dénier, ce qui avait donné lieu à sa condamnation ; qu'à cette heure seulement il avait appris ce qu'il ne savait pas lorsqu'il s'était confessé, c'est-à-dire que son confesseur était frère de celui qu'il avait tué, et que le désir de la vengeance avait porté ce mauvais prêtre à révéler sa confession.

Saint Thomas de Villeneuve, sur cette déclaration, jugea que cet incident était beaucoup plus considérable que le procès même, qui ne regardait que la vie d'un particulier, tandis qu'il s'agissait ici de l'honneur de la religion, dont les conséquences étaient infiniment plus importantes. Il crut qu'il fallait s'informer de la vérité de cette déclaration, fit appeler le confesseur, et lui ayant fait avouer ce crime de révélation, il obligea les juges qui avaient condamné l'accusé à révoquer leur jugement et à le renvoyer absous ; ce qui fut fait avec l'admiration et les applaudissements du public.

Quant au confesseur, il fut condamné à une très forte peine, que saint Thomas de Villeneuve adoucit en considération du prompt aveu qu'il avait fait de son crime, et surtout de l'occasion qu'il avait donnée de faire voir au grand jour le respect que les juges eux-mêmes doivent avoir pour les confessions.

DEUXIÈME EXEMPLE

En 1579, un cabaretier de Toulouse avait tué seul et à l'insu de toute sa maison un étranger qu'il avait reçu chez lui, et l'avait enterré secrètement dans sa cave. Ce misérable, poursuivi par ses remords, se confessa de cet assassinat, en déclara toutes les circonstances, et indiqua à son confesseur l'endroit où il avait enterré le cadavre. Les parents du défunt, après toutes les recherches possibles pour s'en procurer des nouvelles, firent enfin publier dans la ville qu'ils donneraient une forte récompense à la personne qui découvrirait ce qu'il était devenu. Le confesseur, tenté par l'appât de la somme promise, avertit en secret que l'on n'avait qu'à chercher dans la cave du cabaretier et qu'on y trouverait le cadavre. On l'y trouva en effet à l'endroit indiqué. Le cabaretier fut mis en prison, appliqué à la torture et avoua son crime. Mais, après cet aveu, il soutint toujours que son confesseur était le seul qui pût l'avoir trahi.

Alors le parlement, indigné de la voie dont on s'était servi pour parvenir à la vérité, le déclara innocent, jusqu'à ce qu'on eût d'autres preuves que la dénonciation du confesseur.

Quant à celui-ci, il fut condamné à être pendu et son cadavre jeté au feu, tant le tribunal avait reconnu dans sa sagesse qu'il était important de mettre en sûreté un sacrement indispensable au salut.

TROISIÈME EXEMPLE

Une femme arménienne avait inspiré une violente passion à un jeune seigneur turc; mais la sagesse de la femme fut longtemps un obstacle aux désirs de l'amant. Enfin, ne gardant plus de mesure, il la menaça de la tuer, elle et son mari, si elle ne consentait pas à le satisfaire. Effrayée de cette menace, dont elle ne savait que trop que l'exécution était certaine, elle feignit de se rendre, et donna au Turc un rendez-vous chez elle dans un moment où elle lui dit que son mari serait absent; mais à un moment convenu, le mari survint, et quoique le Turc fût armé d'un sabre et de deux pistolets, les choses tournèrent de façon qu'ils furent assez heureux pour tuer leur ennemi, qu'ils enterrèrent dans leur maison sans que personne en eût connaissance.

Quelques jours après cet événement, ils allèrent se confesser à un prêtre de leur nation, auquel ils révélèrent dans ses plus grands détails cette tragique histoire.

Cet indigne ministre du Seigneur crut alors que, dans un pays régi par les lois mahométanes, où le caractère du sacerdoce et les fonctions du confesseur sont ou ignorés ou proscrits, on n'examinerait pas la source des connaissances qu'il transmettait à la justice, et que son témoignage aurait le même poids que celui de tout autre dénonciateur ; en conséquence, il résolut de tirer parti des circonstances au profit de son avarice. Il vint alors à plusieurs reprises trouver le mari et la femme, leur empruntant chaque fois des sommes considérables, avec menace de révéler leur crime s'ils le refusaient. Les premières fois, ces malheureux obtempérèrent aux exigences du prêtre ; mais enfin vint un moment où, dépouillés de toute leur fortune, ils furent obligés de lui refuser la somme qu'il demandait. Fidèle à sa menace, le prêtre aussitôt alla les dénoncer au père du défunt pour en tirer encore de l'argent. Celui-ci, qui adorait son enfant, alla trouver le vizir, lui dit qu'il connaissait les meurtriers de son fils par la déposition du prêtre auquel ils s'étaient confessés, et lui demanda justice ; mais cette dénonciation n'eut point l'effet attendu, et le vizir, au contraire, en conçut autant de pitié pour les malheureux Arméniens que d'indignation contre le prêtre qui les avait trahis.

Alors il fit passer l'accusateur dans une chambre qui donnait sur le divan, et envoya chercher l'évêque arménien pour lui demander ce que c'était que la confession, quel châtiment méritait un prêtre qui la révélait, et quel était le sort que l'on faisait éprouver à ceux dont les crimes étaient découverts par cette voie. L'évêque répondit que le secret de la confession était inviolable, que la justice des chrétiens faisait brûler tout prêtre qui la révélait, et renvoyait absous ceux que l'on accusait par cette voie, parce que l'aveu que le coupable en avait fait au prêtre lui était commandé par la religion chrétienne, sous peine de la damnation éternelle.

Le vizir, satisfait de cette réponse, le fit entrer dans une autre chambre, et manda les accusés pour savoir d'eux les circonstances de cette affaire ; ces pauvres gens, à demi morts, se jetèrent tout d'abord aux pieds du vizir. La femme prit alors la parole, et lui représenta que la nécessité de défendre leur honneur et leur vie leur avait mis les armes à la main et avait dirigé les coups dont leur ennemi était mort ; elle ajouta que Dieu seul avait été témoin de leur crime, et que ce crime serait encore ignoré, si la loi de ce même Dieu ne les avait obligés d'en déposer le secret dans le sein d'un de ses ministres pour en obtenir la rémission, mais que l'avarice insatiable du prêtre, après les avoir réduits à la misère, les avait dénoncés.

Le vizir les fit passer dans une troisième chambre, et manda le prêtre révélateur, qu'il mit en face de l'évêque, auquel il fit redire quelles étaient les peines encourues par ceux qui révèlent les confessions ; puis, appliquant cette peine au coupable, il le condamna à être brûlé vif en place publique, en attendant, ajouta-t-il, qu'il le fût en enfer, où il ne pouvait manquer de recevoir la punition de ses infidélités et de ses crimes.

La sentence fut exécutée sur-le-champ.

Malgré l'effet que l'avocat attendait de ces trois exemples, soit que les juges les récusassent, soit que, sans s'arrêter à la confession, ils jugeassent les autres preuves suffisantes, il fut bientôt évident pour tout le monde, à la manière dont tournait le procès, que la marquise serait condamnée. En effet, avant même que le jugement fût prononcé, elle vit, le jeudi matin 16 juillet 1676, entrer dans sa prison M. Pirot, docteur de Sorbonne, qui lui était envoyé par M. le premier président. Ce digne magistrat, prévoyant d'avance l'issue du jugement, et pensant qu'il serait bien tard pour une pareille coupable de n'être assistée qu'à sa dernière heure, avait fait venir ce bon prêtre, et quoique celui-ci lui eût fait observer que la Conciergerie avait ses deux aumôniers ordinaires, et qu'il lui eût dit qu'il était bien faible pour une pareille tâche, lui qui ne pouvait voir saigner une personne étrangère sans se trouver mal, M. le premier président avait si fort insisté, répétant qu'il avait besoin en cette occasion d'un homme en qui il pût avoir toute confiance, qu'il avait accepté cette pénible mission (21).

En effet, M. le premier président avouait lui-même que, si habitué qu'il fût aux coupables, madame de Brin-

villiers était douée d'une force qui l'épouvantait. La
veille du jour où il avait fait venir M. Pirot, il avait
travaillé à ce procès depuis le matin jusqu'à la nuit, et
pendant treize heures l'accusée avait été confrontée avec
Briancourt, l'un des témoins qui la chargeaient le plus.
Le jour même, une autre confrontation de cinq heures
avait encore eu lieu, et elle les avait soutenues toutes
les deux avec autant de respect pour les juges que de
fierté envers le témoin, reprochant à celui-ci qu'il était
un misérable valet abandonné à l'ivrognerie, et qu'ayant
été chassé de sa maison pour ses dérèglements, son
témoignage devait être sans force contre elle. Le premier président n'avait donc d'espoir, pour briser cette
âme inflexible, que dans un ministre de la religion ; car
ce n'était pas le tout que de la tuer en Grève, il fallait
que ses poisons mourussent avec elle, ou, sinon, la
société n'obtenait aucun soulagement de sa mort.

Le docteur Pirot se présentait à la marquise avec une
lettre de sa sœur, qui, ainsi que nous l'avons dit, était
religieuse au couvent de Saint-Jacques sous le nom de
sœur Marie : cette lettre exhortait madame de Brinvilliers, dans les termes les plus touchants et les plus
affectueux, à avoir confiance dans ce digne prêtre, et à le
regarder non-seulement comme un soutien, mais encore
comme un ami.

Lorsque M. Pirot se présenta devant l'accusée, elle
venait d'être ramenée de la sellette, où elle était restée
trois heures sans avoir rien avoué, et sans paraître
aucunement touchée de ce que le premier président lui
avait dit, quoique, après avoir fait l'office de juge, il
eût pris le ton d'un chrétien, et lui faisant sentir l'état
déplorable où elle était, paraissant pour la dernière fois
devant les hommes et devant paraître bientôt devant
Dieu, il lui eût dit, pour l'attendrir, de telles choses,
que les larmes lui coupaient la parole à lui-même, et que
les juges les plus anciens et les plus endurcis avaient
pleuré en l'écoutant. Dès que la marquise aperçut le
docteur, se doutant bien que son procès tournait à la
mort, elle s'avança vers lui en disant :

— C'est donc monsieur qui vient pour...

Mais, à ce mot, le père Chavigny, qui accompagnait
M. Pirot, l'interrompit :

— Madame, lui dit-il, commençons d'abord par une prière.

Ils se mirent tous trois à genoux, et firent une invocation au Saint-Esprit : alors madame de Brinvilliers demanda aux assistants d'en ajouter une pour la Vierge ; puis, lorsque cette prière fut finie, elle s'approcha du docteur, et reprenant sa phrase :

— Assurément, monsieur, dit-elle, c'est vous que M. le premier président envoie pour me consoler ; c'est avec vous que je dois passer ce peu qui me reste de vie. Il y a longtemps que j'avais impatience de vous voir.

— Madame, répondit le docteur, je viens vous rendre pour le spirituel tous les offices que je pourrai; seulement, je souhaiterais que ce fût dans une autre occasion que celle-ci.

— Monsieur, reprit la marquise en souriant, il se faut résoudre à tout.

Et alors, se tournant vers le père Chavigny :

— Mon père, continua-t-elle, je vous suis fort obligée de m'avoir amené monsieur, et de toutes les autres visites que vous avez bien voulu me faire. Priez Dieu pour moi, je vous supplie. Dorénavant, je ne parlerai plus guère qu'à monsieur ; car j'ai à traiter avec lui d'affaires qui se discutent tête à tête. Adieu donc, mon père. Dieu vous récompensera des soins que vous avez bien voulu avoir pour moi.

A ces mots, le père se retira, et laissa la marquise seule avec le docteur et les deux hommes et la femme qui l'avaient toujours gardée. C'était dans une grande chambre située en la tour de Montgommery, et qui avait toute l'étendue de la tour. Il y avait au fond un lit à rideaux gris pour la dame et un lit de sangle pour la garde. C'était la même chambre où avait été enfermé autrefois, disait-on, le poète Théophile, et il y avait encore près de la porte des vers de sa façon et écrits de sa main.

A peine les deux hommes et la femme virent-ils à quelle intention le docteur était venu, qu'ils se retirèrent au fond de la chambre, et laissèrent la marquise libre de demander et de recevoir les consolations que lui apportait l'homme de Dieu. Alors la marquise et le docteur s'assirent à une table chacun d'un côté. La marquise se croyait déjà condamnée, et elle entama la conversation en conséquence ; mais le docteur lui dit qu'elle n'était pas jugée encore, qu'il ne savait même pas précisément quand l'arrêt serait rendu, et moins encore ce qu'il porterait ; mais à ces mots la marquise l'interrompit.

— Monsieur, lui dit-elle, je ne suis pas en peine de l'avenir. Si mon arrêt n'est rendu, il le sera bientôt. Je m'attends à en avoir la nouvelle ce matin, et je ne m'en promets pas autre chose que la mort ; la seule grâce que j'espère de M. le premier président est un délai entre le jugement et l'exécution ; car, enfin, si j'étais exécutée aujourd'hui, j'aurais bien peu de temps pour me préparer, et je sens, monsieur, que j'en ai besoin de plus.

Le docteur ne s'attendait pas à ces paroles ; aussi fut-il tout joyeux de la voir revenir à de pareils sentiments. En effet, outre ce que lui avait dit M. le premier président, le père Chavigny lui avait raconté que, le dimanche précédent, il lui avait fait entendre qu'il y avait peu d'apparence qu'elle pût éviter la mort, et qu'autant qu'il pouvait en juger par le bruit de la ville, elle pouvait compter là-dessus. A ces paroles, elle avait paru d'abord interdite, et lui avait dit tout effrayée :

— Mon père, c'est donc que je mourrai dans cette affaire-ci ?

Et comme il avait voulu lui dire quelques paroles pour la consoler, elle avait aussitôt relevé et secoué la tête, et lui avait répliqué d'un air de fierté :

— Non, non, mon père, il n'est point besoin de me rassurer, et je prendrai bien mon parti de moi-même, et sur l'heure, et saurai mourir en femme forte.

Et comme alors le père lui avait dit que la mort n'était point une chose à laquelle on se disposait si promptement ni avec tant de facilité, et qu'il fallait, au contraire, la prévoir de loin, pour n'en être point surpris, elle lui avait répondu qu'il ne lui fallait à elle qu'un quart d'heure pour se confesser, et une seconde pour mourir. Le docteur fut donc bien heureux de voir que, du dimanche au jeudi, elle avait changé à ce point de sentiments.

— Oui, continua-t-elle après une pause, plus je réfléchis, plus je pense qu'un jour serait trop peu pour me mettre en état de me présenter au tribunal de Dieu, afin d'être jugée par lui, après l'avoir été par les hommes.

— Madame répondit le docteur, je ne sais pas ce que portera votre arrêt, ni quand il sera rendu ; mais fût-ce un arrêt de mort et fût-il rendu aujourd'hui, j'ose vous répondre d'avance qu'il ne sera exécuté que demain. Mais quoique la mort soit incertaine, j'approuve fort que vous vous y prépariez à tout événement.

— Oh! quant à ma mort, elle est sûre, dit-elle, et il ne faut pas que je me flatte d'une espérance inutile. J'ai à vous faire une grande confidence de toute ma vie ; mais, mon père, avant de vous faire une pareille ouverture de cœur, permettez que je sache de vous-même l'idée que vous avez prise de moi, et ce que vous croyez que je doive faire dans l'état où je suis.

— Vous prévenez mon dessein, répondit le docteur, et vous allez au-devant de ce que je cherchais à vous dire. Avant d'entrer dans le secret de votre conscience, avant d'entamer la discussion de vos affaires avec Dieu, je suis aise, madame, de vous donner quelques règles sur lesquelles vous puissiez vous fixer. Je ne vous sais encore coupable de rien, et je suspends mon jugement sur tous les crimes dont on vous charge, puisque je n'en puis rien apprendre que par votre confession. Ainsi, je dois douter encore que vous soyez coupable ; mais je ne puis ignorer de quoi vous êtes accusée : cette accusation est publique, et elle est venue jusqu'à moi ; car, continua le docteur, vous pouvez vous imaginer, madame, que votre affaire fait bien de l'éclat, et qu'il y a peu de gens qui n'en sachent quelque chose.

— Oui, oui, dit-elle en souriant, je sais qu'on en parle beaucoup, et je suis la fable du peuple.

— Donc, reprit le docteur, le crime dont vous êtes accusée, c'est d'empoisonnement, et j'ai à vous dire que si vous en êtes coupable, comme on le croit, vous ne pouvez espérer de pardon devant Dieu, que vous ne déclariez à vos juges quel est votre poison, ce qui entre dans sa composition, quel en est l'antidote, et comment se nomment vos complices. Il faut, madame, faire main basse sur tous ces méchants sans en épargner un seul ; car ils seraient en état, si vous leur pardonniez, de continuer à se servir de votre poison, et vous seriez coupable alors de tous les meurtres qu'ils feraient après votre mort, pour ne pas les avoir déférés aux juges pendant votre vie; de sorte que l'on pourrait dire que vous vous survivez à vous-même; car votre crime vous survivrait. Or, vous savez, madame, que le péché joint à la mort ne reçoit jamais de pardon, et que, pour obtenir rémission de votre crime, si vous êtes criminelle, il faut le faire mourir avant vous; car, si vous ne le tuez pas, madame, prenez-y garde, c'est lui qui vous tuera.

— Oui, je conviens de tout cela, monsieur, dit la marquise après un moment de silence et de réflexion, et sans avouer encore que je sois coupable, je vous réponds, si je le suis, de bien peser vos maximes. Cependant, une question, monsieur, et songez que sa résolution m'est nécessaire. N'y a-t-il pas, monsieur, quelque crime irrémissible en cette vie? N'y a-t-il pas, monsieur, des péchés si énormes et en si grand nombre, que l'Église n'ose point les remettre, et que, si la justice de Dieu peut les compter, sa miséricorde ne peut les absoudre? Trouvez bon que je commence par cette demande, monsieur, puisqu'il serait inutile que je me confessasse si je n'espérais pas.

— Je veux croire, madame, reprit le docteur, regardant malgré lui la marquise avec une sorte d'effroi, que ce que vous mettez en avant n'est qu'une thèse générale que vous me posez, et n'a aucun rapport avec l'état de votre conscience. Je répondrai donc à votre question sans vous l'appliquer en aucune manière. Non, madame, il n'y a pas de péchés irrémissibles en cette vie, si énormes qu'ils soient et en si grande quantité qu'ils se trouvent. Cela est même un article de foi, si bien que vous ne pourriez mourir catholique si vous en doutiez. Quelques docteurs, il est vrai, ont soutenu autrefois le contraire; mais ils ont été condamnés comme hérétiques. Il n'y a que le désespoir et l'impénitence finale qui soient irrémissibles, et ce sont des péchés de mort et non de vie.

— Monsieur, répondit la marquise, Dieu me fait la grâce d'être convaincue de ce que vous dites. Je crois qu'il peut remettre tous les péchés; je crois qu'il a exercé souvent ce pouvoir. Maintenant, toute ma peine est qu'il ne veuille pas faire l'application de sa bonté à un sujet aussi misérable que je suis, et à une créature qui s'est rendue aussi indigne des grâces qu'il lui a déjà faites.

Le docteur la rassura du mieux qu'il put et se mit alors

à l'examiner avec attention, tout en causant avec elle.
« C'était, dit-il, une femme naturellement intrépide et
d'un grand courage; elle paraissait née d'une imagination assez douce et fort honnête; d'un air indifférent à
tout; d'un esprit vif et pénétrant, concevant les choses
d'une façon fort nette, et les exprimant justes et en peu
de paroles, mais très précises; trouvant sur-le-champ des
expédients pour sortir d'une affaire difficile, et prenant
tout d'un coup son parti dans les choses les plus embar-
rassantes; légère, au reste, et ne s'attachant à rien;
inégale, et ne se soutenant pas, se rebutant quand on lui
parlait souvent d'une même chose; et c'est ce qui
m'obligea, continue le docteur, de diversifier de temps
en temps celles que je lui dis, pour ne la tenir que peu
sur un sujet que je faisais cependant revenir aisément
en lui donnant une nouvelle face, et en le proposant d'un
nouveau tour. Elle parlait peu et assez bien, mais sans
étude et sans affectation; se possédant parfaitement,
toujours présente à elle et ne disant que ce quelle voulait
bien dire, nul ne l'eût prise à sa physionomie ni à sa
conversation pour une personne aussi maligne qu'il
apparut qu'elle l'était par l'aveu public de son parricide;
aussi est-ce une chose surprenante, et où il faut adorer
le jugement de Dieu quand il abandonne l'homme à
lui-même, qu'une âme qui avait de sa nature quelque
chose de grand, d'un sang-froid aux accidents les plus
imprévus, d'une fermeté à ne s'émouvoir de rien, d'une
résolution à attendre la mort et à la souffrir même, s'il
eût été nécessaire, ait été capable d'une aussi grande
lâcheté que celle qui se trouve dans l'attentat parricide
qu'elle a confessé aux juges. Elle n'avait rien dans le
visage qui menaçât d'une si étrange malice; elle était d'un
poil châtigné et fort épais; elle avait le tour du visage rond
et assez régulier, les yeux bleus, doux et parfaitement
beaux, la peau extraordinairement blanche, le nez assez
bien fait; nuls traits désagréables, mais rien, à tout
prendre, qui pût faire passer son visage pour fort séduisant; il avait déjà quelques rides et marquait plus
d'années qu'elle n'avait réellement. Quelque chose
m'obligea à lui demander son âge dans le premier entretien : — Monsieur, me dit-elle, si je vivais jusqu'au jour
de la Madeleine, j'aurais quarante-six ans. Je vins au

monde ce jour-là, et j'en porte le nom. Je fus appelée au baptême Marie-Madeleine. Mais, si près que nous soyons de ce jour, je ne vivrai pas jusque-là; il faut finir aujourd'hui ou demain au plus tard, et c'est une grâce qu'on me fera de différer d'un jour; et cependant je m'attends à cette grâce sur votre parole. — On lui aurait bien donné, à la voir, quarante-huit ans. Si doux que parût son visage naturellement, quand il lui passait quelque chagrin au travers de l'imagination, elle le témoignait par une grimace qui pouvait d'abord faire peur, et de temps en temps je m'apercevais de convulsions qui marquaient de l'indignation, du dédain et du dépit. J'oubliais de dire qu'elle était d'une fort petite taille et fort menue.

« Voici à peu près la description de son corps et de son esprit que je reconnus en peu de temps, m'étant tout d'abord appliqué à l'observer, pour me conduire ensuite selon ce que j'aurais remarqué (25). »

Au milieu de cette première esquisse de sa vie qu'elle traçait à son confesseur, la marquise se souvint qu'il n'avait pas encore dit la messe, et l'avertit elle-même qu'il était temps de la dire, lui indiquant elle-même la chapelle de la Conciergerie, et le priant de la dire à son intention et en l'honneur de Notre-Dame, afin d'obtenir pour elle auprès de Dieu l'intercession de la Vierge qu'elle avait toujours prise pour patronne, et à laquelle, au milieu de ses crimes et de ses dérèglements, elle n'avait point cessé d'avoir une dévotion toute particulière; et comme elle ne pouvait descendre avec le prêtre, elle lui promit au moins d'y assister en esprit.

Il était dix heures et demie du matin lorsqu'il la quitta, et depuis quatre heures seulement qu'ils conversaient ensemble, il l'avait conduite, à l'aide de sa tendre piété et de sa douce morale, à des aveux que n'avaient pu tirer d'elle les menaces des juges et la crainte de la question : aussi dit-il saintement et dévotement sa messe, priant le Seigneur d'aider de la même force le confesseur et le patient.

En rentrant chez le concierge et après la messe dite, comme il prenait un peu de vin, il apprit d'un libraire du Palais, nommé Seney, qui se trouva là par hasard, que Mme de Brinvilliers était jugée et qu'elle devait avoir le poing coupé. Cette rigueur des conclusions, qui, au reste, fut adoucie dans l'arrêt, lui inspira un intérêt plus grand encore pour sa pénitente, et il remonta à l'instant auprès d'elle.

Aussitôt qu'elle vit la porte s'ouvrir, elle s'avança avec sérénité au-devant de lui, et lui demanda s'il avait bien prié pour elle; et quand le prêtre le lui eut assuré :

— Mon père, lui dit-elle, n'aurai-je pas la consolation de recevoir le viatique avant de mourir?

— Madame, répondit le docteur, si vous êtes condamnée à mort, vous mourrez assurément sans cela, et je vous tromperais si je vous faisais espérer cette grâce. Nous avons vu dans l'histoire mourir un connétable, et c'est le connétable de Saint-Pol, sans pouvoir obtenir cette faveur, quelques instances qu'il fît pour n'en être pas privé. Il fut exécuté en Grève, à la vue des tours de Notre-Dame. Il fit sa prière comme vous pourrez faire la vôtre, si le même sort vous attend. Mais voilà tout ; et, dans sa bonté, Dieu permet que cela suffise.

— Mais, reprit la marquise, il me semble, mon père, que MM. de Cinq-Mars et de Thou avaient communié avant que de mourir.

— Je ne crois pas, répondit le docteur; car ce n'est ni dans les Mémoires de Montrésor, ni dans aucun autre livre qui raconte leur exécution.

— Mais M. de Montmorency? dit-elle.

— Mais M. de Marillac? répondit le docteur.

Effectivement, si cette faveur avait été accordée au premier, elle avait été refusée au second, et l'exemple frappa d'autant plus la marquise, que M. de Marillac était de sa famille et qu'elle tenait cette alliance à grand honneur. Sans doute elle ignorait que M. de Rohan eût communié dans la messe de nuit que dit pour le salut de son âme le père Bourdaloue; car elle n'en parla point et se contenta, sur la réponse du docteur, de pousser un soupir.

— D'ailleurs, continua celui-ci, quand vous me rapporterez, madame, quelque exemple extraordinaire, n'y faites pas fond, s'il vous plaît; ce sont des exceptions et non pas des lois. Vous ne devez point vous promettre de privilège, les choses suivront à votre égard le cours ordinaire, et il sera fait pour vous comme pour les autres condamnés. Que serait-ce donc si vous étiez née et morte au temps de Charles VI? Jusqu'au règne de ce

prince, les coupables mouraient sans confession, et ce
fut par l'ordre de ce roi seulement que l'on se relâcha
de cette dureté. Au reste, madame, la communion n'est
point absolument nécessaire au salut, et d'ailleurs on
communie spirituellement en lisant la parole, qui est
comme le corps, en s'unissant à l'Église, qui est la substance mystique du Christ, et en souffrant pour lui, et
avec lui, cette dernière communion du supplice qui est
votre partage, madame, et la plus parfaite de toutes. Si
vous détestez votre crime de tout votre cœur, si vous
aimez Dieu de toute votre âme, si vous avez la charité et
la foi, votre mort sera un martyre et comme un second
baptême.

— Hélas! mon Dieu, reprit la marquise, d'après ce
que vous me dites, monsieur, puisqu'il fallait la main
du bourreau pour me sauver, que serais-je devenue si
j'étais morte à Liège, et où en serais-je à l'heure qu'il
est? Et quand même je n'eusse point été prise et que
j'eusse vécu encore vingt ans hors de France, qu'eût été
ma mort, puisqu'il ne fallait rien moins que l'échafaud
pour la sanctifier? C'est maintenant que je vois tous
mes torts, monsieur, et je regarde comme le plus grand
le dernier de tous, c'est-à-dire mon effronterie en face
des juges. Mais rien n'est perdu encore, Dieu merci, et
puisque j'ai un dernier interrogatoire à subir, j'y veux
faire un aveu complet de toute ma vie. Quant à vous,
monsieur, continua-t-elle, demandez particulièrement
pardon pour moi à M. le premier président : il m'a dit
hier, pendant que j'étais sur la sellette, des choses fort
touchantes et dont je me suis sentie tout attendrie; mais
je n'ai pas voulu le témoigner, car je pensais que, mon
aveu manquant, il n'y aurait pas contre moi de preuves
assez fortes pour me condamner. Il en a été autrement,
et j'ai dû scandaliser mes juges par la hardiesse que j'ai
eue en cette rencontre. Mais je reconnais ma faute et je
la réparerai. Ajoutez, monsieur, que loin d'en vouloir à
M. le premier président du jugement qu'il prononce
aujourd'hui contre moi, que loin de me plaindre de
M. le premier greffier qui l'a sollicité, je les en remercie
tous deux bien humblement, puisque mon salut en
dépendait.

Le docteur allait répondre pour l'encourager dans

cette voix, lorsque la porte s'ouvrit, c'était le dîner que l'on apportait; car il était déjà une heure et demie. La marquise s'interrompit et veilla à ses apprêts avec autant de liberté d'esprit que si elle eût fait les honneurs de sa maison de campagne. Elle fit mettre à table les deux hommes et la femme qui la gardaient, et se tournant vers le docteur : — Monsieur, lui dit-elle, vous voulez bien qu'on ne fasse point de façons pour vous; ces braves gens ont coutume de manger avec moi pour me tenir compagnie, et nous en userons de même aujourd'hui si vous le trouvez bon. C'est, leur dit-elle, le dernier repas que je ferai avec vous. — Puis se tournant vers la femme : — Ma pauvre madame du Rus, ajouta-t-elle, il y a bien longtemps que je vous donne de la peine; mais un peu de patience encore, et bientôt vous serez défaite de moi. Demain vous pourrez aller à Dravet, vous aurez assez de temps pour cela ; car, sept ou huit heures venues, vous n'aurez plus affaire à moi, et je serai entre les mains de monsieur, et l'on ne vous permettra plus de m'approcher. De ce moment-là, vous pourrez donc partir pour vous en retourner, car je ne crois pas que vous ayez le cœur de me voir exécuter.

Elle disait tout cela avec une grande tranquillité d'esprit et sans aucune fierté; puis, comme de temps en temps ces gens se retournaient pour cacher leurs larmes, elle faisait un signe de pitié. Alors, voyant que le dîner restait sur la table et que personne ne mangeait, elle invita le docteur à prendre son potage, lui demandant pardon de ce que le concierge y avait mêlé du chou; ce qui en faisait une soupe commune et indigne de lui être offerte. Quant à elle, elle prit un bouillon et mangea deux œufs, s'excusant auprès de ses convives de ce qu'elle ne les servait pas, mais montrant qu'on ne laissait à sa portée ni fourchette ni couteau.

Vers le milieu du repas, elle pria le docteur de vouloir bien permettre qu'elle bût à sa santé. Le docteur répondit à cette demande en buvant à la sienne, et elle parut fort réjouie de cette condescendance. — C'est demain maigre, dit-elle en reposant son verre, et quoique demain soit pour moi un jour de grande fatigue, puisque j'aurai demain à subir la question et la mort, je ne prétends pas violer les commandements de l'Église en faisant gras.

— Madame, répondit le docteur, si vous aviez besoin d'un bouillon pour vous soutenir, il ne vous en faudrait pas faire scrupule, car ce ne sera point par délicatesse, mais par nécessité, que vous l'aurez pris, et la loi de l'Église n'oblige point en ce cas.

— Monsieur, reprit la marquise, je n'en ferais pas de difficulté si j'en avais besoin et que vous me l'ordonnassiez; mais cela sera inutile, je l'espère, il n'y a qu'à m'en donner un ce soir à l'heure du souper, et un autre plus fort qu'à l'ordinaire un peu avant minuit, et cela suffira pour passer demain, avec deux œufs frais que je prendrai après la question.

« Il est vrai, dit le prêtre dans la relation à laquelle nous empruntons tous ces détails, que j'étais épouvanté de tout ce sang-froid, et que je frémissais en moi-même de lui voir si paisiblement ordonner au concierge que le bouillon fût plus fort ce soir-là qu'à l'ordinaire, et qu'on lui en tînt deux tasses prêtes avant minuit. Le dîner fini, continue toujours M. Pirot, on lui donna du papier et de l'encre qu'elle avait demandés, et elle me dit qu'auparavant de me faire prendre la plume pour me prier d'écrire ce qu'elle avait à me dicter, elle avait une lettre à faire. »

Cette lettre, qui, disait-elle, l'embarrassait et après laquelle elle serait plus libre, était pour son mari. Elle marqua à ce moment une si grande tendresse pour lui, que le docteur, après ce qui s'était passé, s'en étonna étrangement, et, voulant l'éprouver, lui dit que cette tendresse qu'elle manifestait n'était point réciproque, puisque son mari l'avait abandonnée à elle-même pendant tout son procès; mais alors la marquise l'interrompit.

— Mon père, lui dit-elle, il ne faut pas toujours juger les choses si promptement et sur les apparences : M. de Brinvilliers est toujours entré dans mes intérêts, et n'a manqué qu'à ce qu'il n'a pu faire: jamais notre commerce de lettres n'a cessé tout le temps que j'étais hors du royaume; et ne doutez point qu'il ne se fût rendu à Paris sitôt qu'il m'a sue en prison, si ses affaires lui eussent permis d'y venir en sûreté; mais il faut que vous sachiez qu'il est noyé de dettes, et qu'il ne pouvait paraître ici sans que ses créanciers le fissent arrêter. Ne croyez donc pas qu'il soit insensible pour moi.

A ces mots, elle se mit à écrire sa lettre, et lorsqu'elle l'eut achevée elle la présenta au docteur en lui disant :

— Vous êtes maître, monsieur, de tous mes sentiments jusqu'à l'heure de ma mort; lisez cette lettre, et si vous y trouvez quelque chose à changer, dites-le moi.

Voici la lettre telle qu'elle était :

« Sur le point que je suis d'aller rendre mon âme à Dieu, j'ai voulu vous assurer de mon amitié, qui sera pour vous jusqu'au dernier moment de ma vie. Je vous demande pardon de tout ce que j'ai fait contre ce que je vous devais; je meurs d'une mort honteuse, que mes ennemis m'ont attirée (26). Je leur pardonne de tout mon cœur, et je vous prie de leur pardonner. J'espère que vous me pardonnerez aussi à moi-même l'ignominie qui pourra rejaillir sur vous; mais pensez que nous ne sommes ici que pour un temps, et que dans peu vous serez peut-être obligé d'aller rendre à Dieu un compte exact de toutes vos actions jusqu'aux paroles oiseuses, comme je suis présentement en état de le faire. Ayez soin de vos affaires temporelles et de nos enfants, et leur donnez vous-même l'exemple : consultez sur cela Mme Marillac et Mme Cousté. Faites faire pour moi le plus de prières que vous pourrez, et soyez persuadé que je meurs toute à vous.

« D'AUBRAY. »

Le docteur lut cette lettre avec attention, puis il fit observer à la marquise qu'une des phrases qu'elle contenait était inconvenante : c'était celle qui avait rapport à ses ennemis.

— Madame, lui dit-il, vous n'avez d'autres ennemis que vos crimes, et ceux que vous appelez du nom de vos ennemis sont ceux qui aiment la mémoire de M. votre père et de MM. vos frères, que vous devriez aimer plus qu'eux.

— Mais, monsieur, répondit la marquise, ceux qui ont poursuivi ma mort ne sont-ils point mes ennemis, et n'est-ce point un sentiment chrétien que de leur pardonner cette poursuite?

— Madame, répliqua le docteur, ce ne sont point vos

ennemis. Vous êtes l'ennemie du genre humain, et personne n'est le vôtre; car on ne peut penser à votre crime sans horreur.

— Aussi, mon père, répondit-elle, n'ai-je point de ressentiment contre eux, et voudrais-je voir en paradis les personnes qui ont le plus contribué à me prendre et à m'amener où je suis.

— Madame, lui dit le docteur, comment entendez-vous cela? On parle quelquefois ainsi lorsqu'on souhaite la mort des gens. Expliquez-vous donc, je vous prie.

— Le ciel me garde, mon père, de l'entendre de cette façon! répliqua la marquise. Dieu leur donne, au contraire, en ce monde une longue prospérité, et dans l'autre un bonheur et une gloire infinis. Dictez-moi donc une autre lettre, monsieur, et je l'écrirai comme il vous plaira.

Cette nouvelle lettre écrite, la marquise ne voulut plus penser qu'à sa confession, et elle pria le docteur de prendre la plume à son tour:

— Car, lui dit-elle, j'ai commis tant de péchés et de crimes, que si je faisais une simple confession verbale, je ne serais jamais sûre que mon compte fût exact.

Alors tous deux se mirent à genoux pour demander la grâce du Saint-Esprit, et, après avoir dit un *Veni Creator* et un *Salve Regina*, le docteur se leva et s'assit devant une table, tandis que la marquise, agenouillée, disait un *Confiteor* et commençait sa confession.

A neuf heures du soir, le père Chavigny, qui avait amené le matin le docteur Pirot, entra; la marquise parut contrariée de sa visite, cependant elle le reçut avec un bon visage.

— Mon père, lui dit-elle, je ne croyais pas vous voir si tard; mais, je vous prie, laissez-moi encore quelques instants avec monsieur. — Le père se retira. — Que vient-il faire? demanda alors la marquise en se retournant vers le docteur.

— Il est bon, répondit le docteur, que vous ne restiez pas seule.

— Allez-vous donc me quitter? s'écria la marquise avec un sentiment qui allait jusqu'à la terreur.

— Madame, je ferai ce qu'il vous plaira, répondit le docteur; mais vous me rendriez service si vous trouviez bon que je me retirasse chez moi pour quelques heures, pendant quoi le père Chavigny pourrait demeurer avec vous...

— Ah! monsieur, s'écria-t-elle en se tordant les bras, vous m'aviez promis de ne me quitter qu'à la mort, et voilà que vous vous en allez! Songez que je vous ai vu ce matin pour la première fois; mais, depuis ce matin, vous avez pris plus de place dans ma vie qu'aucun de mes plus anciens amis.

— Madame, répondit le bon docteur, je ne veux rien que ce que vous voudrez. Si je vous demande un peu de repos, c'est pour reprendre mon office demain avec plus de vigueur, et vous rendre un service plus grand que je ne le ferai sans cela. Si je ne prends relâche, tout ce que je pourrai dire et faire languira. Vous comptez sur l'exécution pour demain, je ne sais si vous comptez juste; mais, à vous prendre par vous-même, ce doit être demain votre grand jour, votre jour décisif, et où vous et moi aurons besoin de toutes nos forces. Il y a déjà treize ou quatorze heures que nous sommes ensemble à travailler avec application à votre salut; je ne suis pas d'un tempérament robuste, et vous devez craindre, madame, si vous ne me donnez pas un peu de temps, que demain je ne manque de force pour vous assister jusqu'au bout.

— Monsieur, répondit la marquise, ce que vous me dites là me ferme la bouche. Demain est pour moi un jour bien autrement important qu'aujourd'hui, et c'est moi qui avais tort; il faut que vous preniez du repos cette nuit. Achevons seulement cet article et relisons celui que nous avons écrit auparavant.

Cela fait, le docteur voulut se retirer; mais comme on apporta le souper, la marquise ne permit pas qu'il sortît sans avoir pris quelque chose, et tandis qu'il mangeait un morceau, elle dit au concierge d'aller chercher un carrosse et de le mettre sur son compte. Quant à elle, elle avala un bouillon et mangea deux œufs. Un instant après, le concierge rentra, et dit que le carrosse était prêt; la marquise prit alors congé du docteur, en lui faisant promettre de prier pour elle et d'être le lendemain à six heures à la Conciergerie. Le docteur lui en donna sa parole.

Le lendemain, en rentrant à la tour, il trouva le père

Chavigny, qui l'avait remplacé près de la marquise, agenouillé avec elle et terminant une prière. Le prêtre pleurait ; mais la marquise était toujours ferme, et le reçut d'un visage égal à celui dont elle l'avait quitté. Aussitôt que le père Chavigny vit paraître le docteur, il se retira. La marquise se recommanda à ses prières, et voulut lui faire promettre de revenir ; mais le père ne s'y engagea point. Alors la marquise allant au docteur : — Monsieur, lui dit-elle, vous êtes ponctuel et je n'ai pas à me plaindre que vous me manquiez de parole ; mais, mon Dieu, comme il y a longtemps que j'aspire après vous, et que six heures ont tardé à sonner aujourd'hui !

— Me voici, madame, répondit le docteur ; mais avant tout, comment avez-vous passé la nuit ?

— J'ai écrit trois lettres, reprit la marquise, qui, si courtes qu'elles soient, m'ont pris bien du temps : l'une à ma sœur, l'autre à Mme de Marillac, la troisième à M. Cousté. J'aurais voulu vous les mettre sous les yeux, monsieur, mais le père Chavigny a offert de s'en charger ; et comme il les avait trouvées bien, je n'ai pas osé lui faire part de mon scrupule. Après ces lettres écrites, continua la marquise, nous nous sommes un peu entretenus, nous avons un peu prié Dieu ; puis, comme le père a pris son bréviaire pour le dire, et moi mon chapelet à la même intention, je me suis sentie fatiguée et je lui ai demandé si je ne pouvais pas me jeter sur mon lit ; sur sa réponse affirmative, j'ai reposé deux heures sans rêves et sans inquiétude ; puis, à mon réveil, nous avons fait ensemble quelques prières qui s'achevaient comme vous entriez.

— Eh bien ! madame, dit le docteur, si vous le voulez, nous allons les reprendre ; mettez-vous à genoux, et que nous disions le *Veni Sancte Spiritus*.

La marquise obéit aussitôt et dit la prière avec beaucoup d'onction et de piété ; puis, la prière finie, comme M. Pirot s'apprêtait à reprendre la plume pour continuer d'écrire sa confession : — Monsieur, lui dit-elle, permettez qu'auparavant je vous soumette une question qui me tourmente. Hier vous me donnâtes de grandes espérances dans la miséricorde de Dieu ; cependant je n'ai point la présomption de penser que je puisse être sauvée sans que je reste un assez long

moment dans le purgatoire; mon crime est trop atroce
pour que j'en obtienne le pardon à une autre condition
qu'à celle-là; et quand j'aurais encore un amour de
Dieu bien plus grand que celui que je puis avoir, je ne
prétendrais pas être reçue au ciel sans passer par le feu
qui purifiera mes souillures, et sans souffrir les peines
qui sont dues à mes péchés. Mais j'ai ouï dire, monsieur,
que la flamme de ce lieu, où les âmes ne brûlent qu'un
temps, est pareille en tout point à celle de l'enfer, où
les damnés doivent brûler pendant l'éternité; dites-moi
donc, je vous prie, comment une âme qui se trouve en
purgatoire, au moment de sa séparation d'avec le corps,
peut s'assurer qu'elle n'est point dans l'enfer, et reconnaître que le feu qui la brûle sans la consumer finira un
jour, puisque le tourment qu'elle souffre est le même
que celui des damnés, et que les flammes qui la dévorent
sont de la même qualité que celles de l'enfer. Je
voudrais savoir cela, monsieur, pour ne point demeurer
dans le doute à ce moment terrible, et savoir du premier
coup si je dois espérer ou désespérer.

— Madame, répondit le docteur vous avez raison,
Dieu est trop juste pour ajouter la peine du doute à celle
qu'il inflige. Au moment où l'âme se sépare du corps,
il se fait un jugement entre Dieu et elle; elle entend la
sentence qui la condamne, ou la parole qui l'absout;
elle sait si elle est en grâce ou en péché mortel; elle
voit si c'est en enfer que Dieu doit la jeter à tout jamais,
ou si c'est en purgatoire qu'il la relègue pour un temps.
Cet arrêt, madame, vous l'entendrez au moment même
où le fer du bourreau vous touchera, à moins que, déjà
tout épurée dans cette vie par le feu de la charité, vous
n'alliez, sans passer par le purgatoire, à l'instant même
recevoir la récompense de votre martyre parmi les
bienheureux qui entourent le trône du Seigneur.

— Monsieur, reprit la marquise, j'ai une telle foi en
vos paroles, qu'il me semble que j'entends déjà tout ce
que vous m'avez dit, et que me voilà satisfaite.

Le docteur et la marquise se remirent alors à leur
confession interrompue la veille. La marquise s'était
rappelé, pendant la nuit, quelques articles qu'elle fit
ajouter aux autres; puis ils continuèrent ainsi, le docteur s'arrêtant de temps en temps, quand les péchés

étaient grands, pour lui faire dire un acte de contrition.

Au bout d'une heure et demie, on vint la prévenir de descendre, et que M. le premier greffier l'attendait pour lui lire son arrêt. Elle écouta cette nouvelle avec beaucoup de calme, demeurant sur ses genoux et retournant seulement la tête ; puis, sans aucune altération dans la voix : — Tout à l'heure, dit-elle ; nous achevons un mot, monsieur et moi, et je suis ensuite à vous. — Elle continua effectivement avec une grande tranquillité à dicter au docteur la fin de sa confession. Lorsqu'elle crut être arrivée au bout, elle lui demanda de dire avec elle une petite prière, pour que Dieu lui accordât devant les juges qu'elle avait scandalisés un repentir pareil à son effronterie passée ; puis cette prière dite, elle prit sa mante, un livre de prières que lui avait laissé le père Chavigny, et suivit le concierge, qui la conduisit jusque dans la chambre de la question, où son arrêt lui devait être lu.

On commença par l'interrogatoire, qui dura cinq heures, et dans lequel la marquise dit tout ce qu'elle avait promis de dire, niant qu'elle eût des complices et affirmant qu'elle ne connaissait ni la composition des poisons qu'elle administrait, ni celle de l'antidote par lequel on pouvait les combattre ; puis l'interrogatoire fini, et comme les juges virent qu'ils n'en pourraient pas tirer autre chose, ils firent signe au premier greffier de lui lire son arrêt, qu'elle écouta debout. Il était conçu en ces termes :

« Vu par la cour, les grand'chambres et tournelles assemblées, etc., en conséquence du renvoi requis par ladite d'Aubray de Brinvilliers, conclusions du procureur général du roi, interrogée ladite d'Aubray sur les cas résultant du procès, dit a été que la cour a déclaré et déclare ladite d'Aubray de Brinvilliers dûment atteinte et convaincue d'avoir fait empoisonner maître Dreux d'Aubray, son père, et lesdits maîtres d'Aubray, l'un lieutenant civil, l'autre conseiller au parlement, ses deux frères, et attenté à la vie de Thérèse d'Aubray, sa sœur : et, pour réparation, a condamné et condamne ladite d'Aubray de Brinvilliers à faire amende honorable

au-devant de la principale porte do l'église de Paris, où
elle sera menée dans un tombereau, nu-pieds, la corde
au cou, tenant en ses mains une torche ardente du poids
de deux livres, et là, étant à genoux, dire et déclarer que
méchamment, par vengeance et pour avoir leurs biens,
elle a empoisonné son père, fait empoisonner ses deux
frères et attenté à la vie de sa sœur, dont elle se repent,
en demande pardon à Dieu, au roi et à la justice, et ce
fait, menée et conduite dans ledit tombereau en la place
de Grève de cette ville, pour y avoir la tête tranchée sur
un échafaud qui, pour cet effet, sera dressé sur ladite
place, son corps brûlé et les cendres jetées au vent,
icelle préalablement appliquée à la question ordinaire
et extraordinaire pour avoir révélation de ses complices ; la déclare déchue des successions de sesdits
père, frères et sœur, du jour desdits crimes par elle
commis, et tous ses biens acquis et confisqués à qui il appartiendra, sur iceux et autres non sujets à confiscation,
préalablement pris la somme de quatre mille livres
d'amende envers le roi, quatre cents livres pour faire
prier Dieu pour le repos des âmes desdits défunts frères,
père et sœur, en la chapelle de la Conciergerie du
Palais; dix mille livres de reparation en ladite dame
Maugot, et tous les dépens, même ceux faits contre ledit
Amelin, dit Lachaussée.

« Fait en parlement, ce 16 juillet 1676. »

La marquise écouta cet arrêt sans frayeur et sans
faiblesse; cependant, lorsqu'il fut fini : — Monsieur, dit-
elle au premier greffier, ayez la bonté de recommencer;
le tombereau, auquel je ne m'attendais pas, m'a tellement
frappée, que j'ai perdu l'attention pour tout le reste.

Le premier greffier relut l'arrêt; puis, comme de ce
moment elle appartenait à l'exécuteur, celui-ci s'approcha d'elle; la marquise le reconnut en lui voyant
une corde aux mains; elle lui tendit aussitôt les siennes,
le regardant froidement depuis les pieds jusqu'à la tête,
sans lui dire une seule parole. Alors les juges se retirèrent les uns après les autres, et se retirant démasquèrent les différents appareils de la question. La marquise jeta les yeux avec fermeté sur ces chevalets et ces
anneaux terribles qui avaient distendu tant de membres

et fait pousser tant de cris, et apercevant les trois seaux d'eau préparés pour elle, elle se retourna vers le greffier, ne voulant pas parler au bourreau, et disant avec un sourire : — C'est pour me noyer, sans doute, que vous avez rassemblé tant d'eau, monsieur ? car, de la taille dont je suis, vous n'avez pas, je l'espère, la prétention de me faire avaler tout cela. — Le bourreau, sans lui répondre, commença de lui ôter sa mante et successivement ses autres habits jusqu'à ce qu'elle fût entièrement nue, puis il la conduisit contre le mur, la fit asseoir sur le chevalet de la question ordinaire, qui était de deux pieds de haut.

Là on demanda de nouveau à la marquise le nom de ses complices, quelle était la composition du poison et quel était l'antidote qui pouvait le combattre ; mais elle répondit comme elle avait déjà fait au docteur Pirot, en ajoutant seulement :

— Si vous ne croyez pas à ma parole, mon corps est entre vos mains, et vous pouvez le torturer.

Sur cette réponse, le greffier fit signe au bourreau de faire son office.

Celui-ci commença à attacher les pieds de la marquise à deux anneaux placés devant elle, l'un près de l'autre, et fixés au plancher ; puis, lui renversant le corps en arrière, il lui fixa les deux mains aux anneaux du mur, distants l'un de l'autre de trois pieds à peu près. De cette manière, la tête était à la même hauteur que les pieds, tandis que le corps, soutenu par le tréteau, décrivait une demi-courbe, comme s'il eût été couché sur une roue. Pour ajouter encore à l'extension des membres, le bourreau donna deux tours à une manivelle, qui força les pieds, éloignés des anneaux d'un pied à peu près, de s'en rapprocher de six pouces.

Ici encore nous abandonnons notre récit pour reproduire le procès-verbal.

« Sur le petit tréteau, et pendant le tiraillement, a dit plusieurs fois :

« — O mon Dieu ! l'on me tue, et pourtant j'ai dit la vérité.

« Lui a été baillé de l'eau (27) ; s'est fort tournée et remuée et a dit ces mots :

« — Vous me tuez.

« Admonestée alors de nommer ses complices : a dit qu'elle n'en avait pas d'autre qu'un homme qui, dix ans auparavant, lui avait demandé du poison pour se défaire de sa femme, mais que cet homme était mort.

« Lui a été baillé de l'eau ; s'est un peu remuée et tournée, mais n'a pas voulu parler.

« Lui a été baillé de l'eau ; s'est un peu tournée et remuée mais n'a semblablement voulu parler.

« Admonestée de dire pourquoi, si elle n'avait pas de complice, elle avait écrit de la Conciergerie à Penautier, pour le presser de faire pour elle tout ce qu'il pourrait, et pour lui rappeler que ses intérêts dans cette affaire étaient les siens :

« A dit qu'elle n'avait jamais su que Penautier eût eu tant d'intelligence, avec Sainte-Croix pour ses poisons. et que dire le contraire serait mentir à sa conscience ; mais que, comme on avait trouvé dans la cassette de Sainte-Croix un billet qui regardait Penautier, et qu'elle l'avait vu souvent avec Sainte-Croix, elle avait cru que l'amitié qui existait entre eux avait pu aller jusqu'au commerce de poisons ; que, dans ce doute, elle s'était hasardée à lui écrire comme si elle eût été certaine que cela fût, cette démarche ne pouvant gâter son affaire ; car, ou Penautier était complice de Sainte-Croix, ou il ne l'était pas : s'il l'était, il croirait que la marquise était en mesure de le charger, et ferait alors tout ce qu'il pourrait pour la tirer des mains de la justice ; s'il ne l'était pas, sa lettre était une lettre perdue, et voilà tout.

« Lui a été de nouveau baillé de l'eau ; s'est fort tournée et remuée, mais a dit que, sur ce sujet, elle ne pouvait dire autre chose que ce qu'elle avait déjà dit ; car si elle en disait davantage, elle chargerait sa conscience. »

La question ordinaire était épuisée ; la marquise avait avalé déjà la moitié de cette eau qui lui paraissait suffisante pour la noyer ; le bourreau s'arrêta, pour procéder à la question extraordinaire. En conséquence, au lieu du tréteau de deux pieds et demi sur lequel elle était couchée, il fit passer sous ses reins un tréteau de trois pieds et demi, qui imposa une cambrure plus grande au corps; et comme cette opération se fit sans qu'on donnât plus de longueur à la corde, les membres furent obligés de se distendre de nouveau, et les liens, se resserrant autour des poignets et des chevilles des pieds, pénétrèrent dans les chairs au point que le sang en coula; aussitôt la question recommença, interrompue par les demandes du greffier et les réponses de la patiente. Quant aux cris, ils semblaient n'être pas même entendus.

« Sur le grand tréteau, et pendant le tiraillement, a dit plusieurs fois :

« — O mon Dieu! vous me démembrez! Seigneur, pardonnez-moi! Seigneur, ayez pitié de moi!

Admonestée si elle n'avait rien autre chose à déclarer sur ses complices :

« A dit qu'on pouvait la tuer, mais qu'elle ne ferait point un mensonge qui perdrait son âme.

« Par quoi lui a été baillé de l'eau; s'est un peu tourmentée et remuée, mais n'a voulu parler.

« Admonestée de révéler la composition de ses poisons et l'antidote qui leur convenait :

« A dit qu'elle ignorait les substances dont ils étaient formés; que tout ce dont elle se souvient, c'est que les crapauds y entraient; que Sainte-Croix ne lui a jamais révélé ce secret; qu'elle pensait, au reste, qu'il ne les faisait pas lui-même, mais qu'ils lui étaient préparés par Glazer; croit se souvenir que quelques-uns n'étaient autre chose que de l'arsenic raréfié; que quant au contre-poison, elle n'en connaissait pas d'autre que le lait, et que Sainte-Croix lui avait dit que pourvu que l'on en eût pris le matin, et qu'on en avalât une tasse de la valeur d'un verre aux premières atteintes que l'on ressentait du poison, on n'avait rien à craindre.

« Admonestée de dire si elle avait quelque chose à ajouter :

« A dit qu'elle avait avoué tout ce qu'elle savait, et qu'on pouvait la tuer maintenant, mais qu'on n'en tirerait pas autre chose.

« Par quoi lui a été baillé de l'eau; s'est un peu tourmentée, et a dit qu'elle était morte, mais n'a autrement voulu parler.

» Lui a été baillé de l'eau; s'est fort tournée et remuée, n'a voulu parler.

« Lui a été derechef baillé de l'eau; ne s'est tournée ni remuée, a dit avec un grand gémissement :

« — O mon Dieu! mon Dieu! je suis morte!

« Mais n'a autrement voulu parler.

« Par quoi, sans autre grief lui faire, a été déliée, descendue, et amenée devant le feu en la manière accoutumée. »

Ce fut près de ce feu, devant la cheminée du concierge, couchée sur le matelas de la question, que la retrouva le docteur, qui, se sentant sans force pour un pareil spectacle, lui avait demandé la permission de la quitter pour dire une messe à son intention, afin que Dieu lui accordât la patience et le courage.

On voit que le digne prêtre n'avait point prié vainement.

— Ah! monsieur, lui dit la marquise dès qu'elle l'aperçut, il y a longtemps que je souhaite vous revoir, pour me consoler avec vous. Voilà une question qui a été bien longue et bien douloureuse ; mais c'est la dernière fois que j'ai à traiter avec les hommes, et je n'ai plus maintenant à m'occuper que de Dieu. Voyez mes mains, monsieur, voyez mes pieds; ne sont-ils pas déchirés et meurtris, et mes bourreaux ne m'ont-ils point frappée aux mêmes places que le Christ?

— Aussi, madame, répondit le prêtre, ces souffrances, en ce moment, sont-elles un bonheur; chaque torture est un degré qui vous rapproche du ciel. Ainsi donc, comme vous le dites, il ne faut plus vous occuper que de Dieu; il faut ramener à lui toutes vos pensées et vos espérances, il faut lui demander, avec le roi pénitent, de vous donner une place dans le ciel parmi ses élus; et comme rien d'impur n'y peut pénétrer, allons travailler, madame, à ôter de vous toutes les taches qui pourraient vous en fermer la voie.

Aussitôt la marquise se leva aidée du docteur, car à peine pouvait-elle se soutenir, et elle s'avança en chancelant entre lui et le bourreau; car ce dernier, qui s'était emparé d'elle aussitôt l'arrêt, ne devait plus la quitter qu'après l'avoir exécutée. Ils entrèrent tous trois dans la chapelle, et pénétrant dans l'enceinte du chœur, le docteur et la marquise se mirent à genoux pour adorer le saint-sacrement. En ce moment il parut dans la nef de la chapelle quelques personnes attirées par la curiosité, et comme on ne pouvait les chasser, et que ces personnes distrayaient la marquise, le bourreau ferma la grille du chœur et fit passer la patiente derrière l'autel. Là elle s'assit sur une chaise, et le docteur se mit sur un banc de l'autre côté et vis-à-vis d'elle. Ce fut alors seulement, la voyant éclairée par la fenêtre de la chapelle, qu'il s'aperçut du changement qui s'était en opéré elle. Son visage, ordinairement très pâle, était enflammé, ses yeux étaient ardents et fiévreux, et tout son corps frissonnait de tressaillements inattendus. Le docteur voulut lui dire quelques paroles pour la consoler ; mais elle, sans l'écouter :

— Monsieur, lui dit-elle, savez-vous que mon arrêt est ignominieux et infamant? Savez-vous qu'il y a du feu dans mon arrêt?

Le docteur ne lui répondit pas ; mais, pensant qu'elle avait besoin de quelque chose, dit au bourreau de faire apporter du vin. Un instant après, le geôlier parut, une tasse à la main ; le docteur la présenta à la marquise, qui y trempa ses lèvres et la rendit aussitôt ; puis, s'apercevant qu'elle avait la gorge découverte, elle prit son mouchoir pour se la couvrir, et demanda au geôlier une épingle pour l'attacher ; comme celui-ci tardait à la lui donner, la cherchant sur lui, elle crut qu'il avait peur qu'elle ne s'étranglât avec, et secouant la tête avec un sourire triste :

— Ah! maintenant, lui dit-elle, vous n'avez rien à craindre, et voilà monsieur qui sera mon garant auprès de vous que je ne veux me faire aucun mal.

— Madame, lui dit le geôlier en lui remettant ce qu'elle demandait, je vous demande pardon de vous avoir fait attendre. Je ne me défiais pas de vous, je vous jure, et si cela est arrivé à quelqu'un, ce n'est point à moi.

Alors, se mettant à genoux devant elle, il lui demanda sa main à baiser. Elle la lui donna aussitôt, en lui disant de prier Dieu pour elle.

— Oh! oui, s'écria-t-il en sanglotant, et de tout mon cœur.

Alors elle s'attacha comme elle put l'épingle avec ses mains liées, et comme le geôlier s'était retiré et qu'elle se retrouvait seule avec le docteur :

— Ne m'avez-vous pas entendue, monsieur? lui dit-elle une seconde fois. Je vous ai dit qu'il y avait du feu dans mon arrêt. Du feu!... comprenez-vous bien? Et quoiqu'il y soit dit que mon corps n'y sera jeté qu'après ma mort, c'est toujours une grande infamie pour ma mémoire. On m'épargne la douleur d'être brûlée vive, et on me sauve par là, peut-être, une mort de désespoir, mais la honte y est toujours, et c'est à la honte que je pense.

— Madame, lui dit le docteur, il est aussi indifférent pour votre salut que votre corps soit jeté au feu pour y être réduit en cendres, que mis en terre pour y être dévoré par les vers; qu'il soit traîné sur la claie et jeté à la voirie, qu'embaumé avec les parfums d'Orient et déposé dans un riche tombeau. De quelque manière qu'il finisse, il ressuscitera au jour marqué, et s'il est désigné pour le ciel, il sortira plus glorieux de ses cendres que certain cadavre royal qui dort en ce moment dans un cercueil doré. Les obsèques sont pour ceux qui survivent, madame, et non pour ceux qui meurent.

En ce moment on entendit quelque bruit à la porte du chœur; le docteur alla voir ce que c'était; un homme insistait pour entrer et luttait avec le bourreau. Le docteur s'approcha et demanda ce que c'était : c'était un sellier à qui Mme de Brinvilliers avait acheté, avant son départ de la France, un carrosse dont elle lui avait payé une partie et sur lequel elle lui redevait douze cents livres. Il apportait le billet qu'elle lui avait fait, et sur lequel étaient inscrits fidèlement les acomptes qu'elle lui avait donnés. Alors la marquise, ne sachant pas ce qui se passait, appela : le docteur et le bourreau allèrent à elle.

— Est-ce que l'on me vient déjà chercher? dit-elle : je suis mal préparée en ce moment; mais, n'importe, je suis prête.

Le docteur la rassura et lui dit ce dont il s'agissait.

— Cet homme a raison, répondit-elle; dites-lui, continua-t-elle en s'adressant au bourreau, que je don-

nerai ordre à cela autant que je le pourrai. Puis,
voyant le bourreau s'éloigner :

— Monsieur, dit-elle au docteur, faut-il déjà partir?
On me ferait plaisir de me donner encore un peu de
temps; car si je suis prête, comme je le disais tout à
l'heure, je ne suis pas préparée. Mon père, pardonnez-
moi, ajouta-t-elle; mais c'est cette question et cet
arrêt qui m'ont toute bouleversée; c'est ce feu qui
est dedans qui brille éternellement à mes yeux comme
celui de l'enfer. Si l'on m'avait laissée avec vous tout
ce temps, cela eût mieux valu pour mon salut.

— Madame, répondit le docteur, Dieu merci, nous
avons probablement jusqu'à la nuit pour vous remettre
et penser à ce qui vous reste à faire.

— Oh! monsieur, dit-elle avec un sourire, ne croyez
pas cela; l'on n'aura pas tant d'égards pour une malheureuse condamnée au feu; cela ne dépend pas de
nous. Quand tout sera prêt, on viendra nous avertir
qu'il est temps, et il faudra marcher.

— Madame, répliqua le docteur, je puis vous
répondre qu'on vous accordera le loisir nécessaire.

— Non, non, dit-elle avec un accent saccadé et fiévreux, non, je ne veux pas faire attendre après moi.
Quand le tombereau sera à la porte, on n'aura qu'à
me le dire, et je descendrai.

— Madame, répondit le docteur, je ne vous retar-
derais pas si je vous voyais prête à paraître devant Dieu;
car dans votre situation, c'est un acte de piété de ne
point demander de temps et de partir à l'heure venue;
mais tous ne sont pas si bien préparés qu'ils puissent
faire comme le Christ, lequel quitta sa prière et réveilla ses apôtres, pour sortir du jardin et marcher au-
devant de ses ennemis. Mais vous, en ce moment, vous
êtes faible, et l'on viendrait pour vous chercher, que je
m'opposerais à votre départ.

— Soyez tranquille, madame, le moment n'est point
encore venu, dit en passant sa tête près de l'autel le
bourreau qui avait écouté la conversation, et qui,
jugeant son témoignage irrécusable, voulait, autant
qu'il était en lui, rassurer la marquise : rien ne presse,
et nous pouvons *n'aller* encore que dans deux ou trois
heures.

Cette assurance rendit un peu de calme à Mme de Brinvilliers, et elle remercia le bourreau. Puis se retournant vers le docteur :

— Monsieur, dit-elle, voici un chapelet que je voudrais bien qui ne tombât point entre les mains de cet homme. Ce n'est point qu'il n'en puisse faire un bon usage ; car, malgré l'état qu'ils exercent, je crois, n'est-ce pas, que ces gens-là sont chrétiens comme nous? Mais enfin j'aimerais mieux le laisser à quelque autre.

— Madame, répondit le docteur, voyez à qui vous souhaitez que je le donne, et je le rendrai comme vous me l'aurez marqué.

— Hélas! monsieur, dit-elle, je n'ai personne à qui je le puisse donner qu'à ma sœur ; mais j'ai peur que, se souvenant de mon crime envers elle, elle n'ait horreur de toucher ce qui m'aura appartenu. Si elle n'en éprouvait pas de peine, ce me serait cependant une grande consolation que cette idée qu'elle le portera après ma mort, et que sa vue lui rappellera qu'elle doit prier pour moi ; mais après ce qui s'est passé entre nous, ce chapelet ne lui représenterait sans doute qu'une mémoire odieuse. Mon Dieu! mon Dieu! je suis bien criminelle, et daignerez-vous me pardonner jamais?

— Madame, répondit le docteur, je crois que vous vous trompez à l'égard de Mlle d'Aubray : vous avez pu voir par la lettre qu'elle vous a écrite les sentiments qu'elle a gardés pour vous ; priez donc sur ce chapelet jusqu'à votre dernière heure. Priez sans relâche et sans distraction, comme il convient à une coupable qui se repent, et je vous réponds, madame, que je le remettrai moi-même, et qu'il sera bien reçu.

Et la marquise, qui depuis l'interrogatoire avait été constamment distraite, se remit, grâce à la patiente charité du docteur, à prier avec autant de ferveur qu'auparavant.

Elle pria ainsi jusqu'à sept heures. Au moment où elles sonnaient, le bourreau vint sans rien dire se placer debout devant elle ; elle comprit que le moment était venu, et saisissant le bras du docteur :

— Encore un peu de temps, lui dit-elle, encore quelques instants, je vous prie.

— Madame, répondit le docteur en se levant, allons

adorer le sang divin dans le sacrement, et le prier de
vous ôter ce qui vous reste de tache et de péché, et vous
obtiendrez ainsi le répit que vous désirez.

Alors le bourreau serra autour de ses mains les cordes
qu'auparavant il avait laissées lâches et presque flot-
tantes, et elle vint d'un pas assez ferme se mettre à genoux
devant l'autel entre le chapelain de la Conciergerie et
le docteur. Le chapelain était en surplis, et il entonna à
voix haute *Veni Creator*, le *Salve Regina*, et *Tantum ergo*.
Ces prières finies, il lui donna la bénédiction du saint
sacrement, qu'elle reçut à genoux et la face contre
terre. Puis, le bourreau marchant devant pour préparer
une chemise, elle sortit de la chapelle, appuyée du côté
gauche sur le docteur, et du côté droit sur le valet du
bourreau. Ce fut à cette sortie qu'elle éprouva sa première confusion. Dix ou douze personnes l'attendaient ;
et comme elle se trouva tout à coup en face d'elles, elle
fit un pas en arrière, et de ses mains, toutes liées qu'elles
étaient, elle abattit le devant de sa coiffe et s'en couvrit
à moitié le visage. Bientôt elle passa sous un guichet
qui se referma derrière elle, de sorte qu'elle se retrouva
seule entre deux guichets avec le docteur et le valet du
bourreau ; en ce moment, du mouvement violent qu'elle
avait fait pour se cacher le visage, son chapelet se défila,
et quelques grains tombèrent par terre. Cependant elle
continuait d'avancer sans y faire attention ; mais le docteur la rappela ; puis, se baissant, il se mit à ramasser
ces grains avec le valet du bourreau, qui, les rassemblant tous dans sa main, les versa dans celles de la
marquise. Alors, le remerciant humblement de cette
attention : — Monsieur, lui dit-elle, je sais que je ne
possède plus rien en ce monde, que tout ce que j'ai sur
moi vous appartient, que je ne puis rien donner que de
votre agrément ; mais je vous prie de trouver bon
qu'avant de mourir je donne ce chapelet à monsieur ;
vous n'y perdrez pas beaucoup, car il n'est pas de prix,
et je ne le lui remets que pour le faire passer aux mains
de ma sœur. Consentez donc, monsieur, que j'en use
ainsi, je vous en supplie.

— Madame, répondit le valet, quoique ce soit l'usage
que les habits des condamnés nous appartiennent, vous
êtes la maîtresse de tout ce que vous avez, et quand la

chose serait de plus grande valeur, vous pouvez en disposer à votre plaisir.

Le docteur, qui lui donnait le bras, la sentit frissonner à cette galanterie du valet du bourreau, qui, de l'humeur hautaine dont était la marquise, devait être pour elle la chose la plus humiliante qui se puisse imaginer ; mais cependant ce mouvement, si elle l'éprouva, fut intérieur, et son visage n'en témoigna rien. En ce moment elle se trouva dans le vestibule de la Conciergerie, entre la cour et le premier guichet, où on la fit asseoir, afin de la mettre dans l'état où elle devait être pour l'amende honorable. Comme chaque pas qu'elle faisait alors la rapprochait de l'échafaud, chaque événement l'inquiétait davantage. Elle se retourna donc avec angoisse, et vit le bourreau qui tenait une chemise à la main. En ce moment on ouvrit la porte du vestibule, et une cinquantaine de personnes entrèrent, parmi lesquelles étaient Mme la comtesse de Soissons, Mme du Refuge, Mlle de Scudéry, M. de Roquelaure et M. l'abbé de Chimay. A cette vue, la marquise devint rouge de honte, et se penchant vers le docteur :

— Monsieur, lui dit-elle, cet homme va-t-il donc me déshabiller une seconde fois, comme il a déjà fait dans la chambre de la question ? Tous ces apprêts sont bien cruels, et malgré moi me détournent de Dieu.

Le bourreau, si bas qu'elle eût parlé, entendit ces paroles et la rassura, lui disant qu'on ne lui ôterait rien et qu'on lui passerait la chemise par-dessus ses autres vêtements. Alors, il s'approcha d'elle, et comme il était d'un côté et son valet de l'autre, la marquise, qui ne pouvait parler au docteur, lui exprimait par ses regards qu'elle éprouvait profondément tout ce qu'il y avait d'ignominieux dans sa situation ; puis, lorsqu'il lui eut passé la chemise, opération pour laquelle il fallut lui délier les mains, il lui releva sa cornette qu'elle avait abaissée, comme nous l'avons dit, la lui noua sous le cou, lui attacha de nouveau les mains avec une corde, lui en lia une au lieu de ceinture, et une autre encore autour du cou, puis, se mettant à genoux devant elle, il lui ôta ses mules et lui tira ses bas. Alors elle étendit sur le docteur ses bras liés.

— Oh ! monsieur, lui dit-elle, au nom de Dieu, vous

voyez ce que l'on me fait; daignez donc vous approcher de moi pour me consoler.

Le docteur se rapprocha aussitôt d'elle, lui soutenant la tête renversée sur sa poitrine, et voulut la réconforter; mais elle, avec un ton de lamentation déchirant :

— Oh! monsieur, lui dit-elle, jetant un regard sur tout ce monde qui la dévorait des yeux, ne voilà-t-il pas une étrange et barbare curiosité?

— Madame, répondit le docteur les larmes aux yeux, ne regardez point l'empressement de ces personnes du côté de la barbarie et de la curiosité, quoique ce soit peut-être le côté réel; mais regardez-les comme une honte que Dieu vous envoie en expiation de vos crimes. Dieu, qui était innocent, fut soumis à bien d'autres opprobres, et cependant il les subit avec joie; car, ainsi que le dit Tertullien, ce fut une victime qui ne s'engraissa que de la volupté des souffrances.

Comme le docteur achevait ces paroles, le bourreau mit à la marquise la torche allumée entre les mains, afin qu'elle la portât ainsi jusqu'à Notre-Dame, où elle devait faire son amende honorable, et comme elle était très lourde, pesant deux livres, le docteur la soutint de la main droite, tandis que pour la seconde fois, le greffier lui lisait l'arrêt, que le docteur faisait tout ce qu'il pouvait pour l'empêcher d'entendre, lui parlant sans cesse de Dieu. Cependant elle pâlit si affreusement lorsque le greffier lui relut ces paroles : « Et ce fait, sera menée et conduite dans un tombereau, nu-pieds, corde au cou, et tenant en ses mains une torche ardente du poids de deux livres », que le docteur ne put avoir de doute, quelque peine qu'il se fût donnée, qu'elle les avait entendues. Ce fut bien pis encore lorsqu'elle arriva sur le seuil du vestibule, et qu'elle vit la grande foule de monde qui l'attendait dans la cour. Alors elle s'arrêta, le visage tout en convulsions, et s'appuyant sur elle-même comme si elle avait voulu enfoncer ses pieds en terre : — Monsieur, dit-elle au docteur d'un air à la fois farouche et plaintif, monsieur, serait-il bien possible qu'après ce qui se passe à l'heure qu'il est, M. de Brinvilliers eût encore assez peu de cœur pour demeurer dans ce monde?

— Madame, répondit le docteur, lorsque Notre-Sei-

gneur fut prêt à quitter ses apôtres, il ne pria point
Dieu de les enlever de la terre, mais d'empêcher qu'ils
ne tombassent dans le vice. « Mon père, dit-il, je ne
demande pas que vous les tiriez du monde, mais que
vous les préserviez du mal. « Si donc, madame, vous
demandez quelque chose à Dieu pour M. de Brinvilliers,
que ce soit seulement qu'il le maintienne dans sa grâce,
s'il y est, et pour qu'il l'y mette s'il n'y est pas.

Mais ces paroles furent impuissantes; pour le moment,
la honte était trop grande et trop publique; son visage
se plissa, ses sourcils se froncèrent, ses yeux jetèrent
des flammes, sa bouche se tordit, tout son air devint
terrible, et le démon reparut un instant sous l'enveloppe
qui le recouvrait. Ce fut pendant ce paroxysme, qui
dura presque un quart d'heure, que le Brun, qui était
près d'elle, s'impressionna de son visage et en garda un
tel souvenir, que la nuit suivante, ne pouvant dormir
et ayant sans cesse cette figure devant les yeux, il en fit
le beau dessin qui est au Louvre, et en regard de ce
dessin une tête de tigre, pour montrer que les traits principaux étaient les mêmes, et que l'une ressemblait à l'autre.

Ce retard dans la marche avait été occasionné par la
grande foule qui encombrait la cour, et qui ne s'ouvrit
que devant les archers qui vinrent à cheval fendre la
presse. La marquise put alors sortir, et, pour que sa
vue ne s'égarât point davantage sur tout ce monde, le
docteur lui mit un crucifix à la main, lui ordonnant de
ne pas le perdre des yeux. C'est ce qu'elle fit jusqu'à la
porte de la rue, où l'attendait le tombereau; là il lui
fallut bien lever les yeux sur l'objet infâme qui se trouvait devant elle.

C'était un des plus petits tombereaux qui se puissent
voir, portant encore la trace de la boue et des pierres
qu'il avait transportées, sans siège pour s'asseoir, et
avec un peu de paille jetée au fond; il était attelé d'un
mauvais cheval, qui complétait merveilleusement l'ignominie de cet équipage.

Le bourreau la fit monter la première, ce qu'elle
exécuta avec assez de force et de rapidité, comme pour
fuir les regards qui l'entouraient, et elle se blottit,
comme eût fait une bête fauve, à l'angle gauche, assise
sur la paille, et tournée à reculons. Le docteur monta

ensuite, et s'assit près d'elle, à l'angle droit; puis le bourreau monta à son tour, ferma la planche de derrière et s'assit sur elle, allongeant ses jambes entre celles du docteur. Quant au valet, qui avait la charge de conduire le cheval, il s'assit sur la traverse de devant dos à dos avec la marquise et le docteur, les pieds écartés et posés sur les deux brancards. Ce fut dans cette situation, qui fait comprendre comment madame de Sévigné, qui était sur le pont Notre-Dame *avec la bonne Descars*, ne vit qu'une cornette (28), que la marquise se mit en marche pour Notre-Dame.

A peine le cortège avait-il fait quelques pas, que le visage de la marquise, qui avait repris un peu de tranquillité, se bouleversa de nouveau ; ses yeux, qui étaient constamment fixés sur le crucifix, lancèrent hors du tombereau deux regards de flamme, puis prirent aussitôt un caractère de trouble et d'égarement qui effraya le docteur, qui, reconnaissant que quelque chose lui faisait impression, et voulant maintenir son âme dans le calme, lui demanda ce qu'elle avait vu.

— Rien, monsieur, rien, dit-elle vivement et en ramenant ses regards sur le docteur; ce n'est rien.

— Mais, madame, lui dit-il, vous ne pouvez cependant démentir vos yeux, et il y a dans vos yeux, depuis un moment, un feu si étranger à celui de la charité, qu'il ne peut y être venu qu'à la vue de quelque objet fâcheux. Qu'est-ce que ce peut être? dites-le moi, je vous prie, car vous m'avez promis de m'avertir de tout ce qui vous viendrait de tentation.

— Monsieur, répondit la marquise, je le ferai aussi, mais ce n'est rien. — Puis, tout à coup jetant les yeux sur le bourreau, qui, ainsi que nous l'avons dit, était en face du docteur : — Monsieur, lui dit-elle vivement, monsieur, mettez-vous devant moi, je vous prie, et me cachez cet homme. — Et elle étendait ses deux mains liées vers un homme qui suivait le tombereau à cheval, repoussant de ce geste la torche, que le docteur retint, et le crucifix, qui tomba à terre. Le bourreau regarda derrière lui, puis se retourna de côté, comme elle l'en avait prié, lui faisant signe de la tête, et murmurant tout bas : — Oui, oui, j'entends bien ce que c'est. — Et comme le docteur insista :

— Monsieur, lui dit-elle, ce n'est rien qui mérite de vous être rapporté, et c'est une faiblesse à moi de ne pouvoir présentement soutenir la vue d'une personne qui m'a maltraitée. Cet homme que vous avez vu toucher le derrière du tombereau est Desgrais, qui m'a arrêtée à Liège, et m'a si fort maltraitée tout le long de la route, que je n'ai pu en le revoyant maîtriser le mouvement dont vous vous êtes aperçu.

— Madame, répondit le docteur, j'ai ouï parler de lui, et vous-même m'en avez entretenu dans votre confession, mais c'était un homme envoyé pour se saisir de vous et en répondre, chargé de grands ordres, qui avait raison de vous garder de près et de vous veiller avec rigueur; et quand il vous aurait gardée plus sévèrement encore, il n'aurait exécuté que sa commission. Jésus-Christ, madame, ne pouvait regarder ses bourreaux que comme des ministres d'iniquité, qui servaient l'injustice, et qui y ajoutaient de leur chef toutes les cruautés qui leur venaient à l'esprit et cependant, tout le long de la marche, il les vit avec patience et avec plaisir, et en mourant, il pria pour eux.

Il se fit alors chez la marquise un rude combat, qui se refléta sur son visage, mais qui ne fut que d'un moment, et après une dernière contraction, il reprit sa surface calme et sereine :

— Monsieur, dit-elle, vous avez raison, et je me fais bien du tort par une pareille délicatesse : j'en demande pardon à Dieu, et vous prie de vous en souvenir sur l'échafaud, quand vous me donnerez l'absolution, ainsi que vous me l'avez promise, afin qu'elle tombe sur cela comme sur autre chose; puis se tournant vers le bourreau : — Monsieur, continua-t-elle, remettez-vous comme vous étiez d'abord, et que je voie M. Desgrais. — Le bourreau hésita à obéir, mais sur un signe que lui fit le docteur, il reprit sa première place; la marquise regarda quelque temps Desgrais d'un air doux, murmurant une prière en sa faveur; puis, ramenant les yeux sur le crucifix, elle se mit à prier pour elle-même : cela se passa devant l'église de Sainte-Geneviève des Ardents.

Cependant, si doucement qu'il marchât, le tombereau continuait d'avancer, et finit par se trouver sur la place de Notre-Dame. Alors les archers firent écarter le peuple qui l'encombrait, le tombereau poussa jusqu'aux marches, où il s'arrêta. Là, le bourreau descendit, enleva la planche de derrière, prit la marquise dans ses bras et la déposa sur le pavé : le docteur descendit après elle, les pieds tout engourdis de la position gênée où il se tenait depuis la Conciergerie, monta les marches de l'église, et alla se placer derrière la marquise, qui se tenait debout sur le parvis, ayant un greffier à sa droite, le bourreau à sa gauche, et derrière elle une grande foule de personnes, qui étaient dans l'église, dont toutes les portes avaient été ouvertes. On la fit agenouiller, on lui donna la torche allumée, que jusque-là le docteur avait presque toujours portée. Puis le greffier lui lut l'amende honorable, qu'il tenait écrite sur un papier, et qu'elle commença à répéter après lui, mais si bas, que le bourreau lui dit d'une voix forte : — Dites comme monsieur, et répétez tout après lui. Plus haut! plus haut! — Et alors elle éleva la voix, et avec autant de fermeté que de dévotion, elle répéta la réparation suivante :

« Je reconnais que, méchamment et par vengeance, j'ai empoisonné mon père et mes frères, et attenté à l'empoisonnement de ma sœur, pour avoir leurs biens, dout je demande pardon à Dieu, au roi et à la justice. »

L'amende honorable finie, le bourreau la reprit dans ses bras et la reporta dans le tombereau sans plus lui donner la torche; le docteur monta près d'elle; chacun reprit la place qu'il avait auparavant, et le tombereau s'achemina vers la Grève. De ce moment, jusqu'à ce qu'elle arrivât à l'échafaud, elle ne quitta plus des yeux le crucifix, que le docteur tenait de la main gauche et lui présentait sans cesse, l'exhortant toujours par de pieuses paroles, essayant de la distraire des murmures terribles qui s'élevaient autour de la charrette, et dans lesquels il était facile de distinguer des malédictions.

Arrivé sur la place de Grève, le tombereau s'arrêta à quelque distance de l'échafaud: alors le greffier, que l'on nommait M. Drouet, s'avança à cheval, et s'adressant à la marquise : — Madame, lui dit-il, n'avez-vous rien à dire de plus que vous n'en avez dit? car, si vous avez quelque déclaration à faire, MM. les douze commissaires sont là, en l'hôtel de ville, et tout prêts à la recevoir.

— Vous entendez, madame, reprit alors le docteur, nous voici au terme du voyage, et, Dieu merci! la force ne vous a pas abandonnée dans la route : ne détruisez pas l'effet de tout ce que vous avez déjà souffert et de tout ce que vous avez à souffrir encore, en cachant ce que vous savez, si par hasard vous en savez plus que vous n'en avez dit.

— J'ai dit tout ce que je savais, répondit la marquise, et je ne puis dire autre chose.

— Répétez-le donc tout haut, répliqua le docteur, et que tout le monde l'entende.

Alors la marquise, de la plus forte voix qu'elle put prendre, répéta :

— J'ai dit tout ce que je savais, monsieur, et je ne puis dire autre chose.

Cette déclaration faite, on voulut faire approcher davantage le tombereau de l'échafaud; mais la foule était si pressée, que le valet du bourreau ne pouvait se faire jour, malgré les coups de fouet qu'il donnait devant lui. Il fallut donc s'arrêter à quelques pas : quant au bourreau, il était descendu et ajustait l'échelle.

Pendant cet instant d'horrible attente, la marquise regardait le docteur d'un air calme et reconnaissant, et comme elle sentit que le tombereau cessait de marcher :

— Monsieur, lui dit-elle, ce n'est point ici que nous devons nous séparer, et vous m'avez promis de ne point me quitter que je n'aie la tête coupée; j'espère que vous me tiendrez parole.

— Oui, sans doute, répondit le docteur, je vous la tiendrai, madame, et ce ne sera que l'instant de votre mort qui sera celui de notre séparation : ne vous mettez donc point en peine de cela, car je ne vous abandonnerai pas.

— J'attendais de vous cette grâce, reprit la marquise, et vous vous y étiez engagé trop solennellement pour que vous eussiez, je le sais, l'idée même d'y manquer. Vous serez, s'il vous plaît, sur l'échafaud avec moi et près de moi; et maintenant, monsieur, comme il faut que je prévienne le dernier adieu, et que la quantité de choses que j'aurai à faire sur l'échafaud pourrait m'en distraire, permettez que de ce moment je vous remercie; car si je me sens bien disposée à subir la sentence des juges de la terre et à écouter celle du juge du ciel, je dois tout cela à vos soins, monsieur, je le reconnais hautement : il ne me reste donc qu'à vous faire excuse de la peine que je vous ai donnée, et je vous en demande pardon. — Et comme les larmes coupaient la voix du docteur, et qu'il ne pouvait répondre : — N'est-ce pas que vous m'excusez bien? répéta-t-elle. — A ces mots, le docteur voulut la rassurer; mais, sentant que s'il ouvrait la bouche, il éclaterait en sanglots, il continua de garder le silence; ce que voyant la marquise, elle reprit une troisième fois : — Je vous supplie, monsieur, de me pardonner, et de ne pas regretter le temps que vous avez passé près de moi : vous direz sur l'échafaud un *De profundis* au moment de ma mort, et demain une messe pour moi : vous me le promettez, n'est-ce pas?

— Oui, madame, dit le docteur d'une voix entrecoupée, oui, oui, soyez tranquille, je ferai tout ce que vous m'ordonnerez.

En ce moment, le bourreau ôta la planche et tira la marquise du tombereau; et comme il fit quelques pas avec elle vers l'échafaud, et que tous les yeux se tournèrent de leur côté, le docteur put pleurer un instant dans son mouchoir sans que personne s'en aperçût; mais, comme il s'essuyait les yeux, le valet du bourreau lui tendit la main pour l'aider à descendre. Pendant ce temps, la marquise montait à l'échelle, conduite par le bourreau, et lorsqu'elle fut arrivée sur la plate-forme, il la fit mettre à genoux devant une bûche qui était couchée en travers; alors le docteur, qui avait monté à l'échelle d'un pas moins ferme qu'elle, vint s'agenouiller à ses côtés, mais tourné d'une autre façon qu'elle, afin de lui parler à l'oreille, c'est-à-dire que la marquise regardait la rivière et le docteur l'hôtel de ville. A peine furent-ils dans cette position, que le bourreau décoiffa la patiente et lui coupa les cheveux par derrière et aux deux côtés, lui faisant tourner et retourner la tête, quelquefois même assez rudement; et quoique cette toilette horrible durât près d'une demi-heure, elle ne fit pas entendre une plainte et ne donna d'autres signes de douleur que de laisser échapper de grosses larmes silencieuses. Les cheveux coupés, il lui déchira, pour lui découvrir les épaules, le haut de la chemise qu'il lui avait passée par-dessus ses habits en sortant de la Conciergerie. Enfin il lui banda les yeux, et, lui relevant le menton avec la main, il lui ordonna de se tenir la tête droite : elle obéit à tout sans aucune résistance, écoutant toujours ce que lui disait le docteur, et répétant de temps en temps ses paroles, lorsqu'elles étaient appropriées à sa situation. Pendant ce temps, le bourreau, sur le derrière de l'échafaud, contre lequel était dressé le bûcher, jetait de temps en temps les yeux sur son manteau, des plis duquel on voyait sortir la poignée d'un long sabre droit, qu'il avait eu la précaution de cacher ainsi pour que Mme de Brinvilliers ne le vît pas en montant sur l'échafaud ; et comme, après avoir donné l'absolution à la marquise, le docteur, en tournant la tête, vit que le bourreau n'était pas armé, il lui dit ces paroles en forme de prière qu'elle répéta après lui : « Jésus, fils de David et de Marie, ayez pitié de moi ; Marie, fille de David et mère de Jésus, priez pour moi ; mon Dieu, j'abandonne mon corps qui n'est que poussière, et le laisse aux hommes pour le brûler, le réduire en cendres et en disposer comme il leur plaira, avec une ferme foi que vous le ferez ressusciter un jour, et que vous le réunirez à mon âme : je ne suis en peine que d'elle ; agréez, mon Dieu, que je la remette à vous, faites-la entrer dans votre repos, et recevez-la dans votre sein, afin qu'elle remonte à la source dont elle est descendue ; elle part de vous, qu'elle retourne à vous ; elle est sortie de vous, qu'elle rentre en vous ; vous en êtes l'origine et le principe, soyez-en, ô mon Dieu, le centre et la fin ! »

La marquise achevait ce mot, lorsque le docteur entendit un coup sourd, comme celui d'un coup de couperet, qui se donnerait pour trancher de la chair sur un billot : au même instant la parole cessa. Le couteau avait passé si vite, que le docteur n'en avait pas même vu passer l'éclair : il s'arrêta lui-même, les cheveux hérissés et la sueur sur le front ; car ne voyant point tomber la tête, il crut que le bourreau avait manqué son coup et qu'il allait être obligé de recommencer ;

mais cette crainte fut courte, car presque au même instant la tête s'inclina vers le côté gauche, glissa sur l'épaule, et de l'épaule roula en arrière, tandis que le corps tombait en avant sur la bûche placée en travers, soulevé de manière que les spectateurs vissent le cou tranché et sanglant : au même instant et ainsi qu'il le lui avait promis, le docteur dit un *De profundis*.

Lorsque le docteur eut fini sa prière, il leva la tête et vit devant lui le bourreau qui s'essuyait le visage.

— Eh bien ! monsieur, dit-il au docteur, n'est-ce point là un bon coup ? Je me recommande toujours à Dieu, en ces occasions-là, et il m'a toujours assisté : il y a plusieurs jours que cette dame m'inquiétait ; mais j'ai fait dire six messes, et je me suis senti le cœur et la main rassurés. — A ces mots, il chercha sous son manteau une bouteille qu'il avait apportée sur l'échafaud, en but un coup ; puis, prenant sous un bras le corps tout habillé comme il était, et de l'autre main la tête, dont les yeux étaient restés bandés, il jeta l'un et l'autre sur le bûcher, auquel son valet mit aussitôt le feu.

« Le lendemain, dit madame de Sévigné, on cherchait les os de la marquise de Brinvilliers, parce que le peuple disait qu'elle était sainte.

En 1814, M. d'Offemont, père du propriétaire actuel du château où la marquise de Brinvilliers empoisonna M. d'Aubray, effrayé de l'approche des troupes alliées, pratiqua dans une des tourelles plusieurs cachettes où il enferma l'argenterie et les autres objets précieux qui se trouvaient dans cette campagne isolée au milieu de la forêt de Laigue. Les troupes étrangères passèrent et repassèrent à Offemont, et, après trois mois d'occupation, se retirèrent au delà de la frontière.

On se hasarda alors à tirer de leurs cachettes les différents objets qui y avaient été enfermés, et comme on sondait les murs, de peur d'oublier quelque chose, une des parois rendit un son creux, qui indiqua une cavité jusqu'alors inconnue. La muraille fut attaquée à coups de levier et de pioche, et plusieurs pierres étant tombées démasquèrent un grand cabinet en forme de laboratoire, dans lequel on retrouva des fourneaux, des instruments de chimie, plusieurs fioles hermétiquement bouchées et contenant encore une eau inconnue, et enfin quatre paquets de poudre de différentes couleurs. Malheureusement ceux qui firent cette découverte y attachèrent trop ou trop peu d'importance, et, au lieu de soumettre ces différents ingrédients à l'investigation de la science moderne, ils firent disparaître avec grand soin paquets et bouteilles, effrayés eux-mêmes des substances mortelles que probablement ils renfermaient.

Ainsi fut perdue cette étrange et probablement dernière occasion de reconnaître et d'analyser les substances dont se composaient les poisons de Sainte-Croix et de la marquise de Brinvilliers.

NOTES

(1) Mémoire du procès extraordinaire contre la dame de Brinvilliers, prisonnière en la Conciergerie du Palais, page 3.

(2) Factum pour la dame Marie Vossier, veuve du sieur de Saint-Laurent, contre maître Pierre-Louis Reich de Penautier, page 7.

(3) Interrogatoire de Sautereau, page 36.

(4) Mémoire du procès extraordinaire contre la dame de Brinvilliers, prisonnière en la Conciergerie du Palais, accusée, page 16.

(5) Déposition de la fille Roussel.

(6) Mémoire extraordinaire contre la dame de Brinvilliers, prisonnière en la Conciergerie du Palais, page 4.

(7) Interrogatoire de Belleguise, 2 août 1676, page 38.

(8) Factum de dame Marie Vossier, veuve de messire Pierre de Hannyvel sieur de Saint-Laurent, contre maître Pierre-Louis Reich de Penautier, page 15.

(9) Histoire du procès de la marquise de Brinvilliers, page 331.

(10) Mémoire du procès extraordinaire contre la dame de Brinvilliers, prisonnière en la Conciergerie du Palais, page 4.

(11) Histoire du procès de la marquise de Brinvilliers, page 334.

(12) Madame de Sévigné, CCXCII° lettre.

(13) Mémoire du procès extraordinaire contre la dame de Brinvilliers, prisonnière en la Conciergerie du Palais, page 5.

(14) Histoire du procès de la marquise de Brinvilliers, page 335.

(15) Déposition du sieur Bachot.

(16) Factum contre maître Pierre-Louis Reich de Penautier, page 12.

(17) Factum contre maître Pierre-Louis Reich de Penautier, page 21.

(18) Il y a deux versions sur cette mort de Sainte-Croix. MM. Vautier, avocat, et Garanger, procureur, auteurs du factum contre Penautier, prétendent que Sainte-Croix mourut après une maladie de cinq mois, occasionnée par la vapeur des poisons; qu'il garda sa connaissance jusqu'à la fin, et reçut les secours de la religion. L'auteur du Mémoire du procès extraordinaire de la dame de Brinvilliers raconte, au contraire, cet événement ainsi que nous le consignons ici : nous avons adopté cette version comme la plus probable, la plus répandue et la plus populaire; la plus probable, puisque si Sainte-Croix eût été malade cinq mois et fût mort en pleine connaissance, il eût eu le temps de faire disparaître tous les papiers qui pouvaient compromettre ses amis; la plus répandue, puisque le fait est rapporté de cette manière par Gayot de Pitaval et Richer; la plus populaire, puisque l'on attribua cette mort à un jugement de Dieu.

(19) Il y avait deux sortes de questions : la question préparatoire et la question préalable : la question préparatoire avait lieu quand les juges, n'étant pas convaincus, voulaient obtenir avant le jugement cette conviction des aveux mêmes du coupable : la question préalable était, au contraire, appliquée après le jugement et pour la révélation des complices. Dans la première, il arrivait souvent que le prévenu, par l'espoir de sauver sa vie, résistait aux plus affreuses douleurs, tandis que, dans la seconde, le coupable, sachant qu'il était condamné, ajoutait rarement à une mort déjà terrible la douleur des tortures : à mesure que l'occasion s'en présentera, nous ferons connaître quels étaient en eux-mêmes les différents genres de tortures.

(20) Parmi les trente-quatre lettres de la marquise de Brinvilliers, trouvées dans la cassette de Sainte-Croix, il y en avait une conçue en ces termes :

« J'ai trouvé à propos de mettre fin à ma vie : pour cet effet, j'ai pris ce soir de ce que vous m'avez donné si chèrement : c'est de la recette de Glazer, et vous verrez par là que je vous sacrifie volontiers ma vie; mais je ne vous promets pas avant que de mourir que je ne vous attende dans quelque lieu pour vous dire le dernier adieu. »

(21) Nous avons fait tout ce que nous avons pu pour nous procurer cette pièce, dont tout le monde parla à cette époque, mais qui ne fut imprimée nulle part, ni dans la *Gazette de France*, ni dans le *Journal du Palais*, ni dans le *Plaidoyer* de Nivelle, ni enfin dans les différents factums qui furent faits pour ou contre la marquise. Alors nous nous sommes adressé à nos savants amis de la Bibliothèque, Paulin Paris, Pillon et Richard, qui n'ont pu nous donner aucun renseignement à ce sujet : ce que voyant, nous nous sommes, en désespoir de cause, tourné vers M. Charles Nodier, notre savant bibliophile, et vers M. de Montmerqué, notre plus profond jurisconsulte : tous deux avaient fait les mêmes recherches que nous, mais sans aucun résultat. De ce moment il fallut renoncer à l'espoir de nous procurer cette pièce : nous nous contenterons donc de citer ce qu'en dit madame de Sévigné dans ses CCLXIX⁰ et CCLXX⁰ lettres.

« Madame de Brinvilliers nous apprend dans sa confession qu'à sept ans elle avait cessé d'être fille, qu'elle avait continué sur le même ton, qu'elle avait empoisonné son père, ses frères, un de ses enfants, qu'elle s'empoisonna elle-même, afin d'essayer un contre-poison : Médée n'en avait pas tant fait. Elle a reconnu que cette confession était de son écriture, c'est une grande sottise, mais qu'elle avait la fièvre chaude quand elle l'avait écrite, que c'était une frénésie et une extravagance qui ne pouvait être lue sérieusement. » (Lettre CCCXIX⁰).

« On ne parle ici que des discours, des faits et des gestes de la Brinvilliers : si elle a écrit dans sa confession qu'elle a tué son père, c'est qu'elle craignait sans doute d'oublier de s'en accuser. Les peccadilles qu'elle craint d'oublier sont admirables. » (Lettre CCLXX⁰).

Rusico, qui a publié à Amsterdam, en 1772, une nouvelle édition des causes célèbres de Gayot de Pitaval, et qui avait pu consulter les dossiers du parlement, qui étaient encore intacts à cette époque, ajoute :

« Madame de Sévigné ne dit point que la marquise de Brinvilliers avait aussi attenté à la vie de sa sœur par la voie du poison : ce fait était cependant consigné dans la confession. »

(22) Cette lettre était conçue en ces termes :

« Il faudrait que Martin, qui allait en votre quartier, se tînt clos et couvert; faites-le en diligence. »

Penautier ne reçut point cette lettre; mais, voyant la dame de Brinvilliers arrêtée, il fit de lui-même prévenir Martin assez à temps pour qu'on ne le trouvât point chez lui lorsqu'on s'y présenta pour l'arrêter. Voir le factum contre Penautier, page 51.

(23) Factum pour dame Marie-Madeleine d'Aubray, marquise de Brinvilliers, accusée, pages 30 et suivantes.

(24) A compter de ce moment, grâce à la relation manuscrite qu'a laissée M. Pirot, et que notre savant ami Paulin Paris a bien voulu mettre à notre disposition, nous pourrons suivre presque pas à pas madame de Brinvilliers jusqu'au lieu même du supplice. Cette relation était entièrement inédite, et, quoiqu'on la trouve citée dans Gayot de Pitaval et dans Richer, ils n'en ont fait aucun usage.

(25) Relation de la mort de la Brinvilliers, par M. Pirot, docteur de Sorbonne, manuscrit 459.

(26) Nous reproduisons la lettre textuellement : nous ne prenons donc sur notre compte ni les épithètes hasardées ni les fautes d'orthographe qu'elle renferme.

Je n'ai pas besoin de rappeler non plus au lecteur que les conversations sont textuellement reproduites, et que, si nous retranchons quelquefois, nous n'ajoutons jamais.

(27) Cette introduction de l'eau dans la poitrine s'accomplissait ainsi : Le bourreau avait près de lui, pour la question ordinaire, quatre coquemars pleins d'eau et contenant chacun deux pintes et demie, et pour la question extraordinaire, huit coquemars de même grandeur ; ce qui faisait pour la question ordinaire dix pintes et pour la question extraordinaire vingt pintes d'eau, que le patient était contraint d'avaler : le bourreau tenait une corne à la main ; cette corne contenait un coquemar ; il introduisait la corne dans la bouche du patient, et, après chaque deux pintes et demie, lui laissait un instant pour avouer ; mais, s'il continuait à nier, il continuait la question jusqu'à ce que les huit coquemars fussent vides. Souvent il arrivait que le patient serrait les dents pour résister autant qu'il était en lui à cette torture : alors le bourreau lui fermait le nez en le lui serrant entre le pouce et l'index, le patient était forcé d'ouvrir la bouche pour respirer, et le bourreau profitait de ce moment pour y enfoncer la corne.

(28) Lettre LXIXe.

FIN DE LA MARQUISE DE BRINVILLIERS

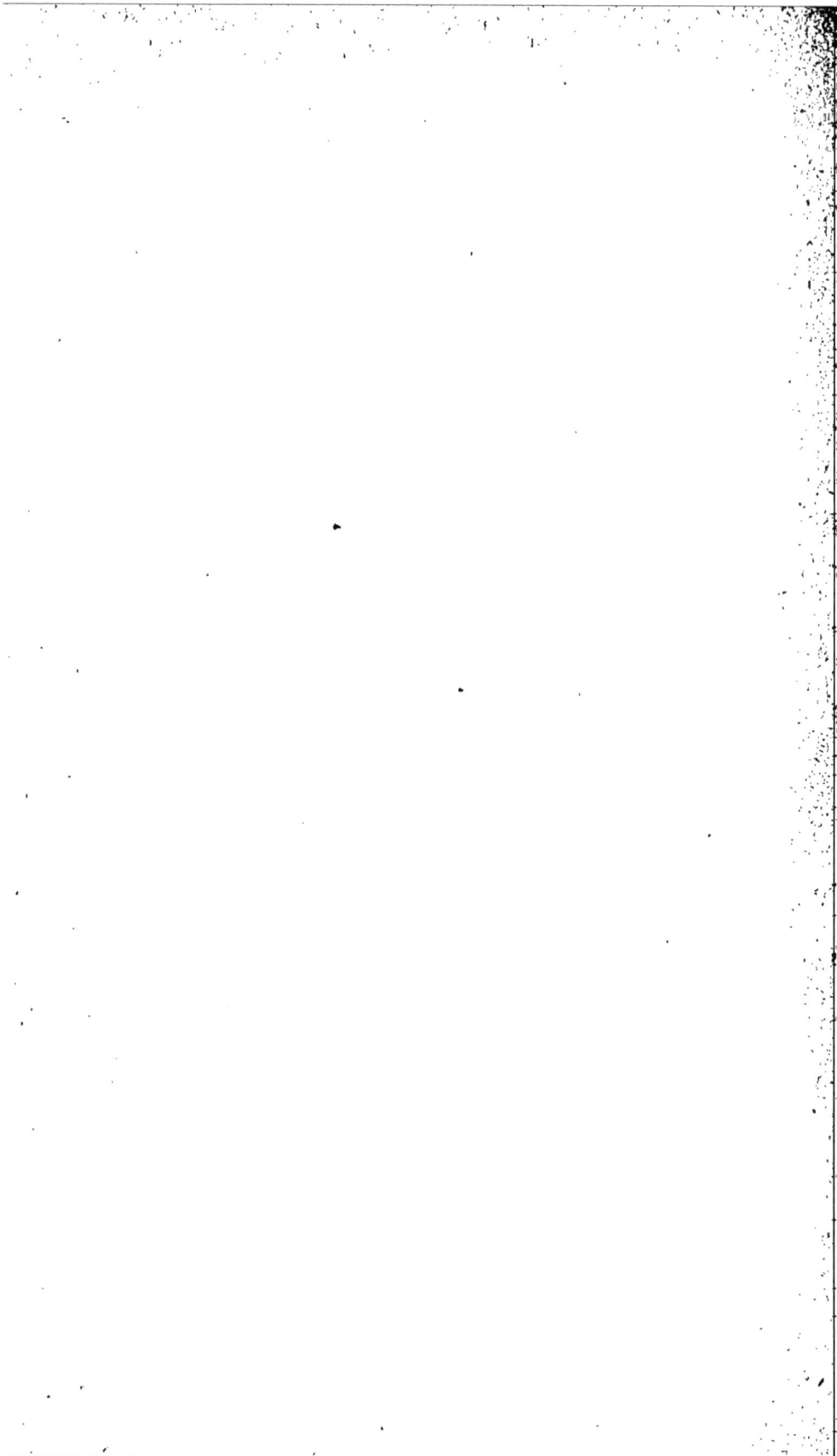

LA
COMTESSE DE SAINT-GÉRAN

Vers la fin de l'année 1639, une troupe de cavaliers arriva, sur le milieu du jour, dans un petit village à l'extrémité de l'Auvergne, du côté de Paris. Les gens du pays se rassemblèrent au bruit, et reconnurent le prévôt de la maréchaussée et ses gens. La chaleur était excessive, les chevaux étaient mouillés de sueur, les cavaliers étaient couverts de poussière et semblaient revenir d'une expédition importante. Un homme se détacha de l'escorte, et demanda à une vieille femme qui filait sur sa porte s'il n'y avait point une auberge dans cet endroit. Cette femme et les enfants lui montrèrent un bouchon de buis qui pendait au-dessus d'une porte, tout au bout de l'unique rue du village, et l'escorte se remit en marche au pas. Alors on distingua, parmi les cavaliers, un jeune homme de bonne mine et richement vêtu, qui semblait être prisonnier. Cette découverte redoubla la curiosité, et les paysans suivirent la cavalcade jusqu'à la porte du cabaret. L'hôte s'avança, le bonnet à la main, et le prévôt lui demanda d'un air d'autorité si sa bicoque était assez grande pour recevoir sa troupe, hommes et chevaux. L'hôte répondit qu'il avait le meilleur vin du pays à donner aux gens du roi, et qu'il serait facile de rassembler dans le voisinage assez de litière et de fourrage pour leurs montures. Le prévôt écouta d'un air de défiance ces magnifiques promesses, donna les ordres nécessaires aux dispositions à prendre, et se laissa glisser à bas de son cheval, en poussant un juron arraché par la chaleur et la fatigue. Les cavaliers se resserrèrent autour du jeune homme; l'un d'entre eux lui tint l'étrier, et le prévôt lui céda le pas avec déférence pour entrer dans l'hôtellerie. On ne douta plus alors que ce ne fût un prisonnier d'importance, et on se laissa aller aux conjectures. Les hommes voulaient qu'il s'agît d'un grand crime, pour qu'on se fût permis d'arrêter un jeune seigneur de cette qualité, et les femmes disaient, au contraire, qu'il était impossible qu'avec un si bel air il ne fût pas innocent.

Dans l'intérieur de l'auberge tout était en rumeur; les garçons couraient de la cave au grenier, l'hôte jurait et dépêchait ses servantes chez les voisins, et l'hôtesse gourmandait sa fille, qui demeurait collée aux vitres d'une salle basse à considérer le beau jeune homme.

Il y avait deux tables dans la salle principale du logis. Le prévôt s'approcha de la première, et abandonna l'autre aux soldats, qui s'en allaient, les uns après les autres, pourvoir à leurs chevaux sous un hangar de basse-cour; puis il montra un escabeau au prisonnier, et s'assit vis-à-vis de lui en frappant sur la table avec sa grosse canne.

— Ouf! s'écria-t-il avec un nouveau gémissement de lassitude, je vous demande bien pardon, monsieur le marquis, du mauvais vin que je vous donne!

Le jeune homme se mit à sourire gaiement.

— Passe pour le vin, monsieur le prévôt, dit-il; mais je ne vous cache pas que je m'arrête à regret en chemin, quelque agréable que me soit votre compagnie; j'ai hâte d'en finir avec ma situation ridicule, je voudrais être arrivé pour arrêter sur-le-champ cette sotte affaire.

La fille de la maison se tenait devant la table avec un pot d'étain qu'elle venait d'apporter, et à ces mots elle leva les yeux sur le prisonnier, avec un regard rassuré qui semblait dire : « Je savais bien qu'il était innocent. »

— Mais, reprit le marquis en portant le verre à ses lèvres, ce vin n'est pas aussi mauvais que vous dites, monsieur le prévôt.

Puis, se tournant vers la jeune fille qui lorgnait ses gants et sa fraise :

— A votre santé, la belle enfant.

— Alors, dit le prévôt stupéfait de cet air détaché, je vous prierai peut-être d'excuser le gîte.

— Quoi! dit le marquis, nous couchons ici?

— Monsieur, reprit le prévôt, nous avons seize grosses lieues à faire, nos chevaux sont exténués, et quant à moi, je déclare que je ne vaux pas mieux que mon cheval.

Le marquis frappa sur la table, et se livra à toutes les apparences d'un violent dépit. Le prévôt, cependant, soufflait avec peine, allongeait ses grandes bottes et s'essuyait le front avec son mouchoir. En effet, c'était un gros homme, d'un visage bouffi, que la fatigue devait incommoder singulièrement.

— Monsieur le marquis, continua-t-il, quoique votre compagnie, pour vous rendre vos civilités, me soit très précieuse, vous ne doutez point que je ne voulusse en jouir sur un meilleur pied. S'il est en votre pouvoir, comme vous dites, de vous tirer des mains de la justice, je désire que cela soit bientôt. Mais je vous supplie de considérer en quel état nous sommes. Quant à moi, je suis hors d'état aujourd'hui de me tenir une heure de plus en selle; et vous-même, est-ce que vous n'êtes pas accablé de cette marche forcée à la grande chaleur?

— Il est vrai, dit le marquis en affectant de laisser tomber ses bras.

— Eh bien donc! reposons-nous, soupons ici, si nous pouvons, et nous repartirons d'ici tout dispos, et à la fraîcheur du matin.

— Soit donc, reprit le marquis; mais alors passons le temps honorablement. Il me reste deux pistoles, qu'on donne à boire à ces braves gens. Il est juste que je les régale, puisque aussi bien c'est moi qui leur donne tant de peine.

Il jeta deux pièces d'argent sur la table des soldats, qui s'écrièrent en chœur : — Vive monsieur le marquis!

Le prévôt se leva, alla poser des sentinelles. et de là se rendit à la cuisine, où il commanda le meilleur souper qu'on pourrait trouver. Les cavaliers tirèrent des dés, et se mirent à jouer en buvant. Le marquis fredonnait une villanelle au milieu de la salle, relevant sa moustache, tournant sur un pied et regardant çà et là à la dérobée; il tira doucement une bourse du fond de ses chausses; et comme la fille de la maison allait et venait, il lui jeta les bras autour du cou comme pour l'embrasser, et lui dit à l'oreille en lui glissant dix louis dans la main.

— La clef de la grand'porte dans ma chambre, et deux pintes aux sentinelles, tu me sauves la vie.

La jeune fille recula jusqu'à la porte, et se retournant avec un regard expressif, fit signe que *oui* de la tête. Le prévôt rentra, et deux heures après le souper était dressé. Il but et mangea comme un homme qui se tient mieux à table qu'à cheval. Le marquis ne lui épargnait pas les rasades, et le sommeil aidant les fumées d'un petit vin fort piquant, il répétait de temps à autre, les yeux à demi fermés :

— Morbleu, monsieur le marquis, je ne puis croire que vous soyez aussi grand scélérat qu'on le dit, et vous m'avez l'air d'un bon diable.

Le marquis le croyait ivre mort et cajolait la fille de la maison, lorsqu'à son grand désappointement, l'heure de se retirer étant venue, le diable de prévôt appela son sergent, lui donna des instructions à voix basse, et déclara tout haut qu'il aurait l'honneur de conduire M. le marquis à son lit, et qu'il ne se coucherait pas qu'il ne lui eût rendu ce devoir. En effet, il se fit accompagner de trois de ses hommes, portant des flambeaux, s'assura sans affectation de la chambre qu'on donnait au prisonnier, et il le quitta avec force révérences.

Le marquis se jeta sur son lit sans se débotter, écoutant une horloge qui sonnait neuf heures. Il entendit les cavaliers aller et venir dans les écuries et dans la cour.

Cependant, une heure plus tard, comme chacun était fatigué, tout était rentré dans le silence. Le prisonnier se leva alors doucement, et chercha à tâtons sur la cheminée, sur les meubles, et jusque dans ses draps, la clef qu'il espérait y rencontrer. Il ne la trouva point. Il ne s'était pas mépris, cependant, au tendre intérêt de la jeune fille, et ne pouvait croire qu'elle se fût jouée de lui. La chambre du marquis avait une fenêtre qui donnait sur la rue, et une porte qui ouvrait sur une méchante galerie de bois qui jouait le balcon, et dont l'escalier descendait vers les salles les plus fréquentées de la maison. Cette galerie régnait sur la cour, à la même hauteur que la fenêtre. Le marquis n'avait qu'à sauter d'un côté ou de l'autre; il y songeait depuis longtemps, et comme il délibérait de s'élancer dans la rue, au risque de se rompre le cou, on frappa deux petits coups à la porte. Il tressaillit et dit en ouvrant : — Je suis sauvé.

— Une sorte d'ombre se glissa dans la chambre; la jeune fille tremblait de tous ses membres, et ne pouvait dire une parole. Le marquis la rassura avec toutes sortes de caresses.

— Ah! monsieur, dit-elle, je suis morte si l'on nous surprend.

— Oui, dit le marquis, mais votre fortune est faite si vous me tirez d'ici.

— Dieu m'est témoin que je le voudrais de toute mon âme, mais j'ai une nouvelle si triste...

Elle s'arrêta suffoquée d'émotions diverses. La pauvre enfant était venue nu-pieds, de peur de faire du bruit, et l'on eût dit qu'elle grelottait.

— Qu'est-ce ? demanda le marquis avec impatience.

— Avant de s'aller coucher, continua-t-elle, M. le prévôt a fait demander à mon père toutes les clefs de la maison et lui a fait jurer un gros serment qu'il n'en avait point d'autres. Mon père les lui a toutes données; de plus, il y a un soldat en sentinelle à chaque porte ; mais ils sont très fatigués, je les ai entendus qui murmuraient, et je leur ai fait donner plus de vin que vous n'aviez dit.

— Ils dormiront, dit le marquis sans se laisser abattre, et c'est déjà un grand bonheur qu'on ait accordé à ma qualité de ne point me verrouiller dans cette chambre.

— Il y a, reprit la jeune fille, un endroit du potager, du côté des champs, qui n'est clos que par une claie qui n'est guère solide ; mais...

— Où est mon cheval ?

— Sous le hangar, sans doute avec les autres ?

— Je vais sauter dans la cour.

— Vous vous tueriez.

— Tant mieux!

— Ah! monsieur le marquis, qu'avez-vous donc fait? dit la jeune fille avec douleur.

— Des folies! presque rien; mais il y va de ma tête et de mon honneur. Ne perdons point de temps, je suis décidé.

— Attendez, reprit l'enfant en lui serrant le bras; il y a au coin de la cour à gauche un grand tas de paille, la galerie va jusqu'au-dessus...

— A merveille! je ferai moins de bruit, et je me ferai moins de mal.

Il fit un pas vers la porte, la jeune fille essaya de le retenir encore sans savoir ce qu'elle faisait; mais il s'en débarrassa et ouvrit. La lune donnait en plein sur la cour; il n'entendit aucun bruit. Il s'avança jusqu'au bout de la rampe de bois, et distingua le fumier qui montait assez haut; la jeune fille fit le signe de la croix. Le marquis prêta l'oreille encore une fois, n'entendit rien et monta sur la rampe. Il allait s'élancer, quand par miracle il entendit assez tôt une grosse voix qui murmurait. C'étaient deux cavaliers qui reprenaient la conversation en se passant une pinte. Le marquis regagna sa porte en retenant son souffle; la jeune fille l'y attendait sur le seuil.

— Je vous le disais bien, qu'il n'était pas temps encore, lui dit-elle.

— As-tu seulement un couteau, dit le marquis, pour le planter dans la gorge de ces coquins?

— Attendez, je vous en supplie, une heure, rien qu'une heure, murmura la jeune fille, et dans une heure ils seront tous endormis.

La voix de la jeune fille était si douce, les bras qu'elle étendait vers lui étaient si suppliants, que le marquis resta, et qu'au bout d'une heure ce fut la jeune fille qui à son tour lui dit de partir.

Le marquis appuya une dernière fois sa bouche sur ces lèvres la veille encore si innocentes, puis il entr'ouvrit la porte et n'entendit cette fois que des chiens qui aboyaient au loin dans la campagne, au milieu d'un grand silence. Il se pencha, et vit très distinctement un soldat couché sur de la paille, la face contre terre.

— S'ils se réveillent? murmurait la jeune fille avec angoisse.

— En tout cas, ils ne m'auront pas vivant, sois tranquille, dit le marquis.

— Adieu donc, reprit-elle en sanglotant, et que le ciel vous garde !

Il enjamba la balustrade, s'accroupit, et tomba lourdement sur le fumier.

La jeune fille le vit courir au hangar, détacher un cheval à la hâte, sauter dessus, passer derrière le mur d'une étable, piquer des deux, ravager le potager, lancer son cheval contre la claie, la renverser, la franchir et gagner la grande route à travers champs.

La pauvre enfant s'était arrêtée au bout de la galerie, et tenait les yeux sur le cavalier de la maréchaussée, prête à disparaître au moindre mouvement. Le bruit des éperons sur le pavé et du cheval au fond de la cour l'avait à demi réveillé. Il se leva, et se doutant de quelque surprise, courut au hangar. Son cheval n'y était plus : le marquis, dans la hâte qu'il avait de fuir, avait pris le premier qui lui était tombé sous la main, et c'était celui du soldat. Aussitôt le soldat crie *alarme*, ses camarades se réveillent. On court à la chambre du prisonnier, on la trouve vide. Le prévôt sort de son lit tout ébloui. Le prisonnier est évadé.

Alors la jeune fille, qui feint de s'être levée au bruit, retarde les préparatifs en égarant les harnais, en troublant les cavaliers sous prétexte de les aider : néanmoins, en un quart d'heure, toute la troupe était au galop sur la route. Le prévôt jurait comme un mécréant. Les meilleurs chevaux prirent l'avance, et la sentinelle, qui montait celui du marquis, et qui avait plus à cœur de rattraper le prisonnier, devança de beaucoup ses compagnons : il était suivi du sergent, également bien monté ; et comme on avait pu voir à la haie par quelle route il avait fui, en quelques minutes ils furent en vue du fugitif, mais à une grande distance. Cependant le marquis perdait du terrain, le cheval dont il s'était emparé était le plus mauvais de la compagnie et il l'avait poussé à outrance. En se retournant, il vit les soldats à une demi-portée de mousquet de lui : il presse le cheval de plus en plus, lui déchirant les flancs avec ses éperons ; mais bientôt le cheval, au bout de son haleine, s'abat ; le marquis roule avec lui dans la poussière ; mais en

roulant il se retient aux fontes, et s'aperçoit que les
fontes sont garnies de pistolets : il reste couché près du
cheval, comme s'il était évanoui, un pistolet tout armé
à la main. La sentinelle, qui était montée sur son
propre cheval, qui était un cheval de prix, et qui dépassait son brigadier de plus de deux cents pas, arrive à
lui. En ce moment, le marquis se relève avant qu'il ait
eu le temps de se mettre en défense, lui casse la tête, le
cavalier tombe, le marquis s'élance à sa place sans
même mettre le pied à l'étrier, lance son cheval au
galop, et repart comme le vent, laissant à cinquante
pas derrière lui le brigadier stupéfait de ce qui vient de
se passer sous ses yeux.

Le gros de l'escorte accourait au galop, croyant qu'il
était pris, et le prévôt s'égosillait à crier : — Ne le tuez
pas ! — Mais on ne trouva que le sergent, lequel essayait
de ranimer son cavalier, qui avait le crâne horriblement
fracassé et qui était mort sur le coup.

Quant au marquis, il était hors de vue ; car, de peur
de nouvelles poursuites, il s'était jeté dans la traverse,
où il courut encore une bonne heure à bride abattue.
Quand il fut à peu près sûr d'avoir dépisté la maréchaussée, et que ses mauvais chevaux ne pourraient
plus l'atteindre, il résolut de s'arrêter pour ménager sa
monture ; il l'avait mise au pas dans un chemin creux,
quand il vit venir de loin un paysan ; il lui demanda la
route du Bourbonnais, et lui jeta un écu. L'homme prit
l'écu, indiqua la route ; mais il savait à peine ce qu'il
disait, et il regardait fixement le marquis d'une façon
singulière. Le marquis lui cria de passer son chemin ;
mais le paysan demeura planté sur le bord de la route
sans faire un pas. Le marquis s'avança en le menaçant
et lui demanda pourquoi il avait l'insolence de le
regarder ainsi.

— C'est, dit le paysan, que vous avez... — Et il montrait son épaule et sa fraise.

Le marquis reporta les yeux sur lui, et vit que son
pourpoint était tout souillé de sang, ce qui, joint au
désordre de ses vêtements et à la poussière dont il était
couvert, lui devait donner une mine assez effrayante.

— Je sais ce que c'est, dit-il ; moi et mon valet nous
venons d'être séparés dans une rencontre avec des Alle-

mands ivres; on s'est un peu gourmé, et soit qu'on m'ait égratigné, soit qu'en me colletant avec quelqu'un de ces drôles je lui aie fait faire sang, cela vient de l'algarade. Au reste, je ne me sens aucun mal.

Et disant ceci, il feignait de se tâter par tout le corps.

— Cependant, reprit-il, je ne serais pas fâché de me nettoyer; aussi bien je crève de soif et de chaud, et mon cheval ne se trouve pas mieux que moi de l'esclandre. Savez-vous où je pourrais me reposer?

Le paysan s'offrit à le conduire dans sa propre maison, qui n'était qu'à quelques pas. Une femme et des enfants qui travaillaient s'écartèrent par respect, et allèrent chercher ce qu'il fallait, du vin, de l'eau, des fruits et une grande pièce de pain noir. Le marquis épongea son pourpoint, but un coup, et appela les gens de la maison, qu'il questionna avec indifférence. Il s'informa encore une fois des diverses routes qui menaient dans le Bourbonnais, où il allait voir un parent, des villages, des chemins de traverse, des distances; et puis il parla du pays, de la moisson, et demanda ce qu'il y avait de nouveau.

Le paysan reprit, à ce sujet, qu'il était étonnant qu'on fît de mauvaises rencontres sur une grande route où devaient se trouver en ce moment des détachements de la maréchaussée, qui venait de faire une capture importante.

— Et qui donc? demanda le marquis.

— Oh! dit le paysan, un gentilhomme qui a fait bien du mal dans le pays.

— Quoi! un gentilhomme dans les mains de la justice?

— Oui-da! et qui pourrait bien y laisser sa tête.

— Dit-on ce qu'il a fait?

— Cela fait frémir; des choses abominables; son compte est bon. Toute la province est indignée.

— Le connaissez-vous?

— Non, mais nous avons tous son signalement.

Comme la nouvelle n'avait rien de bien rassurant, le marquis, après quelques propos de même sorte, alla voir son cheval, le flatta de la main, jeta quelque argent au paysan, et disparut dans la direction qu'on lui avait indiquée.

Le prévôt s'était avancé encore d'une demi-lieue sur la route ; mais jugeant bien que sa poursuite était inutile, il dépêcha un de ses cavaliers à la prévôté, pour faire donner des ordres sur tous les points de la province, et retourna lui-même avec ses hommes à l'endroit d'où il était parti le matin. Le marquis avait des parents dans les environs, et il était permis de penser qu'il reviendrait peut-être s'y cacher. Tout le village accourut au-devant des cavaliers, à qui force fut d'avouer qu'ils avaient été joués par le beau prisonnier. On s'affecta diversement de l'événement, et cela fit une grande rumeur. Le prévôt entra dans l'auberge, donnant du poing sur les meubles et s'en prenant à tout le monde du malheur qui lui arrivait. La fille de la maison, d'abord livrée à l'anxiété la plus douloureuse, avait grand'peine à cacher sa joie.

Le prévôt étala ses papiers sur la table, comme pour nourrir sa mauvaise humeur.

— Le plus grand coquin du monde! s'écria-t-il; j'aurais dû m'en douter.

— Il avait l'air si doux ! disait l'hôtesse.

— Un scélérat consommé ! Savez-vous comment il s'appelle ? c'est le marquis de Saint-Maixent!

— Le marquis de Saint-Maixent! s'écria-t-on avec horreur.

— Oui, certes, reprit le prévôt, le marquis de Saint-Maixent, accusé, et, pour ainsi dire, convaincu de fausse monnaie et de magie.

— Ah !

— Convaincu du crime d'inceste.

— O mon Dieu !

— Convaincu d'avoir fait étrangler sa femme pour en épouser une autre, dont il avait projeté de poignarder le mari.

— Le ciel nous soit en aide !

Tout le monde faisait des signes de croix.

— Oui, bonnes gens, continua le prévôt furieux, voilà le mignon qui vient d'échapper à la justice du roi !

La fille de l'hôte sortit de la salle; car elle se sentait défaillir.

— Et, dit l'hôte, est-ce qu'il n'y a plus d'espoir de le rattraper !

— Il n'y en a plus guère, s'il a pris la route du Bourbonnais ; car je crois qu'il a dans cette province des gen-
tilshommes de sa famille qui ne le laisseront pas
ressaisir.

Ce fugitif, en effet, n'était autre que M. le marquis de
Saint-Maixent, accusé de tous les énormes crimes que
venait de détailler le prévôt, et qui par sa fuite audacieuse allait se retrouver à même de prendre une part
active à l'étrange histoire qui nous reste à raconter.

En effet, quinze jours environ après ces événements,
un cavalier sonnait à la grille du château de Saint-
Géran, aux portes de Moulins. Il était tard, et les gens
ne se pressaient point d'ouvrir. L'inconnu remit la cloche
en branle d'un ton de maître, et vit enfin un homme qui
accourait du fond de l'avenue. Le valet regarda à travers
la grille, et, distinguant à peine, à la chute du jour, un
voyageur assez mal en ordre, le chapeau rabattu, les
habits poudreux et sans épée, lui demanda ce qu'il voulait ;
l'inconnu répondit, sans tant de façons, qu'il voulait voir
le comte de Saint-Géran, et qu'on se dépêchât. Le valet
répondit que cela n'était pas possible ; l'autre se fâcha.

— Qui êtes-vous ? demanda l'homme de livrée.

— Drôle ! s'écria le cavalier, vous faites bien des céré-
monies. Allez dire à M. de Saint-Géran que c'est le
marquis de Saint-Maixent, son parent, qui voudrait le
voir tout à l'heure.

Le valet se confondit en excuses, et la grille s'ouvrit.
Il marcha ensuite devant le marquis, avertit d'autres
laquais qui vinrent lui tenir l'étrier, et courut annoncer
cette arrivée dans les appartements. L'on allait servir le
souper quand le comte fut prévenu ; il s'en alla aussitôt
recevoir le marquis, l'embrassa à plusieurs reprises, lui
fit l'accueil le plus amical et le plus gracieux. Il le voulait
entraîner aussitôt dans la salle à manger pour le présenter à toute la famille ; mais le marquis lui fit remarquer le mauvais état de ses vêtements, et le pria en
même temps de lui accorder quelques minutes d'entretien. Le comte le mena dans sa chambre où il le fit
habiller des pieds à la tête avec ses hardes, tandis qu'ils
causaient. Ce fut alors que le marquis raconta on ne
sait quelle histoire à M. de Saint-Géran, relativement à
l'accusation qui pesait contre lui. Mais ce qu'il y a de

certain, c'est que le comte ne cessa pas de se montrer fort empressé pour son parent, et que celui-ci put, dès cette heure, compter au château de Saint-Géran sur un refuge assuré. Quand il eut fini de s'habiller, il suivit le comte, qui le présenta à la comtesse et ensuite au reste de la famille.

Il convient maintenant de faire connaître les personnes qui se trouvaient au château, et de rapporter quelques détails antérieurs pour l'explication de ceux qui vont suivre.

Le maréchal de Saint-Géran, de l'illustre maison de la Guiche et gouverneur du Bourbonnais, avait épousé en premières noces Anne de Tournon, dont il eut Claude de la Guiche, et une fille qui épousa le marquis de Bouillé. Sa femme étant morte, il se maria en secondes noces avec Suzanne-aux-Epaules, qui contractait également un second mariage, ayant été d'abord la femme du feu comte de Longaunay, dont elle avait eu Suzanne de Longaunay.

Le maréchal et la dame Suzanne-aux-Epaules, pour avantager également leurs enfants du premier lit, résolurent de les marier, et scellèrent leur union d'un double nœud. Claude de la Guiche, fils du maréchal, épousa Suzanne de Longaunay.

Cela ne se fit point sans un grand dépit de la marquise de Bouillé, la dernière fille du maréchal, qui demeurait sans liens nouveaux avec sa belle-mère, et d'ailleurs assez mal mariée avec un homme qui lui donnait, disait-elle, de grands sujets de plainte, dont le meilleur était qu'il était septuagénaire.

Le contrat de mariage de Claude de la Guiche et de Suzanne de Longaunay fut passé à Rouen le 17 février 1619; mais la grande jeunesse de l'époux, qui n'avait que dix-huit ans, fut cause qu'on lui fit entreprendre un voyage en Italie. Il en revint au bout de deux ans, et cette union fut de tout point fort heureuse, si ce n'est qu'elle demeura stérile. La comtesse ne pouvait supporter cette stérilité qui menaçait d'amener la fin d'un grand nom, l'extinction d'une noble famille. Elle fit des vœux, des pèlerinages; elle consulta des docteurs et des empiriques : tout cela fut inutile.

Le maréchal de Saint-Géran mourut le 10 décembre 1632, avec le déplaisir de n'avoir point de descendant issu du mariage de son fils. Celui-ci, devenu le comte de Saint-Géran, succéda à son père dans le gouvernement du Bourbonnais, et fut nommé chevalier des ordres du roi.

Sur ces entrefaites, la marquise de Bouillé rompit avec le vieux marquis, son mari, par un divorce éclatant, et vint demeurer au château de Saint-Géran, fort rassurée sur le mariage de son frère, dont tous les biens devaient lui revenir, puisqu'il n'avait point d'autres héritiers qu'elle.

Ce fut dans ces conjonctures que le marquis de Saint-Maixent arriva au château. Il était jeune, bien fait, fort rusé; il plut beaucoup aux femmes, et séduisit jusqu'à la vieille maréchale de Saint-Géran, qui habitait avec ses enfants. Il vit bientôt notamment qu'il pouvait entrer en intelligence avec la marquise de Bouillé.

Sa fortune, à lui marquis de Saint-Maixent, était fort délabrée par ses désordres et les poursuites de la justice, ou plutôt il l'avait, pour ainsi dire, perdue tout entière. La marquise était l'héritière présomptive du comte ; il comptait qu'elle perdrait bientôt son mari; ce n'était pas d'ailleurs la vie d'un vieillard septuagénaire qui embarrassait un homme comme le marquis; il pouvait ensuite décider la marquise à l'épouser, et se trouver ainsi à la tête des plus grands biens de la province.

Il se mit en devoir de lui rendre des soins, évitant par-dessus tout qu'on le pût soupçonner. Cependant, il était assez difficile de se faire entendre de la marquise, sans se trahir aux yeux des indifférents. Mais la marquise, déjà prévenue par l'extérieur agréable de M. de Saint-Maixent, le comprit vite, et les malheurs de son mariage, l'éclat d'un procès scandaleux, la laissèrent faible contre ses entreprises. Néanmoins ils n'avaient que bien peu d'occasions de se voir en particulier. La comtesse se mêlait innocemment à tous leurs entretiens; le comte emmenait souvent le marquis à la chasse; les journées se passaient en famille. M. de Saint-Maixent n'avait encore dit que ce qu'une femme honnête doit feindre de ne pas entendre; cette intrigue, malgré l'imaginative du marquis, traîna donc en longueur.

La comtesse, nous l'avons déjà dit, depuis vingt années, n'avait cessé d'espérer que ses prières lui obtiendraient la grâce de donner un fils à son mari. Elle s'était livrée, de

guerre lasse, à toutes sortes de charlatans, qui trouvaient
crédit en ce temps-là même auprès des gens de condition. Elle avait fait venir une fois d'Italie une sorte d'as-
trologue qui faillit l'empoisonner d'un horrible médica-
ment, et qu'on fut obligé de renvoyer en diligence dans
son pays, fort heureux qu'il dut être de se trouver quitte
à si bon marché. Ceci avait valu à Mme de Saint-Géran
de grandes remontrances de la part de son confesseur;
enfin, le temps aidant, elle s'était accoutumée à cette
affreuse idée qu'elle n'aurait point d'enfant, et s'était
jetée dans les bras de la religion. Le comte, sans cesser
de lui témoigner la même tendresse, ne comptait pas
davantage sur un héritier et avait fait son testament dans
cette disposition. Les espérances de la marquise s'étaient
changées en certitude, et M. de Saint-Maixent, en parfaite
sûreté de ce côté, ne songeait qu'à poursuivre ses vues particulières sur Mme de Bouillé, quand, sur la fin du mois
de novembre 1640, le comte de Saint-Géran fut obligé
par certains devoirs de s'en aller en toute hâte à Paris.

La comtesse, qui ne pouvait supporter d'être séparée
de son mari, mit en question si elle ne le suivrait pas.
Le marquis, ravi de cette occasion qui le laissait presque
seul au château avec Mme de Bouillé, lui peignit le
voyage de Paris sous les couleurs les plus séduisantes,
et fit tout au monde pour la décider. La marquise, de
son côté, manœuvra tout doucement pour l'y engager :
c'était plus qu'il n'en fallait. Il fut arrêté que la comtesse partirait avec M. de Saint-Géran. Elle prit à peine
le temps de faire ses préparatifs, et quelques jours après
ils se mirent en route.

Le marquis ne craignit plus de laisser paraître toute
sa passion ; il n'eut pas de peine à achever d'enflammer
Mme de Bouillé; il affectait l'amour le plus violent, et
celle-ci y répondit sur le même pied. Ce n'était que parties et promenades où l'on éloignait les domestiques; les
amants, toujours ensemble, passaient des journées
entières dans quelque endroit retiré du parc ou ren-
fermés dans les appartements. Il était impossible que
ces détails n'éveillassent pas enfin certains bruits chez
une armée de valets dont il fallait sans cesse se défier,
et ce fut ce qui arriva.

La marquise se vit donc bientôt obligée de gagner les

sœurs Quinet, ses femmes de chambre; ce à quoi elle n'eut pas grand'peine, car ces filles lui étaient très dévouées. Ce fut une première honte pour la dame de Bouillé et un premier degré de corruption pour ces créatures, qui devaient se trouver entraînées incessamment dans un plus noir complot. De plus, il y avait au château de Saint-Géran un homme grand, sec, jaune, borné, tout juste assez intelligent pour exécuter, sinon concevoir une mauvaise action, qui avait la haute main sur les domestiques; c'était un simple paysan que le maréchal avait daigné recueillir, et que le comte avait élevé peu à peu à l'emploi de maître d'hôtel à cause de son ancienneté dans la maison, et parce qu'il l'y avait vu dès son enfance; il n'avait pas voulu l'emmener avec lui, de peur qu'il ne fût point au courant du service à Paris, et lui avait laissé en partant la surveillance de ses gens. Le marquis prit cet homme à part, le sonda finement, lui tourna l'esprit, lui donna quelque argent, et se l'acquit corps et âme. Ces divers agents se chargèrent de couper court aux propos de la valetaille, et dès lors les amants purent entretenir leur liaison sans ménagement.

Un soir, comme M. de Saint-Maixent soupait en tête-à-tête avec la marquise, on sonna bruyamment à la porte du château, et il se fit une rumeur à laquelle ils ne firent pas grande attention. Cependant un courrier qui venait de Paris à bride abattue entrait dans les cours avec une lettre de M. le comte de Saint-Géran pour M. le marquis; on l'annonça et on l'introduisit, suivi de presque toute la livrée. Le marquis demanda ce que cela signifiait, et congédia d'un signe tous ces gens-là; mais le courrier reprit que M. le comte désirait que la lettre qu'il apportait fût lue devant tout le monde. Le marquis l'ouvrit sans répondre, la parcourut des yeux, et la lut à haute voix sans la moindre altération; le comte annonçait à ses bons parents et à toute sa maison que la comtesse avait laissé voir des symptômes certains de grossesse, qu'à peine arrivée à Paris elle avait éprouvé des défaillances, des nausées, des vomissements, qu'elle supportait avec délices ces malaises qui lui annonçaient sa fécondité, que ce n'était plus un objet de doute pour les médecins, ni pour personne; que pour lui il était dans la plus grande joie de cet événement, qui mettait le comble à ses vœux ; qu'il désirait que l'on commençât dès à présent à y prendre part au château par toutes sortes de réjouissances, et qu'au reste cette lettre ne précéderait leur arrivée que de quelques jours, et qu'il allait faire transporter la comtesse en litière pour plus grande sûreté ; puis suivait le détail de certaines sommes d'argent à distribuer aux domestiques.

Les valets éclatèrent en cris de joie ; le marquis et la marquise ne se jetèrent qu'un regard, mais ce regard exprimait bien tout leur trouble ; ils se continrent pourtant au point de feindre un grand contentement, et le marquis alla jusqu'à féliciter les gens de service de leur attachement pour leurs maîtres. Après quoi on les laissa seuls, le visage fort sérieux, tandis que les fusées et les violons faisaient rage sous les fenêtres. Ils gardèrent quelque temps le silence, leur première pensée à tous deux fut que le comte et la comtesse s'étaient abusés sur des symptômes aussi communs qu'insignifiants, qu'on avait voulu flatter leurs espérances, qu'il était impossible qu'un tempérament se démentît de la sorte au bout de vingt ans, et qu'il n'était rien de de cette prétendue grossesse. Cette opinion s'accrédita de plus en plus dans leur esprit et leur rendit un peu de calme.

Le lendemain ils se promenaient côte à côte dans une allée solitaire du parc et repassaient les chances de leur situation. M. de Saint-Maixent remettait sous les yeux de la marquise l'énorme dommage que et événement allait lui porter ; il disait ensuite, qu'en supposant que la nouvelle fût vraie, il y avait encore bien des écueils dangereux à passer. Il fallait qu'il n'arrivât aucun accident à la comtesse, il fallait, en outre, que l'accouchement fût heureux.

— L'enfant peut mourir, dit-il enfin.

Et il lui échappa quelques paroles sinistres sur le petit mal qu'il y aurait dans la perte d'une chétive créature sans esprit, sans intérêt, sans conséquence ; qui n'était, disait-il, qu'un *morceau de matière mal organisée* et qui ne se donnait que la peine de naître pour causer la ruine d'une personne aussi considérable que la marquise.

— Mais à quoi bon se tourmenter ? reprit-il avec

impatience ; la comtesse n'est point grosse, cela n'est pas, cela ne saurait être.

Un jardinier qui travaillait entendit cette partie de la conversation, mais comme ils marchaient en s'éloignant toujours davantage, il ne put entendre le reste.

A quelques jours de là, cependant, des hommes à cheval, que le comte avait envoyés devant lui, entrèrent au château, disant que leurs maîtres étaient tout proche. En effet, ils furent suivis à mesure de fourgons et de voitures d'équipage, et enfin l'on vit arriver la litière de la comtesse, dont M. de Saint-Géran, à cheval, n'avait pas quitté la portière durant tout le voyage. Ce fut une réception triomphale : tous les paysans avaient quitté leurs travaux et remplissaient l'air d'acclamations ; les domestiques accouraient au-devant de leur maîtresse, les plus vieux pleuraient de joie de voir le comte si joyeux et de ce que ses nobles qualités se perpétueraient dans son héritier. Le marquis de Saint-Maixent et Mme de Bouillé firent de leur mieux pour se hausser au ton de cette allégresse.

Madame la maréchale de Saint-Géran, accourue le jour même au château, et qui ne pouvait croire non plus à cette nouvelle, eut le bonheur de s'en convaincre, en posant la main sur le ventre de sa fille, et sentit palpiter cet enfant tant désiré. Le comte et la comtesse étaient fort aimés dans le Bourbonnais : cet événement y causa une satisfaction générale, et particulièrement dans les maisons qui leur étaient attachées par les liens du sang et qui étaient fort nombreuses. Dès les premiers jours, plus de vingt dames de qualité s'en vinrent les visiter en toute hâte pour leur témoigner combien elles s'inté-ressaient à cette grossesse. Toutes ces dames, en diverses occasions, sentirent parfaitement remuer l'enfant dans les flancs de sa mère, et plusieurs d'entre elles, à ce propos, par un badinage agréable à la comtesse, s'éri-gèrent en devineresses, et lui prédirent qu'elle accou-cherait d'un garçon. Du reste, l'enflure du sein et des côtes, et tous les symptômes ordinaires bien évidents, ne laissaient pas un doute ; les médecins du pays furent d'accord. Le comte retint un de ces médecins chez lui durant deux mois, et parla au marquis de Saint-Maixent du dessein où il était de se procurer une bonne sage-femme, aux mêmes conditions. Enfin, la maréchale, qui devait donner son nom à l'enfant, commanda à grands frais une layette magnifique, dont elle voulait lui faire présent.

La marquise dévorait son dépit, et parmi ces personnes qu'aveuglait la joie, pas une ne remarqua tout le chagrin qui couvait dans son âme. Elle voyait le marquis tous les jours, qui ne faisait qu'augmenter ses regrets, et l'aigrissait incessamment en lui répétant que le comte et la comtesse se faisaient un triomphe de son désastre, et en lui insinuant qu'ils avaient supposé cet enfant pour la déshériter. Il avait commencé, comme c'est l'usage en particulier et en politique, par corrompre les idées de la marquise et la détourner de la religion, pour la disposer au crime. Le marquis était un de ces libertins si rares dans ce temps, moins malheureux qu'on n'a dit, qui avaient le dernier mot de la science en fait d'athéisme. Il est à remarquer que les grands criminels de cette époque, que Sainte-Croix par exemple, et Exili, le sombre empoisonneur, ont été précisément les premiers incrédules, et qu'ils ont devancé les savants du siècle suivant dans la philosophie aussi bien que dans l'étude exclusive des sciences physiques, auxquelles ils demandèrent d'abord des poisons. La passion, l'intérêt, la haine combattirent pour le marquis dans le cœur de Mme de Bouillé ; elle donna les mains à tout ce que M. de Saint-Maixent voulut.

Le marquis de Saint-Maixent avait un homme à lui, fourbe, insolent, adroit, qu'il avait fait venir de ses terres, valet de confiance bien digne d'un tel maître, et qu'il envoyait depuis quelque temps en commission dans les environs de Saint-Géran.

Un soir, comme le marquis allait se coucher, cet homme revint d'une de ses courses, pénétra dans sa chambre, où il demeura longtemps, lui dit qu'il avait enfin trouvé ce qu'il cherchait, et lui remit un petit papier qui contenait quelques noms de lieux et de personnes.

Le lendemain, au lever du jour, le marquis fit seller deux de ses chevaux, feignit qu'on le mandait de chez lui pour une affaire d'importance, prévint qu'il pourrait bien demeurer trois ou quatre jours absent, pria qu'on fit ses excuses au comte, et partit ventre à terre suivi de son valet.

Ils couchèrent, le soir, dans une hôtellerie sur la route d'Auvergne, pour dépister les gens qui auraient pu les reconnaître; puis, se jetant dans les chemins détournés, ils arrivèrent en deux jours à un gros bourg qu'ils semblaient avoir laissé bien loin sur la gauche.

Il y avait là, dans le faubourg, une femme qui exerçait la profession de sage-femme, et qui était connue pour telle dans les environs, mais qui y avait, disait-on, pour les gens qui la payaient bien, de mystérieux et infâmes secrets. Au reste, elle avait mis habilement à profit l'influence que son art pouvait lui donner sur des gens crédules. Selon ses pratiques, elle guérissait les écrouelles, composait des philtres, des remèdes amoureux, secourait les filles de bonne maison, se mêlait d'intrigues, et pratiquait même la sorcellerie pour les habitants de la campagne. Elle avait si bien manœuvré, qu'elle n'était guère connue sous ces divers rapports que de malheureuses personnes intéressées comme elle à garder le plus profond secret; et comme elle ne s'employait qu'à prix d'or, elle vivait dans une certaine aisance dans une maison qui lui appartenait, et qu'elle habitait seule, pour plus de commodité. Du reste, elle jouissait d'une bonne réputation dans son métier, et possédait en même temps l'estime des personnes les plus considérées. Cette femme s'appelait Louise Goillard.

Comme elle était seule un soir, le couvre-feu sonné, elle entendit frapper avec force à la porte de sa maison. Habituée à recevoir des visites à toute heure de la nuit, elle prit sa lampe sans défiance, et ouvrit. Un homme armé se jeta dans la salle avec les airs d'une grande agitation. Louise Goillard eut une telle frayeur, qu'elle se laissa tomber sur une chaise : cet homme, c'était le marquis de Saint-Maixent.

— Rassurez-vous, bonne dame, dit l'étranger tout oppressé et entrecoupant ses paroles ; rassurez-vous, je vous en prie, car ce n'est point à vous, mais à moi qu'il appartient d'être ému. Je ne suis point un malfaiteur, et loin que vous ayez à craindre quelque chose de moi, c'est moi qui viens, au contraire, vous demander votre secours.

Il jeta son manteau dans un coin, déboucla son ceinturon et posa son épée. Puis tombant sur une chaise :

— Permettez-moi d'abord de me reposer.

Le marquis portait un habit de voyage ; mais quoiqu'il ne se fût point nommé, Louise Goillard vit d'un coup d'œil qu'il était bien loin d'être ce qu'elle avait cru, et que c'était, au contraire, un beau gentilhomme que sa bonne fortune lui amenait.

— Je vous prie d'excuser, dit-elle, une crainte qui vous fait injure. Vous êtes entré si vite, que je n'ai pas eu le temps de voir à qui j'avais l'honneur d'avoir affaire. Ma maison est un peu isolée ; je suis seule, on pourrait en profiter pour causer du dommage à une pauvre femme qui n'a guère besoin de mauvais hasards... Les temps sont si mauvais!... Vous me semblez fatigué... Voulez-vous respirer quelque essence ?

— Donnez-moi seulement un verre d'eau.

Louise Goillard passa dans une pièce voisine, et revint avec une aiguière.

Le marquis feignit de se rafraîchir les lèvres, et dit :

— Je viens de fort loin pour une affaire des plus importantes, et comptez que je saurai reconnaître vos services.

Il fouilla dans sa poche et en tira une bourse qu'il roula dans ses doigts.

— Vous allez d'abord, reprit-il, me jurer le plus grand secret.

— Il n'en est pas besoin avec nous, dit Louise Goillard ; c'est la première condition de notre métier.

— Il me faut des garanties plus expresses, et votre serment que vous ne révélerez à qui que ce soit au monde ce que je vais vous confier.

— Je vous donne donc ma parole, puisque vous l'exigez ; mais, encore une fois, cela est inutile, vous ne me connaissez pas.

— Songez qu'il y va des événements les plus graves, que c'est comme si je remettais ma tête dans vos mains, et que je sacrifierais mille fois ma vie plutôt que de voir découvrir ce mystère.

— Songez donc aussi, reprit bonnement la matrone, que nous sommes intéressées nous-mêmes toutes les premières aux secrets que l'on nous confie ; qu'une indiscrétion nous ferait perdre la confiance, et qu'il y a même des cas... Vous pouvez parler.

Quand le marquis l'eût ainsi rassurée sur lui-même par ce détour, il reprit :

— Je sais que vous êtes une très habile femme.

— Je voudrais l'être effectivement pour vous obliger.

— Que vous avez poussé aussi loin que possible l'étude de votre art.

— On aura peut-être trop vanté votre humble servante.

— Et que vos travaux vous ont découvert les moyens de connaître l'avenir.

— Pour cela, il n'en est rien.

— Cela est vrai; on me l'a dit.

— On vous a trompé.

— A quoi bon le nier et refusez-vous déjà de m'être utile?

Louise Goillard se défendit longtemps : elle ne comprenait pas qu'un homme de cette qualité pût ajouter foi à des pratiques de divination qu'elle n'employait qu'avec le menu peuple et les fermiers enrichis; mais le marquis montrait un tel empressement, qu'elle ne savait que penser.

— Ecoutez, dit celui-ci, il est inutile de feindre avec moi, je sais tout. Soyez tranquille, nous jouons un jeu où vous gagnez un contre mille; et d'ailleurs voici pour vous dédommager de mes importunités.

Il posa une pile d'or sur la table. La matrone convint faiblement qu'elle s'était livrée quelquefois à des tentatives de combinaisons astrologiques qui n'étaient pas toujours heureuses, et qu'elle y avait été poussée uniquement par l'enchaînement des phénomènes de sa science. Le secret de ses pratiques coupables était forcé dans ses premiers retranchements.

— Si cela est ainsi, reprit le marquis, vous devez savoir déjà dans quelle situation je me trouve; vous devez savoir qu'entraîné par la passion la plus vive et la plus aveugle, j'ai trahi la confiance d'un vieux gentilhomme et violé les lois de l'hospitalité en séduisant sa fille dans sa propre maison; que les choses en sont à l'extrémité, et que cette noble fille, que j'aime éperdument, étant devenue grosse, est sur le point de perdre la vie et l'honneur par la découverte de sa faute, qui est la mienne.

La matrone répondit : — Qu'on ne pouvait rien savoir sur une personne, sauf des interrogations particulières; et pour mieux éblouir le marquis, elle alla chercher une sorte de boîte marquée de chiffres et d'emblèmes bizarres.

Elle l'ouvrit, et après avoir combiné certaines figures qu s'y trouvaient, elle avoua qu'il était vrai, et que la situation du marquis était des plus malheureuses. Elle ajouta, dans le but de l'effrayer, qu'il était menacé par des événements plus malheureux encore que ceux qui lui étaient déjà arrivés, mais qu'il lui était facile de connaître et de prévenir les événements au moyen de nouvelles consultations.

— Madame, répondit le marquis, il n'y a qu'une chose au monde que je craigne, c'est le déshonneur de la femme que j'aime. N'y a-t-il aucun moyen de remédier aux embarras ordinaires des accouchements?

— Je n'en connais pas, dit la matrone.

— La demoiselle est parvenue à dissimuler sa grossesse, et il lui serait facile d'accoucher sans bruit.

— Elle a déjà risqué sa vie, et je ne consentirai pas à tremper dans cette affaire, de peur d'accident.

— Ne pourrait-on, par exemple, dit le marquis, accoucher sans douleur?

— Quant à cela, je l'ignore, et j'en saurais quelque chose, que je me garderais bien d'essayer quelque méthode qui contrarie sans doute les desseins de la nature.

— Vous me trompez; vous connaissez cette méthode, vous l'avez employée avec telle personne que je pourrais vous nommer.

— Qui donc m'ose calomnier ainsi? je n'opère que d'après les décisions des Facultés. A Dieu ne plaise que je me fasse jeter la pierre par tous les médecins et peut-être chasser de France!

— Vous voulez donc me laisser mourir de désespoir? Si j'étais capable de faire un mauvais usage de vos secrets, je l'aurais pu dès à présent, car je les connais. Au nom du ciel, ne dissimulez pas davantage, et dites-moi comment il est possible d'endormir les douleurs de l'enfantement? Voulez-vous encore de l'or? en voilà.

Il posa encore quelques louis sur la table.

— Attendez, dit la matrone, il y aurait peut-être un moyen que je crois avoir découvert, et dont je ne me suis jamais servie, mais que je crois assez efficace.

— Mais si vous ne vous en êtes jamais servie, il peut être dangereux et compromettre la vie de la femme que j'aime.

— Quand je dis jamais, je l'ai essayé une fois, et avec le plus grand succès. Soyez tranquille.

— Ah! s'écria le marquis, ma reconnaissance vous est à jamais acquise! Mais, reprit-il, si l'on pouvait prévenir l'accouchement même et faire disparaître dès à présent les symptômes de grossesse?

— Ah! monsieur, c'est un grand crime ce que vous dites!

— Hélas! reprit le marquis, comme en se parlant à lui-même dans l'accès d'une vive douleur, j'aime mieux me priver d'un enfant chéri, gage de notre amour, que de mettre dans le monde un malheureux qui peut-être tuerait sa mère.

— De grâce! monsieur, n'en parlons plus; c'est déjà un horrible péché que d'y penser.

— Mais quoi donc! vaut-il mieux faire périr deux personnes et peut-être toute une famille dans le désespoir? O madame! je vous en prie, tirez-nous de cette extrémité!

Le marquis se cacha le visage dans ses mains, et poussa des sanglots comme s'il pleurait abondamment.

— Votre désespoir me touche beaucoup, dit la matrone; mais songez que pour une femme de ma sorte il y va du dernier supplice.

— Que parlez-vous de supplice? Et notre mystère, et notre sûreté, et notre crédit? On n'arriverait à vous qu'après la mort et le déshonneur de tout ce que j'ai de cher au monde.

— Je pourrais peut-être alors... mais, en ce cas, il faudrait me prémunir d'abord contre les tracasseries de la justice, les confiscations, et m'assurer la facilité de sortir du royaume.

— Ah! qu'à cela ne tienne! prenez ma fortune! prenez ma vie!

Et il jeta la bourse entière sur la table.

— Dans ce cas, et uniquement pour vous retirer du péril extrême où je vous vois, je consens à vous livrer un breuvage et certains préceptes qui délivreront à l'instant la dame de son fardeau. Il faut qu'elle emploie les plus grandes précautions et qu'elle s'étudie exactement à exécuter ce que je vais vous dire... Mon Dieu! il faut des occasions aussi désespérées pour me décider à... tenez...

Elle alla prendre un flacon au fond d'une armoire, et continua :

— Voici une liqueur qui n'a jamais manqué son effet.

— Ah ! madame, vous nous sauvez l'honneur qui est plus que la vie ! Mais ce n'est point assez; dites-moi comment je dois me servir de cette liqueur, et à quelle dose je dois l'administrer.

— Il faudrait, répondit la sage-femme, que la malade en prît le premier jour une cuillerée, le second jour deux, le troisième...

— Je ne me rappellerai jamais cela ; écrivez-moi, je vous en supplie, cette ordonnance sur mon portefeuille.

La sage-femme hésita un instant; mais le portefeuille en s'ouvrant laissa échapper un bon au porteur de la somme de cinq cents francs; le marquis prit le bon et le lui présenta.

— Tenez, dit-il, puisqu'il en est sorti, ce n'est pas la peine qu'il y rentre.

Ce dernier don était trop magnifique pour que la sage-femme conservât aucun soupçon, aussi écrivit-elle l'ordonnance tout entière sur le portefeuille du marquis.

Le marquis mit la fiole dans sa poche, prit le portefeuille, s'assura que l'ordonnance y était bien tout entière ; puis se retournant vers la sage-femme avec un sourire diabolique :

— Et maintenant, ma mie, s'écria-t-il, vous êtes à moi.

— Que voulez-vous dire, monsieur? demanda la sage-femme étonnée.

— Je veux dire, continua le marquis, que vous êtes une infâme sorcière et une misérable empoisonneuse. Je veux dire que j'ai la preuve de vos crimes, et que vous ferez ce que je voudrai maintenant, ou que vous mourrez sur le bûcher.

— Grâce ! grâce ! s'écria la matrone en tombant aux pieds du marquis.

— Votre grâce est entre vos mains, répondit tranquillement le marquis.

— Eh bien ! que faut-il faire ? demanda la sage-femme ; je suis prête à tout.

— Alors, c'est donc à mon tour de vous dire mes secrets ; seulement je ne les écrirai pas, moi.

— Dites, monseigneur, et vous serez content de mon dévouement.

— Asseyez-vous donc et écoutez-moi.

La sage-femme se releva et se laissa tomber sur un siège.

— Allons, je vois que vous comprenez, dit le marquis : la prison, la torture, le feu, ou bien trois fois autant d'or que vous en avez là, c'est-à-dire de l'aisance pour tout le reste de votre vie.

Les yeux de la sage-femme reprirent tout leur éclat, et elle remercia d'un signe de tête, comme pour montrer qu'elle était au marquis corps et âme.

— Il y a, continua le marquis en fixant son regard profond sur les yeux de la pauvre femme, il y a dans un château, à trente lieues d'ici, une dame de grande maison qui est grosse de quelques mois. La naissance de cet enfant m'est odieuse. Vous serez chargée de l'accouchement. Je vous dirai ce qu'il faudra faire, et vous ferez tout ce que je vous dirai. Maintenant il importe de partir cette nuit. Vous allez me suivre. J'ai des chevaux à quelques pas d'ici. Je vous mène dans un lieu où vous attendrez mes ordres. On vous avertira quand il en sera temps. Rien ne vous manquera, et l'argent ne sera pas épargné.

— Je suis prête, dit laconiquement la sage-femme.

— Vous m'obéirez en tout point ?

— Je vous le jure.

— Partons donc.

Elle demanda seulement le temps de prendre un peu de linge, mit en ordre certains objets, verrouilla ses portes, et sortit de la maison avec le marquis. Un quart d'heure après, ils galopaient au milieu de la nuit sans qu'elle sût où le marquis la conduisait.

Le marquis reparut trois jours après au château, et

retrouva la famille du comte comme il l'avait laissée, c'est-à-dire ivre d'espérance et comptant les heures et les semaines en attendant la délivrance de la comtesse. Il s'excusa de son départ précipité sur l'importance de l'affaire qu'on lui avait mandée ; et parlant de son voyage à table, il rapporta le bruit qu'avait fait dans le pays d'où il revenait un événement surprenant dont il avait presque été le témoin. C'était une dame de qualité qui s'était subitement trouvée dans les douleurs d'un enfantement des plus laborieux. Tout le savoir des médecins qu'on avait appelés s'était trouvé en défaut : la dame allait périr ; enfin, en désespoir de cause, on avait fait venir une matrone fort renommée dans la campagne parmi les paysans, mais qu'on n'appelait guère dans les bonnes maisons. Cette femme s'était présentée modestement, se défiant d'elle-même. Dès les premiers soins, les douleurs avaient cessé comme par enchantement, la malade était entrée dans un bien-être indéfinissable ; enfin, au bout de quelques heures, elle était heureusement accouchée du plus bel enfant du monde ; mais au sortir de là, une fièvre violente l'avait prise qui l'avait mise à deux doigts du tombeau. On avait alors résolu de rappeler les médecins, malgré le maître de la maison, qui avait pris confiance dans la matrone. Le traitement des docteurs n'avait fait qu'empirer le mal. On avait encore eu recours à la sage-femme à toute extrémité, et au bout de trois semaines, la dame était miraculeusement revenue à la vie ; ce qui avait mis, ajoutait le marquis, le sceau à la réputation de la matrone, si bien que l'on ne parlai que de son talent dans la ville d'où il revenait, ainsi que dans les environs.

Ce récit frappa la compagnie à cause de l'état de la comtesse ; la maréchale ajouta qu'on avait tort souvent de railler ces humbles savants de la campagne, et que parfois l'expérience et la droiture du sens leur livraient des secrets que l'étude et l'orgueil refusaient aux docteurs. Le comte s'écria à ce propos qu'il cherchait une sage-femme, et que ce serait bien une femme comme celle-là qu'il lui faudrait. Après quoi l'on parla d'autre chose, et le marquis fut le premier à changer de conversation ; il lui suffisait d'avoir jeté sans affectation les premières semences de son dessein.

Après dîner, la compagnie se promena sur la terrasse. Mme la maréchale ne pouvant beaucoup marcher à cause de son grand âge, la comtesse et Mme de Bouillé prirent des sièges à ses côtés. Le comte se promenait de long en large avec M. de Saint-Maixent. Le marquis demanda naturellement comment tout était allé en son absence, et si Mme de Saint-Géran n'avait pas été plus incommodée; car sa grossesse était devenue l'affaire la plus importante de la maison. La conversation tomba donc encore sur ce sujet.

— A propos, dit le comte, vous nous avez parlé tout à l'heure d'une sage-femme fort habile; ne pourrais-je pas bien l'appeler?

— Je crois, répondit le marquis, que ce serait un bon choix, et que vous n'en avez guère dans les environs que l'on puisse lui comparer.

— J'ai grande envie de la mander tout à l'heure, et de la retenir dès à présent au service de la comtesse, dont elle connaîtra mieux le tempérament en la prenant ainsi à l'avance. Savez-vous où il faut que je l'envoie chercher?

— Ma foi, dit le marquis, elle habite un village; mais je ne sais lequel.

— Savez-vous au moins son nom?

— Je m'en souviens à peine : Louise Boyard, je crois, ou Polliard, je ne sais trop lequel.

— Comment! vous n'avez pas même retenu le nom?

— J'écoutais le récit, et voilà tout. Qui diable va retenir un nom qu'on vous dit en l'air?

— Quoi! vous n'avez pas du tout pensé à la comtesse?

— C'est si loin d'ici. Je n'allais pas imaginer que vous iriez chercher cette femme jusque-là. Je vous croyais pourvu.

— Comment la retrouver à présent?

— Si ce n'est que cela, j'ai un valet qui a des connaissances dans le pays, et qui ne manque pas de savoir-faire; il vous l'ira chercher, si vous voulez.

— Si je le veux! à l'instant même.

Le soir même, le valet eut la commission, les instructions du comte, et surtout celles de son maître. Il partit à franc étrier. On pense bien qu'il n'alla pas loin chercher celle qu'il devait ramener; mais il demeura trois jours dehors à dessein, et au bout de ce temps Louise Goillard fut installée au château.

C'était une femme d'un extérieur simple et sévère, qui se concilia d'abord la confiance de tout le monde. Les machinations du marquis et de Mme de Bouillé s'ourdissaient donc avec un effroyable succès; mais il arriva un accident qui faillit les rendre inutiles, et qui, tout en causant un grand malheur, pouvait détourner un crime.

La comtesse, en passant dans son appartement, s'embarrassa les pieds dans un tapis, et tomba lourdement sur le parquet. Aux cris que poussa un laquais, toute la maison s'émut. On porta la comtesse dans son lit; l'alarme fut des plus vives; mais cet accident n'eut pas de suites, et ne fut qu'une nouvelle occasion de visites qui prouvèrent encore une fois l'intérêt des voisins et de la province. Ceci se passait vers la fin du septième mois,

Enfin le moment de la délivrance approcha. Tout étant préparé depuis longtemps, il n'y eut rien à disposer pour la naissance. Le marquis avait employé tout ce temps à fortifier Mme de Bouillé contre ses scrupules. Il voyait aussi souvent Louise Goillard à la dérobée, et lui communiquait ses instructions; mais il comprit que la corruption de Baulieu, le maître d'hôtel, lui était surtout nécessaire. Baulieu se trouvait déjà entamé par les confidences de l'an passé; une grosse somme et beaucoup de promesses firent le reste. Ce misérable n'eut pas honte d'entrer dans un complot contre le maître auquel il devait tout. La marquise, de son côté, et toujours à l'instigation de M. de Saint-Maixent, acheva de convertir à l'abominable projet les filles Quinet, ses femmes de chambre; en sorte que tout n'était que trahison et complot autour de cette excellente famille, parmi ces personnes qu'on appelle ordinairement des gens de *confiance*. Les conjurés ainsi disposés attendirent le moment.

Le 16 du mois d'août 1641, la comtesse de Saint-Géran fut surprise des douleurs de l'enfantement dans la chapelle du château, où elle entendait la messe. On la porta dans sa chambre avant que la messe fût achevée; les femmes accoururent auprès d'elle, et la maréchale la coiffa de sa propre main comme on coiffe les femmes qui vont accoucher, et qui ne doivent pas être recoiffées de longtemps.

Les douleurs se succédèrent avec des redoublements terribles. Le comte pleurait aux cris de sa femme. Beaucoup de personnes étaient présentes. Les deux filles du second lit de la maréchale, dont l'une alors âgée de seize ans, épousa depuis le duc de Ventadour, et figura dans le procès, avaient voulu assister à cet accouchement, qui perpétuait par un nouveau rejeton une race illustre près de s'éteindre. Il y avait encore la dame de Saligny, sœur de feu le maréchal de Saint-Géran, le marquis de Saint-Maixent et la marquise de Bouillé.

Tout semblait servir les projets de ces deux dernières personnes, dont la pensée à ce spectacle s'écartait bien de l'intérêt général. Comme on reconnut que les douleurs empiraient sans résultat, que l'accouchement était des plus difficiles, et que la comtesse était dans un état extrême, on dépêcha des exprès dans les paroisses voisines, pour demander des prières à l'intention de la mère et de l'enfant. Le saint sacrement fut exposé dans les églises à Moulins.

La sage-femme vaquait seule à tous les soins. Elle avait prétexté qu'elle en serait plus à son aise, et l'on s'empressait d'obéir à ses moindres caprices. La comtesse ne disait plus une parole, et n'interrompait ce silence effrayant que par des cris qui brisaient l'âme. Tout à coup, madame de Bouillé, qui affectait de se donner beaucoup d'occupation, représenta que la grande compagnie qui était là incommodait ia comtesse, et, prenant un air d'empire autorisé par une feinte tendresse, elle dit qu'il fallait que tout le monde se retirât, qu'il ne restât auprès de la patiente que les personnes qui lui étaient absolument nécessaires, et qu'afin que nul ne pût s'en défendre, Mme la maréchale devait donner l'exemple. On saisit cette occasion d'arracher le comte à cette scène douloureuse, et tout le monde sortit après la maréchale. On ne voulut pas même souffrir dans la chambre les deux filles de service de la comtesse. On leur donna des commissions qui les éloignèrent. Il se présenta d'ailleurs ce prétexte, que la plus âgée ayant à peine quinze ans, leur pudeur ne leur permettait pas d'assister à ce spectacle. Il ne resta auprès du lit que la marquise de Bouillé, la sage-femme, les deux filles Quinet : la comtesse demeura donc livrée à ses plus cruels ennemis.

Il était sept heures du soir; les étreintes continuaient; l'aînée des Quinet tenait la malade par la main pour la contenir. Le comte et la maréchale envoyaient de minute en minute savoir de ses nouvelles. On leur faisait dire que tout allait bien, et que dans peu leurs vœux seraient comblés; du reste, on refusa l'entrée de la chambre à tous les domestiques.

Trois heures plus tard, la sage-femme déclara que la comtesse ne pourrait point résister si on ne lui procurait un peu de repos. Elle lui fit avaler une liqueur qu'on lui versa dans la bouche par cuillerées. La comtesse tomba dans un sommeil si profond, qu'il semblait qu'elle fût morte. La plus jeune des filles Quinet crut un moment qu'on venait de la tuer, et se mit à pleurer dans un coin. Mme de Bouillé lui fit entendre raison.

Durant cette affreuse nuit, une ombre rôdait dans les corridors, parcourait silencieusement les salles, venait jusqu'à la porte de la salle, parlait tout bas à la sage-femme, à la marquise de Bouillé. C'était le marquis de Saint-Maixent, qui donnait ses ordres, encourageait ses gens, veillait sur tous les points de sa trame, livré lui-même aux transes qui accompagnent les préparatifs d'un grand crime.

La maréchale, à cause de son grand âge, s'était vue forcée de prendre quelque repos. Le comte veillait, exténué de fatigue, dans une salle basse, à deux pas du lieu où l'on achevait la ruine de ce qu'il avait de plus cher au monde.

La comtesse, dans sa léthargie profonde, accoucha, sans le sentir, d'un garçon qui tomba ainsi, en venant au monde, dans les mains de ses ennemis, sans que sa mère pût au moins le défendre par ses cris et ses larmes. On entr'ouvrit la porte, et on introduisit un homme qui attendait? c'était le maître d'hôtel Baulieu.

La sage-femme, sous prétexte des premiers soins à donner à l'enfant, l'avait détourné dans un coin. Baulieu vit un de ses mouvements, et s'élançant sur elle, lui retint le bras. La malheureuse lui enfonçait les doigts dans le crâne. Il lui arracha le pauvre petit des mains; mais il a toujours porté depuis la marque des doigts de cette femme.

La marquise de Bouillé, peut-être, ne put se résoudre à laisser commettre un si grand crime; mais on pense plutôt que le maître d'hôtel l'empêcha sur les ordres de M. de Saint-Maixent. On conjecture que le marquis, se défiant de la promesse que Mme de Bouillé lui avait faite de l'épouser après la mort de son mari, voulait conserver cet enfant pour l'obliger à tenir sa parole par la menace de le faire reconnaître, si elle lui était infidèle. On ne voit pas, d'ailleurs, d'autres raisons qui aient pu déterminer un homme de sa trempe à prendre un si grand soin de sa victime.

Baulieu fit emmailloter l'enfant, le mit dans une corbeille, le cacha sous son manteau, et revint trouver le marquis avec sa proie; ils conférèrent quelque temps ensemble, après quoi le maître d'hôtel passa par une porte basse qui donnait sur les fossés du château, de là sur une terrasse, et gagna un pont qui menait dans le parc. Ce parc avait douze portes dont il avait toutes les clefs. Il monta sur un cheval de prix qu'il avait fait préparer derrière un mur, et partit au galop.

Il traversa le même jour le village des Escherolles, à une lieue de Saint-Géran, où il s'arrêta chez une nourrice femme d'un nommé Claude, gantier. Cette paysanne donna son sein à l'enfant; mais le maître d'hôtel, n'osant séjourner dans un village si voisin de Saint-Géran, traversa la rivière d'Allier au *port de la Chaise*, et ayant mis pied à terre dans le logis d'un nommé Boucaud, il fit encore allaiter l'enfant par la maîtresse de la maison; il poursuivit ensuite son chemin du côté de l'Auvergne.

La chaleur était excessive; le cheval était rendu, l'enfant semblait incommodé. Un charretier vint à passer, qui s'en allait à Riom. C'était le nommé Paul Boithion, de la ville d'Aigueperce, voiturier ordinaire de la route. Baulieu fit marché avec lui pour mettre l'enfant dans la charrette, sur laquelle il monta lui-même en le tenant dans ses bras. Le cheval suivait, attaché par derrière.

Dans la conversation qu'il eut avec cet homme, Baulieu se mit à dire qu'il ne prendrait pas tant de soin de

l'enfant, s'il n'était de la première maison du Bourbonnais. Il arriva au village du Ché sur le midi. La
maîtresse du logis où il s'arrêta, et qui avait des nour-
rissons, consentit à donner un peu de son lait à l'enfant. Le pauvre était petit tout sanglant; elle fit chauffer
de l'eau, le débarrassa de ses langes, le lava des pieds à
la tête, et le remmaillota plus proprement.

Le charretier les conduisit ainsi jusqu'auprès de
Riom. Arrivé là, Baulieu s'en débarrassa en lui donnant
un faux rendez-vous pour le départ, tira du côté de
l'abbaye de Lavoine, et arriva au village de Descoutoux, dans les montagnes, entre Lavoine et Thiers. La
marquise de Bouillé avait là un château où elle se retirait de temps en temps.

· L'enfant fut nourri à Descoutoux par Gabrielle Méinot,
à qui l'on paya un mois d'avance; mais elle ne le garda
que sept ou huit jours, parce qu'on refusa de lui nommer
le père et la mère, et de lui indiquer le lieu où elle
pourrait s'adresser pour donner des nouvelles de son
nourrisson. Cette femme ayant répandu cette aventure,
aucune nourrice ne voulut se charger de l'enfant. On
l'enleva du village de Descoutoux. Ceux qui l'emme-
nèrent prirent le grand chemin de la Bourgogne, traversèrent un grand pays de bois, et ce fut là qu'on
perdit leur piste.

Ces détails ont été prouvés par les nourrices, le
charretier et d'autres personnes qui déposèrent en justice. Nous les rapportons, parce qu'ils furent d'une
grande importance dans le procès. Les auteurs qui ont
recueilli cette histoire, et dans lesquels nous puisons
des renseignements, ont seulement omis de nous dire
comment fut expliquée au château l'absence du maître
d'hôtel; il est probable que le marquis avait de longue
main préparé un prétexte.

L'assoupissement de la comtesse dura jusqu'à la
pointe du jour. Elle se réveilla baignée dans son sang,
accablée, mais pourtant dans un état de bien-être qui
lui annonçait qu'elle avait été délivrée de son fardeau.
Ses premières paroles furent pour son enfant. Elle voulait le voir, l'embrasser, elle demandait où il était. La
sage-femme lui répondit d'un grand sang-froid, tandis
que les filles qui étaient là se détournaient par la honte

de son effronterie, qu'elle n'était point accouchée. La comtesse soutint le contraire, et comme elle paraissait extrêmement animée, la sage-femme s'efforça de la calmer, et lui assura qu'en tout cas sa délivrance ne saurait tarder, et qu'on jugeait par tous les symptômes qui avaient paru durant la nuit qu'elle mettrait au monde un garçon. Cette promesse réconforta le comte et la maréchale, mais demeura sans succès auprès de la comtesse, qui voulait absolument que son enfant fût né.

Le matin même, une fille des basses-cours rencontra une femme qui descendait au bord de l'eau dans les fossés du château, avec un paquet sur les bras. Elle reconnut la sage-femme, et lui demanda ce qu'elle portait là, et où elle allait si matin. Celle-ci répondit qu'elle était bien curieuse, et que d'ailleurs ce n'était rien ; mais la fille feignant, en riant, de se fâcher de cette réponse, tira l'un des bouts du paquet avant que la sage-femme eût le temps de s'y opposer, et découvrit des linges tout souillés de sang.

— Madame est donc accouchée? dit-elle alors à la matrone.

— Non, répondit celle-ci avec vivacité, elle ne l'est point.

La fille ne se rendit pas, et dit :

—Comment ne le serait-elle point, puisque madame la marquise, qui était présente, l'a dit?

La matrone confondue répliqua :

— Elle aurait la langue bien longue, si elle avait dit cela.

La déposition de cette fille devint plus tard l'une des plus graves.

L'irritation de la comtesse ne fit qu'empirer le lendemain. Elle demandait avec des cris et des larmes qu'on lui dît au moins ce qu'était devenu son enfant, soutenant toujours qu'elle ne se trompait point quand elle assurait qu'elle était accouchée. La sage-femme disait froidement que la nouvelle lune s'était opposée à l'enfantement, et qu'il fallait en attendre le déclin, où il aurait lieu plus facilement, parce que les voies étaient préparées.

Les emportements des malades n'inspirent point grande confiance ; mais cependant la fermeté de la comtesse aurait fini par convaincre tout le monde, si la maréchale n'eût dit qu'elle se souvenait qu'au bout du neuvième mois d'une de ses grossesses, elle avait eu tous les signes avant-coureurs d'un accouchement, mais en vain, et qu'elle n'était guère accouchée que six semaines après.

Ce détail inspira grande confiance. Le marquis et Mme de Bouillé n'oublièrent rien pour qu'on s'y arrêtât; mais la comtesse résistait toujours, et ses transports continuels donnaient de part et d'autre la plus vive inquiétude. La matrone, qui ne savait plus comment gagner du temps et qui perdait tout espoir contre cette persuasion inébranlable de Mme de Saint-Géran, fut poussée par sa frayeur à la faire périr; elle lui dit que son enfant avait fait les premiers efforts pour venir au monde, qu'il était sans doute retenu aux flancs par des phénomènes qu'elle détailla, et qu'il fallait qu'elle se livrât à quelque exercice violent pour l'en détacher. La comtesse, toujours affermie dans son sentiment, refusa de se prêter à cette ordonnance; mais le comte, la maréchale et toute la famille l'en prièrent avec tant d'instances, qu'elle céda.

On la fit monter dans un carrosse fermé, et on la promena tout un jour à travers des champs labourés, par les chemins les plus rudes et les plus difficiles. Elle fut tellement secouée, qu'elle en perdait le souffle; il fallut la force de sa constitution pour résister à ce supplice dans l'état délicat d'une femme nouvellement accouchée. On la rapporta dans son lit après cette promenade, et voyant alors que personne ne la soutenait dans son opinion, elle se jeta dans les bras de la Providence et se consola par les moyens de la religion : la sage-femme cependant lui avait administré des remèdes violents pour faire écouler son lait; elle résista à toutes ces tentatives de meurtre, et se rétablit lentement.

Le temps, qui remédie aux plus grands chagrins, adoucit peu à peu ceux de la comtesse; sa douleur néanmoins éclatait encore de temps en temps à la moindre occasion; mais elle finit par s'éteindre, jusqu'à des événements qui la ravivèrent et que nous allons rapporter.

Il y avait à Paris un maître en fait d'armes qui se vantait de tenir par un de ses frères au service d'une grande maison, et qui avait épousé Marie Pigoreau, fille d'un comédien. Cet homme était mort depuis peu dans l'indigence, laissant sa veuve chargée de deux enfants. La Pigoreau ne jouissait pas dans le quartier d'une fort bonne réputation, et l'on ne savait de quoi elle vivait, quand tout à coup, après quelques courtes absences et quelques visites d'un inconnu qui venait sur le soir, le nez dans son manteau, on la vit afficher plus d'aisance; on remarqua chez elle des hardes de prix, des langes magnifiques, et l'on sut enfin qu'elle élevait un enfant étranger.

Vers le même temps, on sut encore qu'elle avait déposé deux mille livres entre les mains d'un épicier du quartier, nommé Raguenet; à quelques jours de là, comme on avait sans doute différé de faire baptiser cet enfant, de peur de trahir son origine, la Pigoreau entreprit de le faire ondoyer à Saint-Jean en Grève. Elle n'eut pas recours aux voisins pour le tenir sur les fonts, et trouva moyen de citer le père et la mère à l'église. Elle prit pour parrain le fossoyeur de la paroisse, nommé Paul Marmion, qui donna le nom de Bernard à l'enfant.

La Pigoreau se tint dans un confessionnal durant la cérémonie, et donna dix sols à cet homme. La marraine fut Jeanne Chevalier, pauvre femme de la paroisse.

On écrivit sur le registre :

Le septième jour de mars mil six cent quarante-deux a été baptisé Bernard, fils de... et de... le parrain, Paul Marmion, gagne-denier et serviteur de cette paroisse, et la marraine, Jeanne Chevalier, veuve de Pierre Thibou.

Peu de jours après, la Pigoreau mit l'enfant en nourrice au village de Torcy en Brie, chez une femme qui était sa commère, et dont le mari s'appelait Paillard. Elle lui dit que c'était un enfant de qualité qu'on lui avait confié, et qu'elle ne balancerait pas, s'il le fallait, à racheter sa vie de la vie de l'un des siens. La nourrice ne le garda pas longtemps, parce qu'elle tomba malade; la Pigoreau revint le chercher en la plaignant de cet accident, et dit encore qu'il était fâcheux qu'elle ne pût élever cet enfant, et qu'elle eût gagné de quoi finir tranquillement ses jours. De là elle le remit dans le même village, chez la veuve d'un paysan appelé Marc Péguin. Les mois de nourrice furent exactement payés, et l'enfant entretenu comme un enfant de condition. La Pigoreau dit encore à cette femme que c'était le fils d'un grand seigneur, et qu'il ferait plus tard la fortune de ceux qui l'auraient servi. Un homme d'un certain âge que l'on prit pour le père, mais que la Pigoreau assurait être son beau-frère, le venait souvent visiter.

Quand cet enfant eut dix-huit mois, la Pigoreau le retira et le sevra. Des deux fils qu'elle avait eus de son mari, le premier s'appelait Antoine, le second se fût appelé Henri s'il eût vécu; mais il était né le 9 août 1639, après la mort de son père, tué au mois de juin de la même année, et il était mort peu de temps après sa naissance. La Pigoreau s'avisa de donner le nom et l'état de ce second fils à l'enfant étranger et d'ensevelir à jamais, par ce moyen, le secret de la naissance de ce dernier. Dans ce dessein, elle quitta le quartier où elle demeurait, et s'en alla se cacher dans une autre paroisse où elle n'était pas connue.

L'enfant vécut sous le nom et la qualité de Henri, second fils de la Pigoreau, jusqu'à l'âge de deux ans et demi; mais à cette époque, soit qu'elle ne se fût engagée à le garder que jusqu'alors, soit qu'elle eût achevé les deux mille livres de Raguenet l'épicier, et qu'on refusât de subvenir à son entretien, elle résolut de s'en débarrasser.

On avait entendu dire à cette femme qu'elle n'était guère en peine de son fils aîné, parce qu'elle était très rassurée sur la fortune du second; et comme on lui remontrait qu'étant obligée de se séparer de l'un des deux, il valait mieux garder le second, qui était un bel enfant, elle répondait que cela ne dépendait point d'elle, et que celui-là avait pour parrain un oncle aisé, qui ne voudrait se charger que de lui. Elle parlait souvent de cet oncle, son beau-frère, lequel, disait-elle, était maître d'hôtel dans une grande maison.

Un matin, le suisse de l'hôtel de Saint-Géran vint dire à Baulieu qu'une femme qui amenait un enfant le demandait à la grille : Baulieu était, en effet, le frère du maître en fait d'armes et le parrain du second fils de la Pigoreau. On devine maintenant que c'était là l'inconnu qui lui avait confié cet enfant de qualité et qui l'allait visiter chez sa nourrice. La Pigoreau l'entretint longuement de sa situation. Le maître d'hôtel tout ému prit l'enfant, et dit à la Pigoreau d'attendre sa réponse à quelques pas de l'hôtel, dans un endroit qu'il lui désigna.

La femme de Baulieu jeta les hauts cris à la première proposition de cet accroissement de famille ; mais il parvint à la calmer en lui représentant la gêne de sa belle-sœur et la facilité qu'ils avaient de faire cette bonne œuvre dans une maison comme celle de M. le comte. Il alla trouver ensuite ses maîtres pour leur demander la permission d'élever cet enfant à l'hôtel ; il se mêlait à son trouble un certain sentiment qui diminuait en quelque sorte sorte le poids qui pesait sur sa conscience.

Le comte et la comtesse s'opposèrent d'abord à son projet, et lui dirent qu'ayant déjà cinq enfants, il ne devait pas prendre cette nouvelle charge, mais il les supplia avec tant d'instances, qu'il obtint ce qu'il désirait. La comtesse voulut le voir, et comme elle allait partir pour Moulins, elle dit qu'elle le ferait mettre dans le carrosse de ses femmes : quand on le lui présenta, elle s'écria :

— Voilà un bel enfant !

En effet, il était blond, avec de grands yeux bleus et des traits fort réguliers. Elle lui fit cent caresses, que l'enfant lui rendit de très bonne grâce. Elle s'attacha aussitôt à lui. Elle se reprit alors et dit à Baulieu :

— Je ne veux pas qu'il monte dans le carrosse de mes filles, mais je le mettrai dans le mien avec moi.

Arrivée au château de Saint-Géran, sa tendresse s'accrut pour Henri, c'était le nom qu'avait conservé l'enfant. Elle le regardait souvent avec tristesse, et puis l'embrassait vivement, et le gardait longtemps sur son sein. Le comte partageait ces sentiments pour le prétendu neveu de Baulieu, qu'on adopta, pour ainsi dire, et qu'on éleva comme un enfant de qualité.

Le marquis de Saint-Maixent et Mme de Bouillé ne s'étaient pas mariés, bien que le vieux marquis de Bouillé fût mort depuis longtemps. Il paraît qu'ils avaient renoncé à ce projet. La marquise fut retenue sans doute par des scrupules, et le marquis en fut détourné par ses habitudes de libertinage. On pense que d'autres engagements et surtout des sommes énormes le dédommagèrent d'un manque de parole.

Il courait le monde vers ce temps-là, et faisait la cour à demoiselle Jacqueline de la Garde; il était parvenu à se faire aimer de cette fille, et l'avait amenée à tel point, qu'elle ne se défendait plus que sur la grossesse et les douleurs que pouvait occasionner une faute. Le marquis lui offrit alors le ministère d'une matrone qui accouchait les femmes sans douleur, et qui en avait fait des expériences certaines. La même Jacqueline de la Garde raconta encore que M. de Saint-Maixent s'était vanté souvent, comme d'une intrigue savante, d'avoir fait enlever le fils d'un gouverneur de province et petit-fils d'un maréchal de France; qu'en parlant de la marquise de Bouillé, il disait qu'il l'avait rendue opulente, et que c'était à lui qu'elle devait ses grands biens; qu'enfin, l'ayant menée un jour dans une belle campagne qui lui appartenait, elle en avait fait l'éloge en disant *que c'était un beau lieu*, et qu'il avait répliqué en souriant par une équivoque sur le nom d'un homme, *qu'il connaissait un autre Baulieu qui lui avait procuré le moyen de faire une fortune de cinq cent mille écus.*

Il avait dit également à Jadelon, sieur de la Barbesange, en revenant de Paris en poste avec lui, que la comtesse de Saint-Géran était accouchée d'un fils qu'il avait en son pouvoir.

Le marquis n'avait pas vu madame de Bouillé depuis longtemps; le péril commun les rapprocha. Ils avaient appris avec effroi l'un et l'autre la présence de Henri à l'hôtel de Saint-Géran. Ils se consultèrent à ce sujet, et le marquis se chargea de couper court à ce péril. Cependant, il n'osa rien entreprendre d'éclatant contre l'enfant, et cela était bien plus difficile à présent, parce qu'il avait transpiré quelque chose de ses aventures, et que les Saint-Géran ne le voyaient plus que froidement.

Baulieu, tous les jours témoin des tendresses du comte et de la comtesse pour le petit Henri, avait failli se trahir cent fois et leur tout avouer. Il était déchiré de remords. Il lui échappait des propos qu'il croyait pouvoir dire sans conséquence, à cause du temps qui s'était écoulé, mais qui étaient remarqués. Tantôt il disait qu'il avait entre les mains la vie et l'honneur de Mme la marquise de Bouillé; tantôt que le comte et la comtesse avaient plus de raisons qu'ils ne croyaient d'aimer Henri. Il proposa un jour ce cas de conscience à un religieux, à savoir : Si un homme qui aurait contribué à la suppression d'un enfant ne satisferait pas à sa conscience en le restituant au père et à la mère sans le leur faire connaître? On ne sait ce que le religieux répondit; mais, selon toute apparence, cela ne rassura pas le maître d'hôtel. Il répondit encore à un élu de Moulins, qui le félicitait d'avoir un neveu que ses maîtres comblaient de bons traitements, qu'ils le pouvaient bien aimer, parce qu'il les touchait de très près.

Ces propos furent recueillis par d'autres que ceux qui y avaient le plus cher intérêt. Un jour, un fournisseur de vins étrangers vint proposer à Baulieu l'achat d'une pièce de vin d'Espagne, et lui en donna un flacon à goûter pour échantillon; le soir il fut pris d'un mal horrible. On le porta dans son lit, où il se tordait avec des cris effroyables. Une seule pensée le dominait quand ses souffrances lui laissaient la raison, et il répéta plusieurs fois dans son agonie qu'il désirait demander pardon au comte et à la comtesse d'un grand préjudice qu'il leur avait causé. Les gens qui l'entouraient répliquèrent que cela était de peu d'importance, et qu'il ne fallait pas attrister encore ses derniers moments; mais il pria si pitoyablement qu'on les fit venir, que quelqu'un alla les avertir.

Le comte pensa qu'il s'agissait de quelque petit dommage, quelque somme détournée dans les achats de la maison; et craignant d'avancer la mort du malheureux par la honte et l'aveu d'une faute, il lui fit dire qu'il lui pardonnait, qu'il pouvait mourir tranquille, et refusa de l'aller voir. Baulieu expira en emportant son secret. C'était en 1648.

L'enfant avait alors sept ans. Il redoublait de gentillesse, et le comte et la comtesse sentaient croître leur amour pour lui. Ils lui faisaient apprendre la danse et l'escrime. Ils lui donnèrent des chausses et un habit de page de leur livrée, et il les servait en cette qualité. Le marquis tourna ses batteries de ce côté. Il s'occupait sans doute d'une machination aussi criminelle que les précédentes, quand la justice tomba sur la voie d'autres crimes énormes dont il était prévenu. On l'arrêta un jour comme il faisait parler dans la rue un laquais de l'hôtel de Saint-Géran, et on le conduisit à la Conciergerie du Palais.

Soit à cause de ses propos, soit sur d'autres indications que nous avons rapportées, certains bruits couraient dans le Bourbonnais sur les véritables détails de ces événements; ils arrivèrent confusément aux oreilles du comte et de la comtesse; mais ils ne firent que réveiller leur douleur sans leur offrir aucune trace de la vérité.

Sur ces entrefaites, le comte alla prendre les eaux de Vichy. La comtesse et Mme de Bouillé le suivirent. Le hasard fit qu'ils rencontrèrent Louise Goillard, la sage-femme, dans cette ville. Cette femme renoua avec la maison, et surtout visitait souvent la marquise de Bouillé. Un jour, la comtesse, entrant tout à coup dans la chambre de la marquise, les y trouva causant à voix basse. Elles s'interrompirent aussitôt et parurent décontenancées.

La comtesse s'en aperçut sans y attacher d'importance, et leur demanda le sujet de leur entretien.

— Ce n'est rien, dit la marquise.

— Qu'est-ce donc? répliqua la comtesse en voyant qu'elle rougissait.

La marquise, ne pouvant alors se défendre de répondre et sentant son trouble s'accroître :

— Dame Louise, dit-elle, se loue de mon frère, parce qu'il ne lui a point fait mauvais visage.

— Pourquoi? dit la comtesse en s'adressant à la sage-femme; qu'est-ce qui vous faisait craindre un mauvais accueil de mon mari?

— J'appréhendais, dit maladroitement Louise Goillard, qu'il ne me sût mauvais gré de ce qui s'était passé quand nous croyions que vous alliez accoucher.

L'obscurité de ces paroles et le trouble de ces deux femmes frappèrent à la fois l'esprit de la comtesse; mais elle se contint et ne poussa pas plus loin la conversation. Son émotion pourtant n'échappa guère à la marquise.

Le lendemain, elle fit atteler et se retira dans sa terre de Lavoine. Cette maladresse fortifia les soupçons.

La première résolution de la comtesse fut de faire arrêter Louise Goillard ; mais elle comprit qu'en une affaire si grave il ne fallait rien hasarder à la légère. Elle consulta le comte et la maréchale, et l'on fit venir la sage-femme sans scandale, pour l'interroger à l'improviste. Elle se démentit et se contredit plusieurs fois. D'ailleurs, sa frayeur suffisait pour la convaincre d'un crime. On la remit entre les mains de la justice, et le comte de Saint-Géran rendit sa plainte par-devant le vice-sénéchal de Moulins.

La sage-femme subit un premier interrogatoire. Elle confessa la vérité de l'accouchement, mais elle ajouta que la comtesse avait mis au monde une fille mort-née, et qu'elle l'avait enterrée sous une pierre près d'un degré qui avoisinait la grange de la basse-cour.

Le juge, accompagné d'un médecin et d'un chirurgien, se transporta sur les lieux, et ne trouva ni pierre, ni cadavre, ni aucun indice. On fouilla inutilement dans d'autres endroits.

On fit savoir cette déclaration à la maréchale, qui répondit qu'il fallait faire sur-le-champ son procès à cette horrible femme. Le lieutenant particulier, en l'absence du lieutenant criminel, commença la procédure.

Louise Goillard, dans un second interrogatoire, assura que la comtesse n'était point accouchée ;

Dans un troisième, qu'elle était accouchée d'une môle ;

Dans un quatrième, qu'elle avait donné le jour à un garçon que Baulieu avait emporté dans une corbeille.

Dans un cinquième, où elle répondit sur la sellette, elle soutint qu'on lui avait arraché par la violence cet aveu de l'accouchement de la comtesse. Elle ne chargea jamais ni Mme de Bouillé ni le marquis de Saint-Maixent.

Mais, d'autre part, à peine sous les verrous, elle dépêcha son fils Guillemin à la marquise, pour lui dire seulement qu'elle était arrêtée. La marquise comprit cette menace, et fut consternée ; elle envoya aussitôt le sieur de la Foresterie, son écuyer, au lieutenant général, son conseil, l'ennemi mortel du comte, afin qu'il la conseillât dans cette conjoncture, et qu'il lui apprît comment elle pouvait secourir la matrone sans paraître en aucune façon. L'avis du lieutenant fut d'étouffer la procédure et d'obtenir un arrêt avec défense de poursuivre l'instruction du procès. La marquise répandit l'or, et obtint cet arrêt; il devint inutile presque aussitôt, et les défenses furent levées.

La Foresterie avait l'ordre de passer ensuite à Riom, où demeuraient les sœurs Quinet, et de les raffermir dans le secret à force d'argent. L'aînée, en quittant le service de la marquise, lui avait porté le poing au visage, forte de ses horribles confidences, et lui avait dit qu'elle se repentirait de les avoir chassées, et qu'elle dirait tout, quand elle devrait être pendue. Ces filles alors lui firent dire qu'elles la suppliaient de les reprendre à son service; que la comtesse leur avait fait promettre des conditions avantageuses si elles voulaient parler; qu'elles avaient même été interrogées en son nom par un gardien des capucins, mais qu'elles n'avaient rien dit, afin qu'on eût le temps de leur prescrire leur réponse. La marquise se vit obligée de rappeler ces filles. Elle garda la cadette, et maria l'autre à Delisle, son maître d'hôtel.

Mais la Foresterie, qui était entré par ces rapports dans d'étranges révélations, se dégoûta de servir une telle maîtresse, et quitta la maison. La marquise lui dit, en le quittant, « que s'il était assez indiscret pour révéler un mot de ce qu'il avait appris des Quinet, elle lui ferait donner cent coups de poignard par son maître d'hôtel Delisle. »

Elle avait donc ainsi renforcé sa ligne de retranchements, et se croyait à l'abri de toute rencontre; mais il arriva qu'un nommé Prudent Bergé, gentilhomme et page du marquis de Saint-Maixent, et qui avait la confiance de son maître et qui l'allait voir à la Conciergerie du Palais où il était prisonnier, répandit d'étranges clartés sur cette affaire. Son maître lui avait conté tous les détails de l'accouchement de la comtesse et de l'enlèvement de l'enfant.

— Je m'étonne, monsieur avait répondu le page, qu'étant accablé déjà de tant d'affaires fâcheuses, vous ne soulagiez pas votre conscience de celle-là?

— Je compte, reprit le marquis, rendre cet enfant à son père; j'en ai reçu l'ordre d'un capucin à qui je me suis confessé d'avoir enlevé, sans qu'on s'en soit aperçu, au milieu de sa famille, un petit-fils de maréchal de France et fils d'un gouverneur de province.

Le marquis avait alors la permission de sortir de temps en temps de la prison sur sa parole. Ceci ne surprendra point les gens qui savent quelles idées conservait sur l'honneur un gentilhomme d'autrefois, même le plus criminel. Le marquis, profitant de cette facilité, mena le page voir un enfant qui pouvait avoir sept ans, blond et d'un charmant visage.

Le marquis lui dit alors :

— Page, regardez bien cet enfant, afin que vous puissiez le reconnaître quand je vous enverrai savoir de ses nouvelles.

Il lui avoua ensuite que c'était le fils du comte de Saint-Géran dont il lui avait parlé.

La justice, saisie de ces bruits, crut tenir des preuves décisives, mais ils s'étaient répandus précisément à l'instant où d'autres procédures s'instruisaient contre le marquis et le laissaient sans recours contre la mise au jour de ses crimes. On envoya en toute hâte des exempts à la Conciergerie; les geôliers les arrêtèrent en disant que le marquis, se sentant malade, était occupé avec un curé qui lui administrait les sacrements. Comme ils insistaient, les gens de la prison s'approchèrent du cachot; le curé en sortait en criant qu'il fallait aller chercher des personnes à qui le malade avait un secret à révéler, qu'il était dans un état désespéré, et qu'il lui avait dit qu'il venait de s'empoisonner : tout le monde entra dans la prison.

M. de Saint-Maixent se roulait sur son grabat, dans un état à faire pitié, tantôt hurlant comme une bête farouche, tantôt bégayant des paroles sans suite.

Les gens de justice entendirent ceci :

— Monsieur le comte... appelez... la comtesse... de Saint-Géran... qu'ils viennent...

Les exempts s'approchèrent avec empressement, et le pressèrent de s'expliquer.

Le marquis retomba dans une crise; quand il rouvrit les yeux il dit encore :

— Faites venir la comtesse... qu'ils me pardonnent... je veux tout leur dire.

Les exempts lui firent entendre qu'il pouvait parler : l'un d'entre eux s'avisa même de lui dire que le comte était là. Le marquis se retourna en murmurant :

— Je vais vous dire...

Puis il poussa un grand cri : il était mort.

Il semblait donc que le sort prit à tâche de fermer toutes les bouches d'où pouvait s'échapper la vérité. Cependant cet aveu d'une révélation à faire au lit de mort au comte de Saint-Géran, et les déclarations du curé qui avait administré le mourant, formèrent une déposition considérable.

Le premier juge, rassemblant toutes les circonstances que nous avons rapportées, en forma un corps où tout le monde reconnut la vérité. Les charretiers, les nourrices, les laquais comparurent ; l'itinéraire et les diverses aventures de l'enfant furent connus, depuis l'accouchement jusqu'à son arrivée au village de Descoutoux.

La justice, en remontant aux sources du crime, ne pouvait s'empêcher de décréter la marquise de Bouillé ; mais il y a lieu de croire qu'elle en fut détournée à grand effort par le comte de Saint-Géran, qui ne put se résoudre à perdre sa sœur dont le déshonneur eût rejailli sur lui. La marquise couvait ses remords dans la solitude, et n'avait point reparu. Elle mourut à quelque temps de là, emportant le poids de son secret jusqu'au dernier soupir.

Le juge de Moulins rendit enfin la sentence par laquelle il déclara la sage-femme atteinte et convaincue d'avoir supprimé l'enfant provenu de l'accouchement de la comtesse ; et pour réparation elle fut condamnée à être pendue après avoir été appliquée à la question. La matrone interjeta appel de cette sentence, et fut dans la suite transportée à la Conciergerie du palais.

A peine les nobles époux de Saint-Géran virent-ils les preuves sortir successivement de la procédure, que leur tendresse et la nature qui parlait en eux firent le reste. Ils ne doutèrent plus que leur page ne fût leur fils ; on lui fit quitter sur-le-champ la livrée, et on lui rendit ses titres et prérogatives, on l'appela le comte de la Palice.

Sur ces entrefaites, un particulier nommé Séqueville

vint dire à la comtesse qu'il avait fait une découverte fort importante pour elle : qu'un enfant avait été baptisé en 1642 à Saint-Jean en Grève, et qu'une femme nommée Marie Pigoreau avait pris une grande part à l'événement. Sur cet avis, on fit des perquisitions et l'on découvrit que cet enfant avait été nourri au village de Torcy. Le comte obtint un arrêt qui lui permit d'informer par-devant le juge de Torcy ; il n'oublia rien pour recueillir tous les rayons de la vérité : il obtint encore un arrêt qui lui permit de nouveau d'informer et de faire publier un monitoire. Ce fut alors que l'aînée des filles Quinet dit au marquis de Canillac que le comte cherchait bien loin ce qu'il avait près de lui. A ces nouvelles clartés qui jaillirent des informations, la vérité parut avec un grand éclat.

L'enfant, représenté par-devant un conseiller commissaire aux nourrices et aux témoins de Torcy, fut reconnu, tant à la marque des doigts de la matrone qu'il avait conservée sur la tête qu'à la couleur de ses cheveux blonds et de ses yeux bleus. Ce vestige ineffaçable du crime de la sage-femme fut la preuve principale ; les témoins attestèrent que la Pigoreau, en visitant cet enfant avec un homme qui leur parut être de condition, disait toujours qu'il était le fils d'un grand seigneur, qu'il lui avait été confié, et qu'elle espérait qu'il ferait sa fortune et celle de ceux qui l'auraient élevé.

Le parrain de l'enfant, Paul Marmion, dit *gagne-denier*, l'épicier Raguenet, qui avait fourni les deux mille livres, la servante de la Pigoreau, qui lui avait entendu dire que le comte était obligé de prendre cet enfant, les témoins qui déposaient que la Pigoreau leur avait dit que cet enfant était de trop bonne maison pour porter des livrées de page, fournirent de ces preuves qui entraînent l'esprit ; il y en eut d'autres.

C'était chez la Pigoreau que le marquis de Saint-Maixent allait voir l'enfant, qui, demeurant à l'hôtel de Saint-Géran, venait de temps en temps la visiter comme sa mère ; Prudent Berger, page du marquis, reconnut parfaitement la Pigoreau, et reconnut également l'enfant pour celui qu'il avait vu chez elle et dont le marquis lui avait conté l'histoire. Enfin, plusieurs autres témoins ouïs dans les informations faites, tant au parlement que par les juges de Torcy, de Cusset et autres commis par arrêt, rapportaient des faits si précis, si concluants en faveur du véritable état du jeune comte, qu'on ne put se dispenser d'étendre l'accusation.

La cour d'office décréta d'ajournement personnel la Pigoreau, qui n'avait pas été compromise dans la première instruction.

Ce coup d'autorité foudroya cette femme d'intrigue; mais elle tenta de s'en relever.

La dame veuve du duc de Ventadour, fille du second lit de la maréchale de Saint-Géran, sœur consanguine du comte, et la comtesse de Lude, fille de la marquise de Bouillé, à qui le jeune comte enlevait la succession de M. de Saint-Géran, s'agitaient beaucoup et parlaient d'entrer en lice. Pigoreau les alla trouver et se concerta avec elles.

Alors s'éleva ce nouveau procès si fameux, qui occupa si longtemps toute la France, et qui rappelle cette cause portée devant Salomon, d'un enfant réclamé par deux mères.

Le marquis de Saint-Maixent et Mme de Bouillé étaient naturellement hors de cause; l'affaire se concentra entre la Pigoreau et mesdames du Lude et de Ventadour. Ces dames étaient sans doute de bonne foi et refusaient de croire au crime; car si elles eussent connu la vérité, il est présumable qu'elles n'étaient pas capables de lui résister, et surtout si longtemps et si obstinément.

Elles firent donc rassurer la sage-femme, qui était tombée malade dans sa prison; après quoi, l'on tint conseil et l'on résolut :

Que les accusés appelleraient des procédures criminelles;

Que la Pigoreau prendrait la voie de la requête civile contre les arrêts qui la décrétaient et qui ordonnaient la confrontation des témoins;

Qu'ils seraient appelants comme d'abus de l'obtention et publication des monitoires, et interjetteraient appel de la sentence du premier juge, qui avait condamné la matrone à la peine capitale;

Et qu'enfin, pour faire une plus grande diversion, la Pigoreau *attaquerait la maternité de la comtesse, en réclamant l'enfant en qualité de mère ;* et que les dames soutiendraient que l'accouchement de la comtesse était une imposture qu'elle mettait en œuvre pour se supposer un enfant.

Pour plus de sûreté et d'apparence désintéressée, mesdames du Lude et de Ventadour feignirent de n'être pas d'intelligence avec la Pigoreau.

A cette époque, la sage-femme mourut en prison de la maladie que le chagrin et les remords avaient hâtée. Après sa mort, son fils Guillemin avoua qu'elle lui avait souvent dit que la comtesse était accouchée d'un fils que Baulieu avait enlevé, et que l'enfant qu'on avait confié à Baulieu à l'hôtel Saint-Géran était le même qui avait été détourné ; ce jeune homme ajouta qu'il avait caché cette vérité tant qu'elle avait pu nuire à sa mère, et que les dames de Ventadour et du Lude l'avaient aidée dans sa prison de leur argent et de leurs conseils : autre preuve.

La demande des accusés et l'intervention des dames du Lude et de Ventadour furent discutées dans sept audiences, les trois chambres assemblées. Le procès marcha avec toute la langueur et tous les embarras de ce temps-là.

Après des plaidoyers également longs et spécieux, l'avocat général Bignon embrassa le parti de M. le comte et de Mme la comtesse de Saint-Géran. Il conclut en disant :

« Qu'il y avait lieu de débouter la Pigoreau de ses lettres en forme de requête civile, et toutes les appelantes et les accusés de leurs opposition et appellation, les condamner à l'amende et aux dépens ; et, attendu qu'il y avait des charges suffisantes contre la Pigoreau, qu'elle avait été décrétée d'ajournement personnel, il requérait qu'elle descendît présentement en bas, s'en rapportant néanmoins à la prudence de la cour. »

Par un arrêt rendu en audience à la Tournelle par M. de Mesmes, le 18 août 1657, *les dames appelantes et les accusés furent déboutés de leur opposition, avec amende et dépens. Défense à la Pigoreau de désemparer la ville et les faubourgs de Paris, à peine de conviction. La requête fut jointe au procès.*

Ce revers abattit d'abord le parti de mesdames du Lude et de Ventadour; mais il se releva bientôt avec plus de résolution que jamais. Ces dames, qui avaient conduit la Pigoreau dans leur carrosse à toutes les confrontations, lui inspirèrent, pour éloigner le jugement, de présenter une nouvelle requête, où elle demandait que les témoins qui parlaient de la grossesse et de l'enfantement lui fussent confrontés.

La cour, sur cette requête, rendit, le 28 août 1658, un arrêt qui ordonna cette confrontation, mais à condition que, pour y procéder, la Pigoreau se constituerait dans trois jours prisonnière dans la prison de la Conciergerie.

Cet arrêt, dont la Pigoreau craignait les suites, la frappa à tel point, qu'après avoir pesé l'intérêt de son procès qu'elle perdait par la fuite, et le danger qu'il y allait de sa vie en se hasardant entre les mains de la justice, elle abandonna sa fausse maternité, et se réfugia secrètement à l'étranger. Cette dernière circonstance était bien faite pour décourager mesdames du Lude et de Ventadour : mais elles n'étaient pas à bout de leurs ressources et de leur obstination.

La contumace étant acquise contre la Pigoreau et le procès mûr contre les autres accusés, le comte de Saint-Géran partit pour le Bourbonnais, pour l'exécution de l'arrêt qui ordonnait la confrontation des témoins. Il était à peine arrivé dans la province, qu'il fut obligé d'interrompre ses soins pour recevoir le roi et la reine mère, qui revenaient de Lyon et passaient par Moulins. Il présenta le comte de la Palice à Leurs Majestés comme son fils; elles l'accueillirent en cette qualité. Mais pendant le séjour du roi et de la reine, le comte de Saint-Géran tomba malade, épuisé sans doute par le zèle qu'il avait mis, outre ses affaires, à leur faire une réception digne d'eux.

Pendant sa maladie, qui ne dura que huit jours, il fit dans un testament une nouvelle reconnaissance de son fils, nomma pour exécuteurs testamentaires M. de Barrière, intendant de la province, le sieur Vialet, trésorier de France, et les chargea de terminer son procès. Sa dernière parole fut pour sa femme et son enfant ; le seul regret qu'il eut, fut de n'avoir pu mettre fin à cette affaire. Il mourut le 31 janvier 1659.

La tendresse maternelle de la comtesse n'avait pas besoin d'être excitée par les invitations de son mari, et elle reprit le procès en diligence. Les dames de Ventadour et du Lude obtinrent des lettres d'héritières par bénéfice d'inventaire, qu'elles firent entériner par défaut au Châtelet. Elles appelèrent en même temps de la sentence du lieutenant général du Bourbonnais qui déférait la tutelle du jeune comte à la comtesse sa mère, et la curatelle au sieur de Bompré. La comtesse, de son côté, interjeta appel de la sentence d'entérinement des lettres d'héritières par bénéfice d'inventaire, et fit son possible pour ramener les contestations à la Tournelle. Ces dames poursuivirent leur appel à la grand'chambre, soutenant qu'elles n'étaient point parties au procès de la Tournelle.

On ne s'engagera point dans l'obscur labyrinthe des procédures d'alors et dans le récit de toutes les marches et contre-marches que suggéra aux parties l'esprit de chicane.

La comtesse, au bout de trois ans, obtint un arrêt le 9 avril 1661, par lequel le roi en personne :

Évoquant à soi tant le procès civil pendant à la Tournelle que les appellations respectivement interjetées et la dernière requête des dames du Lude et de Ventadour, renvoie les parties aux trois chambres assemblées, pour leur être fait droit conjointement ou séparément, ainsi que ces trois chambres jugeront bon être.

La comtesse était revenue sur son premier champ de bataille. La science du procès se déploya en des écritures immenses. Les avocats et les procureurs se signalèrent à l'envi. Après une nouvelle procédure interminable et des plaidoyers plus longs et plus compliqués que jamais, qui n'éblouirent pas la cour, intervint enfin un arrêt conforme aux conclusions de M. le procureur général, portant :

« Que sans s'arrêter à la requête des dames Marie de la Guiche et Éléonore de Bouillé, en tant que, etc. ;

» Enquêtes faites, etc. ;

» Les appellations, sentences, mises au néant, etc. ;

» Ayant égard à la requête de défunt Claude de la Guiche et de Suzanne de Longaunay, du 12 août 1658,

» Ordonne :

» Que la provision adjugée par l'arrêt demeurera définitive :

» Ce faisant, a maintenu et gardé, maintient et garde Bernard de la Guiche, comme fils naturel et légitime de Claude de la Guiche et de Suzanne de Longaunay, en la possession et jouissance du nom et des armes de la maison de la Guiche et de tous les biens délaissés par Claude de la Guiche, son père, et fait défense à Marie de la Guiche et Éléonore de Bouillé de l'y troubler;

» Sur les requêtes d'Éléonore de Bouillé et de Marie de la Guiche, des 4 juin 1664, 4 août 1665, 6 janvier, 10 février, 12 mars, 15 avril, 2 juin 1666, elles sont déboutées de leurs demandes, les condamne aux dépens;

» Déclare les défauts bien obtenus à l'encontre de la Pigoreau, et pour le profit, elle, dûment atteinte et convaincue des cas à elle imputés, et, pour réparation, condamnée à être pendue et étranglée à une potence plantée en la place de Grève de cette ville, si prise et appréhendée peut être; sinon, par effigie à un tableau qui sera attaché à une potence plantée en ladite place de Grève, tous et un chacun ses biens ès pays où confiscation a lieu, acquis et confisqués à qui il appartiendra; sur iceux et autres non sujets à confiscation préalablement prise la somme de huit cents livres parisis d'amende envers le roi, applicable au pain des prisonniers de la Conciergerie du Palais, et aux dépens. »

Il ne s'est peut-être jamais présenté un procès plus opiniâtrement soutenu de part et d'autre, mais surtout pàr ceux qui devaient le perdre. Quant à la comtesse, qui joua bien le rôle de la vraie mère de la Bible, elle avait cette affaire si fort à cœur, qu'elle avait dit souvent à ses juges, en sollicitant son procès, que s'ils ne reconnaissaient pas son fils, elle l'épouserait et lui assurerait tout son bien.

Le jeune comte de la Palice, devenu comte de Saint-Géran par la mort de son père, épousa, en 1667, Claude-Françoise-Madeleine de Varignies, fille unique de François de Montreville et de Marguerite Jourdain de Carbone de Canisi. Il n'eut qu'une fille, née en 1688 ; elle se fit religieuse. Il mourut à l'âge de cinquante-cinq ans. Ainsi s'éteignit cette illustre famille.

FIN DE LA COMTESSE DE SAINT-GÉRAN

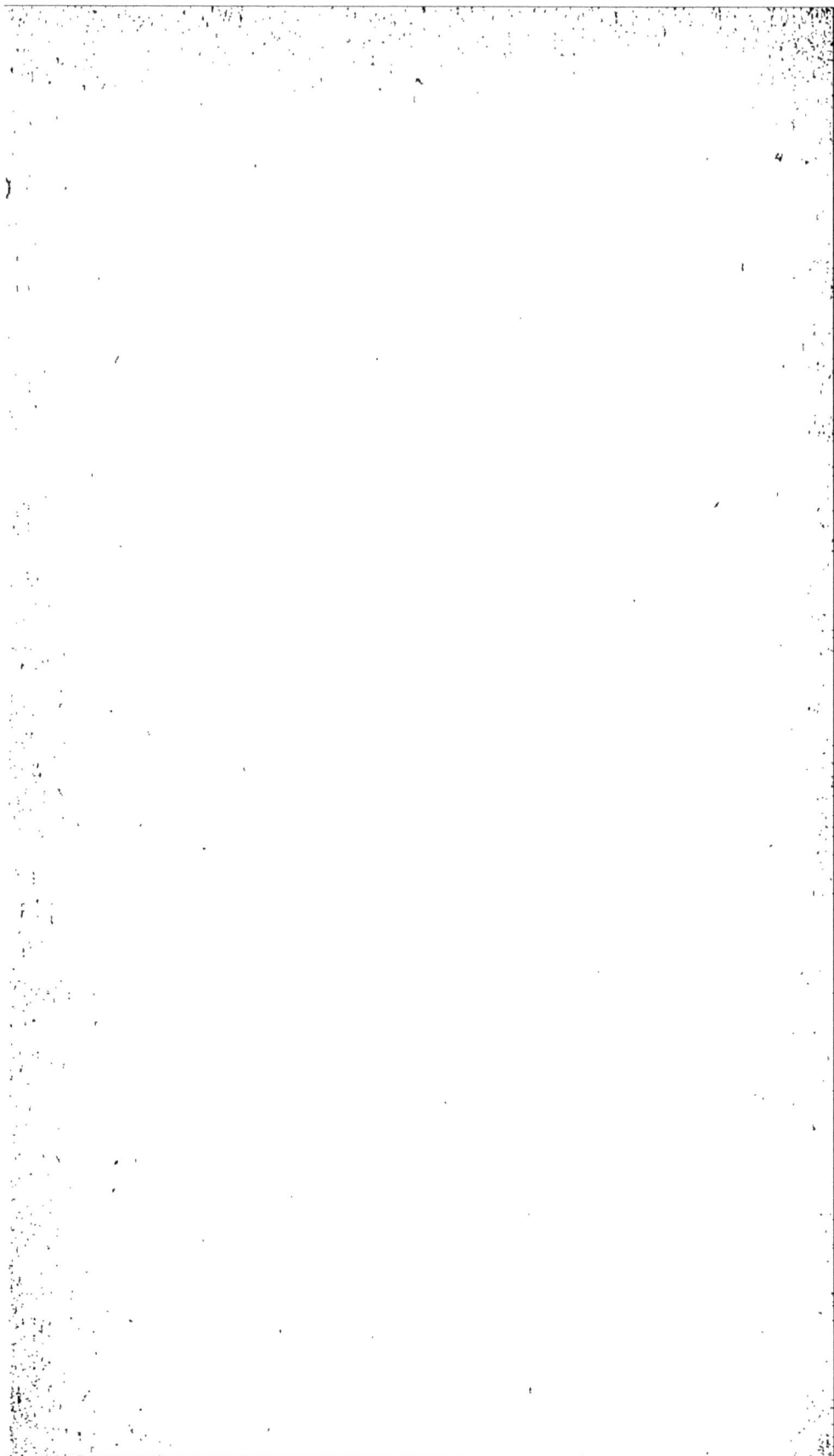

JEANNE DE NAPLES

1343-1382

Dans la nuit du 15 au 16 janvier de l'année 1343, les habitants de Naples, livrés à leur paisible sommeil, furent réveillés en sursaut par les cloches des trois cents églises que possède cette bienheureuse capitale. Au milieu du trouble universel causé par un si brusque réveil, la première idée qui se jeta à l'esprit de tout le monde fut que le feu avait pris aux quatre coins de la ville, ou qu'une armée ennemie, débarquée mystérieusement à la faveur de la nuit, allait passer les citoyens au fil de l'épée. Mais les sons lugubres et intermittents de toutes ces cloches, qui, troublant le silence à intervalles rares et égaux, invitaient les fidèles à réciter les prières des agonisants, firent bientôt connaître qu'aucun malheur ne menaçait la ville, et que le roi seul était en danger.

En effet, depuis plusieurs jours on avait pu remarquer que la plus grande inquiétude régnait dans l'intérieur du Château-Neuf : les officiers de la couronne étaient convoqués régulièrement deux fois dans la journée, et les grands du royaume, qui avaient le droit de pénétrer dans les appartements du monarque, en sortaient accablés d'une profonde tristesse. Cependant, quoique la mort du roi fût regardée comme un malheur inévitable, lorsqu'on acquit la certitude que sa dernière heure approchait, la ville entière fut affectée d'une vive douleur, que l'on comprendra facilement quand nous aurons ajouté que celui qui allait mourir, après avoir régné trente-trois ans huit mois et quelques jours, était Robert d'Anjou, le roi le plus juste, le plus sage et le plus glorieux qui eût jamais occupé le trône de Sicile. Aussi emportait-il dans sa tombe les regrets et les éloges de tous ses sujets.

Les soldats parlaient avec enthousiasme des longues guerres qu'il avait soutenues contre Frédéric et Pierre d'Aragon, contre Henri VII et Louis de Bavière, et sentaient battre leur cœur aux glorieux souvenirs des campagnes de la Lombardie et de la Toscane ; les prêtres l'exaltaient avec reconnaissance pour avoir défendu constamment les papes contre les attaques des Gibelins, et pour avoir fondé dans tout le royaume des couvents, des hôpitaux, des églises; les lettres le regardaient comme le roi le plus savant de la chrétienté : si bien que Pétrarque n'avait voulu recevoir que de ses mains la couronne de poète, et avait répondu pendant trois jours de suite aux questions que Robert avait daigné lui adresser sur toutes les branches du savoir humain. Les jurisconsultes, émerveillés de la sagesse des lois dont il avait enrichi le code napolitain, l'avaient surnommé le Salomon du moyen âge; les nobles s'applaudissaient de la manière dont il avait respecté leurs privilèges; et le peuple célébrait sa clémence, sa piété, sa douceur. Enfin, prêtres et soldats, savants et poètes, nobles et plébéiens, songeaient avec effroi que le gouvernement allait tomber dans les mains d'un étranger et d'une jeune fille, et se souvenaient des paroles de Robert, qui, suivant le cercueil de Charles, son fils unique, au moment où il franchissait le seuil de l'église, se tournant vers les barons du royaume, s'était écrié dans les sanglots : — Aujourd'hui la couronne est tombée de ma tête, malheur à moi! malheur à vous!

Et maintenant que les cloches sonnaient l'agonie du bon roi, tous les esprits étaient préoccupés de ces mots prophétiques; les femmes priaient Dieu avec ferveur, et les hommes se dirigeaient de tous les points de la ville vers la demeure royale pour avoir des nouvelles plus authentiques et plus promptes; mais après quelques moments d'attente, qu'ils mirent à profit pour échanger leurs tristes réflexions, force leur fut de s'en retourner comme ils étaient venus, car rien de ce qui se passait au sein de la famille ne transpirait au dehors; le château était plongé dans l'obscurité la plus complète, le pont était levé comme à l'ordinaire, et les gardes veillaient à leur poste.

Cependant, si nos lecteurs sont curieux d'assister à l'agonie du neveu de saint Louis et du petit-fils de Charles d'Anjou, nous pouvons les introduire dans la chambre occupée par le mourant. Une lampe d'albâtre, suspendue au plafond, éclaire cette pièce vaste et sombre, dont les murs sont tendus de velours noir parsemé de fleurs de lis d'or. Près du mur qui fait face aux deux portes par lesquelles on entre dans la chambre, et qui dans ce moment sont fermées, s'élève, sous un dais de brocart, un lit d'ébène, supporté par quatre colonnes torses et sculpté de figures symboliques. Le roi, après avoir lutté contre une crise violente, est tombé évanoui dans les bras de son confesseur et de son médecin, qui, s'emparant chacun d'une des mains du mourant, interrogent son pouls avec inquiétude et échangent des regards d'intelligence. Au pied du lit se tient debout une femme d'une cinquantaine d'années, les mains jointes, le regard levé au ciel dans l'attitude d'une douleur résignée; cette femme est la reine. Ses yeux n'ont pas de larmes, et ses joues amaigries offrent ces tons de cire jaune qu'on peut remarquer dans les corps des saintes conservés par miracle. Son aspect montre ce contraste de calme et de souffrance qui révèle une âme éprouvée par le malheur et domptée par la religion. Au bout d'une heure, pendant laquelle aucun mouvement n'avait troublé le profond silence qui régnait autour de ce lit mortuaire, le roi tressaillit faiblement, ouvrit les yeux, et fit un léger effort pour soulever la tête. Puis, remerciant par un sourire le docteur et le prêtre, qui s'empressaient d'arranger ses oreillers, il pria la reine de s'approcher, et lui dit d'une voix émue qu'il désirait l'entretenir quelques moments sans témoins. Le médecin et le confesseur se retirèrent en s'inclinant profondément, et le roi les suivit du

regard jusqu'au moment où une des portes se referma
sur eux. Il passa ensuite la main sur son front comme
pour en arracher une pensée qui l'obsédait, et réunis-
sant toutes ses forces pour cet instant suprême, il prononça ces paroles :

— Ce que j'ai à vous dire, madame, ne regarde aucun
des deux graves personnages qui étaient ici tout à
l'heure, car leur tâche est accomplie. L'un d'eux a fait
pour mon corps tout ce que la science humaine a su lui
suggérer, sans obtenir d'autres résultats que de pro-
longer encore un peu mon agonie; et l'autre vient
d'absoudre mon âme de tous mes péchés en me promettant la rémission divine, sans pouvoir éloigner les
apparitions sinistres qui se dressent devant moi à cette
heure terrible. Vous m'avez vu deux fois de suite me
débattre sous une étreinte surhumaine. Mon front s'est
baigné de sueur, mes membres se sont roidis, mes cris
ont été étouffés par une main de fer. Est-ce le mauvais
esprit à qui Dieu a permis de me tenter? est-ce le
remords qui prend la forme d'un fantôme? Toujours
est-il que les deux combats que je viens de soutenir ont
tellement affaibli mes forces, que je ne pourrai résister
à une troisième attaque. Écoutez-moi donc, ma Sancia,
car j'ai des recommandations à vous faire, desquelles
dépendra peut-être le repos de mon âme.

— Mon seigneur et mon maître, dit la reine avec
l'accent de la plus douce soumission, me voici prête à
écouter vos ordres; et si Dieu, dans les profonds desseins de sa providence, a décidé de vous appeler dans
sa gloire, et de nous plonger, nous, dans la douleur,
vos dernières volontés seront exécutées sur la terre avec
la plus scrupuleuse exactitude. Mais permettez-moi,
ajouta-t-elle avec toute la sollicitude d'une conscience
timorée, permettez-moi de répandre quelques gouttes
d'eau bénite pour chasser le maudit de cette chambre,
et de réciter un passage de l'office que vous avez composé en l'honneur de votre saint frère, pour implorer sa
protection dans un moment où elle nous est si indispensable.

Et ouvrant un livre richement relié, elle lut avec la
plus fervente dévotion quelques versets de l'office écrit
par Robert, dans un latin très élégant, pour son frère

Louis, évêque de Toulouse, office que l'Eglise a chanté jusqu'au concile de Trente.

Bercé par l'harmonie de ces prières composées par lui-même, le roi oublia presque l'objet de l'entretien qu'il avait demandé avec tant d'empressement et de solennité, et se laissant aller à une vague mélancolie il murmura sourdement :

— Oh! oui, vous avez raison ; priez pour moi, madame, car vous aussi vous êtes une sainte, et moi je ne suis qu'un pauvre pécheur.

— Ne dites pas cela, monseigneur, interrompit dona Sancia ; vous êtes le roi le plus grand, le plus sage et le plus juste qui ait jamais monté sur le trône de Naples.

— Mais ce trône est usurpé, reprit Robert d'une voix sombre ; vous le savez, le royaume appartenait à Charles Martel, mon frère aîné ; et comme Charles occupait le trône de Hongrie, dont il avait hérité par sa mère, le royaume de Naples revenait de droit à son fils aîné Carobert et non pas à moi, qui suis le troisième de la famille. Eh bien, j'ai souffert qu'on me couronnât à la place de mon neveu, qui était le seul roi légitime; j'ai substitué la branche cadette à la branche aînée, j'ai étouffé pendant trente-trois ans les remords de ma conscience. Il est vrai que j'ai gagné des batailles, que j'ai fait des lois, que j'ai fondé des églises ; mais un seul mot dément tous les titres pompeux dont l'admiration des peuples entoure mon nom, et ce mot retentit plus haut dans mon âme que toutes les flatteries des courtisans, que tous les chants des poètes, que toutes les ovations de la foule : — je suis un usurpateur!

— Ne soyez pas injuste envers vous-même, monseigneur, et songez que si vous n'avez pas abdiqué en faveur de l'héritier légitime, c'est que vous avez voulu épargner au peuple de plus grands malheurs. Au surplus, continua la reine, avec la profonde conviction que donne un argument sans réplique, vous avez gardé le royaume avec l'assentiment et l'autorisation de notre saint-père le souverain pontife, qui en dispose comme d'un fief appartenant à l'Eglise.

— Je me suis longtemps bercé de ces raisons, reprit le mourant, et l'autorité du pape a imposé silence à tous mes scrupules; mais quelque sécurité qu'on affecte pendant la vie, il vient une heure solennelle et terrible, où toutes les illusions disparaissent; et cette heure est venue pour moi, car je vais paraître devant Dieu, qui est le seul juge infaillible.

— Si sa justice est infaillible, sa miséricorde n'est-elle pas infinie? poursuivit la reine avec l'élan d'une sainte inspiration. Quand même la crainte qui vient troubler votre âme serait fondée, quelle faute n'effacerait pas un si noble repentir? Du reste, n'avez-vous pas réparé le tort que vous avez pu faire à votre neveu Carobert en eppelant dans le royaume André, son fils cadet, et en la mariant à Jeanne, la fille aînée de votre pauvre Charles? Ne seront-ils pas les héritiers de votre couronne?

— Hélas! s'écria Robert avec un profond soupir, Dieu me punit peut-être d'avoir songé trop tard à cette juste réparation. O ma noble et bonne Sancia, vous venez de toucher une corde qui vibre douloureusement dans mon âme, et vous allez vous-même au-devant de la triste confidence que je voulais vous faire. J'ai un pressentiment sinistre, — et les pressentiments que nous inspire la mort sont des prophéties, — j'ai un pressentiment, dis-je, que les deux fils de mon neveu, Louis, qui est roi de Hongrie depuis la mort de son père, et André, que j'ai voulu faire roi de Naples, seront le fléau de ma famille. Depuis le jour où ce dernier a mis le pied dans notre château, une fatalité étrange s'acharne à contrarier tous mes projets. J'espérais qu'en faisant élever ensemble Jeanne et André, une tendre intimité s'établirait entre ces deux enfants, et que la beauté de notre ciel, l'aménité de nos mœurs, le tableau séduisant de notre cour finiraient par adoucir ce qu'il y avait de trop rude dans le caractère du jeune Hongrois : eh bien, malgré mes efforts, tout a contribué à jeter entre les deux époux de l'aversion et de la froideur. Jeanne, à quinze ans à peine, est déjà bien au-dessus de son âge. Douée d'un esprit brillant et mobile, d'un caractère noble et élevé, d'une imagination vive et ardente; tantôt libre et enjouée comme un enfant, tantôt digne et fière comme une reine, confiante et naïve comme une jeune fille passionnée et sensible comme une femme, elle offre le plus frappant contraste avec André, qui, après être resté dix ans dans notre cour, est plus sauvage, plus morne et plus intraitable que jamais. Ses traits froids et réguliers, sa physionomie impassible, sa répugnance pour tous les plaisirs que sa femme paraît aimer de préférence ont élevé entre Jeanne et lui une barrière d'indifférence et d'antipathie. Aux plus doux épanchements il répond par un mot sèchement prononcé, par un sourire dédaigneux, par un froncement de sourcils, et il ne paraît jamais si heureux que lorsque, sous prétexte de chasser, il peut s'éloigner de la cour. Voilà, madame, quels sont les jeunes mariés sur le front desquels va passer ma couronne, et qui, dans quelques instants, vont se trouver exposés à toutes les passions qui grondent sourdement sous un calme trompeur, et qui n'attendent pour éclater que le moment où je rendrai le dernier soupir.

— Mon Dieu! mon Dieu! répétait la reine accablée, en laissant tomber ses bras comme font les statues qui pleurent sur les tombeaux.

— Ecoutez-moi, dona Sancia. Je sais que votre cœur a toujours été détaché des vanités de la terre, et que vous attendez l'heure où Dieu m'appellera à lui pour vous retirer dans le couvent de Sainte-Marie de la Croix que vous avez fondé vous-même dans l'espoir d'y terminer vos jours. Ce n'est pas au moment où je vais descendre dans la tombe, convaincu du néant des grandeurs humaines, que j'essayerai de vous détourner de votre sainte vocation. Accordez-moi seulement, avant de passer aux noces du Seigneur, une année de veuvage, pendant laquelle vous porterez mon deuil et veillerez sur Jeanne et sur son mari, pour écarter de leurs têtes tous les dangers qui les menacent. Déjà la grande sénéchale et son fils ont pris trop d'ascendant sur notre petite-fille; prenez-y garde, madame, et, au milieu de tous les intérêts, de toutes les intrigues, de toutes les séductions dont la jeune reine va être entourée, défiez-vous surtout de la tendresse de Bertrand d'Artois, de la beauté de Louis de Tarente et de l'ambition de Charles de Duras.

Le roi s'arrêta, épuisé par l'effort qu'il venait de faire en parlant; puis, tournant vers sa femme un regard suppliant et lui tendant sa main décharnée, il ajouta d'une voix presque éteinte :

— Encore une fois, je vous en conjure, ne quittez pas la cour avant un an. Me le promettez-vous, madame?

— Je vous le promets, monseigneur.

— Et maintenant, continua Robert, dont la physionomie se ranima à ces paroles, rappelez mon confesseur et mon médecin, et rassemblez la famille, car l'heure approche, et bientôt je n'aurai plus la force de prononcer mes dernières paroles.

Au bout de quelques instants, le prêtre et le docteur entrèrent dans la chambre, le visage inondé de larmes. Le roi les remercia avec effusion des soins qu'ils lui avaient prodigués dans sa dernière maladie, et les pria de l'aider à se vêtir des habits grossiers des moines franciscains, afin que Dieu, disait-il, le voyant mourir dans la pauvreté, dans l'humilité et dans la pénitence, daignât lui accorder plus facilement son pardon. Le confesseur et le médecin chaussèrent ses pieds nus des sandales des frères mendiants, l'habillèrent du froc de saint François, et nouèrent le cordon autour de sa ceinture. Ainsi étendu sur son lit, avec son front couronné de rares cheveux, sa longue barbe blanche et ses mains croisées sur sa poitrine, le roi de Naples ressemblait à un de ces vieux anachorètes dont la vie s'est usée dans les macérations de la chair, et dont l'âme, absorbée par des contemplations célestes, passe insensiblement de sa dernière extase à la béatitude éternelle. Il resta ainsi quelque temps les yeux fermés, adressant à Dieu une muette prière; puis, ayant fait éclairer la vaste pièce où il se trouvait, comme dans les grandes solennités, il fit un signe aux deux personnages, dont l'un se plaça au chevet et l'autre aux pieds du mourant. A l'instant même les portes s'ouvrirent à deux battants, et toute la famille royale, précédée par la reine et suivie par les principaux barons du royaume, vint se ranger en silence autour du lit du monarque pour écouter ses dernières volontés.

Les yeux du roi se portèrent sur Jeanne, qui vint se placer la première à sa droite, avec une expression indéfinissable de tendresse et de douleur. Elle était d'une beauté si rare et si prodigieuse, que son aïeul, fasciné par cette éblouissante apparition, la prit pour un ange que Dieu lui envoyait pour consoler son agonie. Les lignes brillantes de son beau profil, ses grands yeux noirs et humides, son front pur et découvert, ses cheveux vernissés comme l'aile du corbeau, sa bouche délicate, tout l'ensemble de cette admirable figure enfin laissait dans le cœur de ceux qui la regardaient une impression profonde de mélancolie et de douceur, et se gravait dans l'esprit en traits ineffaçables. Grande et svelte, sans avoir l'excessive ténuité des jeunes filles, elle conservait ces mouvements pleins de souplesse et de nonchalance qui donnent à la taille l'ondulation d'une tige de fleur balancée par la brise. Mais à travers toutes ces grâces souriantes et naïves, on pouvait déjà remarquer dans l'héritière de Robert une volonté ferme et décidée à braver tous les obstacles, et le cercle de bistre dont les beaux yeux de la jeune femme étaient cernés prouvait que son âme était déjà ravagée par de précoces passions.

Près de Jeanne se tenait Marie, sa jeune sœur, âgée de douze à treize ans, fille, elle aussi, de Charles, duc de Calabre, qui ne l'avait pas vue naître, et de Marie de Valois, qui avait eu la douleur de la quitter au berceau. Admirablement jolie et timide, elle paraissait gênée par tous ce rassemblements de grands personnages, et se rapprochait doucement de la grande sénéchale, Filippa, surnommée la Catanaise, gouvernante des princesses, et respectée par elles comme une mère. Derrière les princesses et à côté de la grande sénéchale, était placé son fils Robert de Cabane, beau jeune homme fier et cambré, caressant de sa main gauche sa moustache effilée, et jetant à la dérobée sur Jeanne un regard d'une témérité effrayante. Le groupe était fermé par Dona Cancia, jeune camériste des princesses, et par le comte de Terlizzi, qui échangeait avec cette dernière tantôt une œillade furtive, tantôt un regard comprimé.

Le second groupe se composait d'André, le mari de Jeanne, et de frère Robert, précepteur du jeune prince, qui l'avait suivi de Bude et ne le quittait pas un instant. André pouvait avoir alors environ dix-sept ans ; au premier aspect on était frappé par l'extrême régularité de ses traits et par sa belle et noble figure, encadrée de magnifiques cheveux blonds; mais, au milieu de toutes ces physionomies italiennes d'une beauté vive et saisissante, son visage manquait d'expression, ses yeux paraissaient éteints, et quelque chose de dur et de glacial révélait son caractère sauvage et son origine étrangère. Quant à son précepteur, Pétrarque a eu soin de nous laisser son portrait : visage rouge, barbe et cheveux roux, taille courte et déjetée; orgueilleux dans sa misère, riche de sa crasse, et, comme un autre Diogène, couvrant à peine de son froc ses membres hideux et difformes.

Dans le troisième groupe était la veuve de Philippe, prince de Tarente, frère du roi, honorée à la cour de Naples du titre d'impératrice de Constantinople, titre dont elle avait hérité en sa qualité de petite-fille de Baudoin II. Un homme habitué à sonder les sombres profondeurs de l'âme humaine aurait compris d'un seul regard tout ce que cette femme cachait de haine implacable, de jalousie venimeuse et d'ambition dévorante sous sa livide pâleur. Elle était entourée de ses trois fils Robert, Philippe et Louis, le plus jeune de tous les trois. Si le roi avait choisi parmi ses neveux le plus beau, le plus généreux, le plus brave, nul doute que Louis de Tarente n'eût obtenu la couronne. A vingt-trois ans, il avait dépassé dans l'exercice des armes les cavaliers du plus grand renom; franc, loyal, hardi, il n'avait pas plutôt conçu un projet, qu'il en assurait l'exécution. Son front brillait de cet éclat limpide qui est pour les natures privilégiées comme l'auréole du succès; ses beaux yeux, d'un noir doux et velouté, subjuguaient les âmes, pour qui la résistance devenait impossible, et son sourire caressant consolait les vaincus de leur défaite. Enfant prédestiné, il n'avait qu'à vouloir : une puissance inconnue, une fée bienfaisante qui avait présidé à sa naissance se chargeait d'aplanir tous les obstacles, et de satisfaire à tous ses désirs.

Presque à côté de lui, dans le quatrième groupe, fronçait le sourcil son cousin Charles de Duras. Sa mère Agnès, veuve de Jean, duc de Duras et d'Albanie, autre frère du roi, le contemplait avec effroi, et serrait sur son cœur, par un mouvement instinctif, ses deux plus jeunes fils, Ludovic, comte de Gravina, et Robert, prince de Morée. Charles, le visage pâle, les cheveux courts, la barbe épaisse, portait ses regards soupçonneux tantôt sur son oncle mourant, tantôt sur Jeanne et sur la petite Marie, tantôt sur ses cousins, et paraissait tellement agité par ses pensées tumultueuses, qu'il ne pouvait pas rester en place. Son attitude inquiète et fiévreuse contrastait singulièrement avec le visage calme et rêveur de Bertrand d'Artois, qui, cédant le pas à son père Charles, se rapprochait ainsi de la reine, placée au pied du lit, et se trouvait de cette façon en face de Jeanne. Le jeune homme était tellement absorbé par la beauté de la princesse, qu'il semblait ne voir qu'elle dans la chambre.

Aussitôt que Jeanne et André, les princes de Tarente et de Duras, les comtes d'Artois et la reine Sancia eurent pris leurs places autour du lit mortuaire, en formant un demi-cercle dans l'ordre que nous venons de décrire, le vice-chancelier du royaume traversa les rangs des barons, qui se pressaient, suivant leur grade, à la suite des princes du sang, et après s'être incliné devant le roi, il déploya un parchemin scellé du sceau royal, et lut d'une voix solennelle, au milieu du plus profond silence :

« Robert, par la grâce de Dieu, roi de Sicile et de Jérusalem, comte de Provence. de Forcalquier et du Piémont, vicaire de la sainte Église romaine, nomme et déclare son héritière universelle dans le royaume de Sicile, en delà et en deçà du Phare, ainsi que dans les comtés de Provence, de Forcalquier et du Piémont, et dans toutes ses autres terres, Jeanne, duchesse de Calabre, fille aînée de l'excellent seigneur Charles, duc de Calabre, d'illustre mémoire.

« De même il nomme et déclare la respectable demoiselle Marie, fille puînée de feu monseigneur le duc de Calabre, son héritière dans la comté d'Alba et dans la justice de la vallée de Grati et de la terre de Giordano, avec tous les châteaux et dépendances, et ordonne que la demoiselle énoncée les reçoive en fief direct de la susdite duchesse et de ses héritiers ; à cette condition

cependant, que si madame la duchesse donne et alloue
à son illustre sœur, ou à ses ayants cause, la somme de
dix mille onces d'or, à titre de dédommagement, la
comté et justice susdites resteront à madame la duchesse
et à ses héritiers.

« De même, il veut et ordonne, pour des raisons
secrètes qui le font agir ainsi, que la susdite demoiselle
Marie contracte mariage avec le très illustre prince monseigneur Louis, actuel roi de Hongrie. Et si quelque
empêchement s'oppose à ces noces, à cause du mariage
qu'on dit conclu et signé entre le roi de Hongrie et le roi
de Bohême et sa fille, le roi notre seigneur ordonne que
l'illustre demoiselle Marie contracte mariage avec le fils
aîné du très haut seigneur don Juan duc de Normandie,
fils aîné de l'actuel roi de France. »

A ce passage, Charles de Duras jeta sur Marie un
regard singulièrement significatif, qui échappa à tous
les assistants, dont l'attention était absorbée par la lecture du testament de Robert. Quant à la jeune fille,
depuis qu'elle avait entendu prononcer son nom, ses
joues étaient devenues pourpres, et, confuse et interdite,
elle n'avait plus osé lever les yeux sur personne.

Le vice-chancelier continua :

« De même il a voulu et ordonné que, toujours et à
perpétuité, les comtés de Forcalquier et de Provence
soient unies à son royaume sous une seule domination,
et comme formant un seul domaine inséparable, quand
même il y aurait plusieurs fils ou filles, ou pour quelque raison que ce soit, cette union étant du plus haut
intérêt pour la sûreté et la prospérité mutuelle du
royaume et des comtés susdits.

« De même, il a décidé et ordonné qu'au cas où la
duchesse Jeanne viendrait à mourir, — ce dont Dieu
nous garde ! — sans laisser d'enfants légitimes de son
propre corps, l'illustrissime seigneur André, duc de
Calabre, son mari, aura la principauté de Salerne, avec
le titre, les fruits, les rentes et tous les droits, plus la
rente de deux mille onces d'or pour son entretien.

« De même, il a décidé et ordonné que la reine princi-
palement, aussi bien que le vénérable père don Philippe

de Cabassole, évêque de Cavaillon, vice-chancelier du royaume de Sicile, et les magnifiques seigneurs Philippe de Sanguineto, sénéchal de Provence, Godefroi de Marsan, comte de Squillace, amiral du royaume, et Charles d'Artois, comte d'Aire, seront et devront être gouverneurs, régents et administrateurs du susdit seigneur André et des susdites dames Jeanne et Marie, jusqu'à ce que monseigneur le duc, madame la duchesse et la très illustre demoiselle Marie auront atteint la vingt-cinquième année, etc., etc. »

Lorsque le vice-chancelier eut achevé sa lecture, le roi se leva sur son séant, et après avoir parcouru du regard sa belle et nombreuse famille :

— Mes enfants, dit-il, vous venez d'entendre mes dernières volontés. Je vous ai fait venir tous à mon lit de mort afin que vous puissiez voir comment passe la gloire de ce monde. Ceux que le peuple a nommés les grands de la terre ont pendant la vie de plus grands devoirs à remplir, après la mort de plus grands comptes à rendre : voilà en quoi consiste leur grandeur. J'ai régné trente-trois ans, et Dieu, devant lequel je vais paraître tout à l'heure, Dieu, qui a souvent recueilli mes soupirs pendant ma longue et pénible carrière, connaît seul les pensées qui me déchirent l'âme au moment de mon agonie. Bientôt je serai couché dans ma tombe, et je ne vivrai plus pour ce monde que dans la mémoire de ceux qui prieront pour moi. Mais avant de vous quitter pour toujours, vous deux fois mes filles, que j'ai aimées d'un double amour, vous mes neveux, pour lesquels j'ai eu tous les soins et toute la tendresse d'un père, promettez-moi d'être toujours unis d'âme et d'intention, comme vous l'êtes dans mon cœur. J'ai survécu à vos pères, moi le plus vieux de tous, et Dieu, sans doute, l'a voulu ainsi pour resserrer les liens de vos affections, pour vous habituer à vivre dans une seule famille, et à ne respecter qu'un seul chef. Je vous ai tous aimés également, comme le doit un père, sans exception, sans préférence. J'ai disposé du trône suivant le droit de la nature et les inspirations de ma conscience. Voici les héritiers de la couronne de Naples : vous, Jeanne, et vous, André, n'oubliez jamais le respect et l'amour qu'on se doit entre époux et que vous vous êtes jurés mutuellement au pied de l'autel ; et vous tous, mes neveux, mes barons, mes officiers, prêtez hommage à vos souverains légitimes ; André de Hongrie, Louis de Tarente, Charles de Duras, souvenez-vous que vous êtes frères ; malheur à celui qui imitera la perfidie de Caïn ! que le sang retombe sur sa tête, et qu'il soit maudit par le ciel comme il est maudit par la bouche d'un mourant, et que la bénédiction du Père, du Fils et du Saint-Esprit descende sur les hommes de bonne volonté, au moment où le Seigneur miséricordieux va rappeler mon âme.

Le roi resta immobile, les bras levés, les yeux fixés vers le ciel, les joues animées d'un éclat extraordinaire, tandis que les princes, les barons et les officiers de la cour prêtaient à Jeanne et à son mari le serment de fidélité et d'hommage. Lorsque le tour des princes de Duras arriva, Charles passa dédaigneusement devant André, et pliant un genou devant la princesse, il dit d'une voix forte et en lui baisant la main :

— C'est à vous, ma reine, que je rends hommage.

Tous les regards se tournèrent avec effroi vers le mourant ; mais le bon roi n'avait rien entendu. Le voyant retomber raide et sans mouvement, dona Sancia éclata en sanglots et s'écria d'une voix remplie de larmes :

— Le roi est mort, prions pour son âme.

Mais à l'instant même tous les princes s'élancèrent hors de la chambre, et toutes les passions comprimées jusqu'alors par la présence du roi débordèrent à la fois comme un torrent qui rompt ses digues.

— Vive Jeanne ! crièrent les premiers Robert de Cabane, Louis de Tarente et Bertrand d'Artois, tandis que le précepteur du prince, furieux, fendant la foule et apostrophant énergiquement les membres du conseil de régence, répétait sur tous les tons : — Messeigneurs, vous oubliez déjà les volontés du roi, il faut crier aussi :

— Vive André ! — Puis, joignant l'exemple à la théorie, et faisant lui seul autant de vacarme que tous les barons réunis, il s'écria d'une voix tonnante :

— Vive le roi de Naples !

Mais ce cri resta sans écho, et Charles de Duras, toisant le dominicain d'un regard terrible, s'avança vers la reine, et la prenant par la main, il fit glisser sur les tringles le rideau du balcon d'où l'on découvrait la place et la ville. Une foule immense, inondée par des flots de lumière, encombrait toute l'étendue que les regards pouvaient embrasser, et des milliers de têtes se levèrent vers le balcon du Château-Neuf pour entendre ce qu'on venait leur annoncer. Alors Charles, se tirant respectueusement d'un côté et montrant de la main sa belle cousine :

— Peuple napolitain, dit-il, le roi est mort, vive la reine !

— Vive Jeanne, la reine de Naples ! — répondit le peuple avec un seul cri immense qui retentit dans tous les quartiers de la ville.

Les événements qui s'étaient succédé dans cette nuit avec la rapidité d'un rêve avaient produit sur l'esprit de Jeanne une impression si profonde, que, brisée par mille émotions diverses, elle se retira dans ses appartements, et, s'enfermant dans sa chambre, elle donna un libre essor à sa douleur. Tandis que toutes les ambitions s'agitaient autour du cercueil napolitain, la jeune reine, refusant toutes les consolations qui lui étaient offertes, pleurait amèrement la mort de son aïeul, qui l'avait aimée jusqu'à la faiblesse. Quant au roi, il fut enterré solennellement dans l'église de Santa-Chiara, qu'il avait fondée et dédiée au saint sacrement, après l'avoir enrichie des magnifiques fresques de Giotto et de plusieurs reliques précieuses, parmi lesquelles on montre encore aujourd'hui, derrière la tribune du maître-autel, deux colonnes de marbre blanc, enlevées au temple de Salomon. C'est là qu'il est encore aujourd'hui, représenté sur son tombeau en habit de roi et en robe de religieux, à droite du monument de son fils Charles, duc de Calabre.

Immédiatement après les obsèques, le précepteur d'André rassembla à la hâte les principaux seigneurs hongrois, et il fut décidé dans ce conseil, tenu en la présence et avec l'assentiment du prince, que des lettres seraient expédiées à sa mère, Élisabeth de Pologne, et à son frère, Louis de Hongrie, pour leur donner connaissance du testament de Robert, et qu'en même temps on se plaindrait à la cour d'Avignon de la conduite des princes et du peuple napolitain, qui avaient proclamé Jeanne seule reine de Naples, au mépris des droits de son mari, et qu'on solliciterait pour ce dernier la bulle du couronnement. Frère Robert, qui à une profonde connaissance des intrigues de la cour ajoutait l'expérience du savant et la ruse du moine, fit comprendre à son élève qu'il fallait profiter de l'abattement dans lequel la mort du roi paraissait avoir plongé Jeanne, et ne pas laisser à ses favoris le temps de l'entourer de leurs séductions et de leurs conseils.

Mais plus la douleur de Jeanne avait été vive et bruyante, plus elle se consola promptement ; les sanglots qui avaient failli briser sa poitrine se calmèrent tout à coup ; de nouvelles pensées, moins lugubres et plus douces, se succédèrent dans l'esprit de la reine ; la trace de ses larmes s'effaça, et un léger sourire vint briller dans ses yeux humides, comme un rayon de soleil après une pluie d'orage. Ce changement, épié avec sollicitude et attendu avec impatience, fut bientôt remarqué par la jeune camérière de Jeanne ; elle se glissa dans la chambre de la reine, et, tombant à genoux, avec le ton le plus flatteur et les plus tendres paroles, elle adressa à sa belle maîtresse les premières félicitations. Jeanne ouvrit ses bras et la tint longtemps serrée sur son cœur ; car dona Cancia était bien plus que sa camériste, elle était la compagne de son enfance, la dépositaire de tous ses secrets, la confidente de ses plus intimes pensées. Au reste, rien qu'à jeter un regard sur cette jeune fille, on comprenait la séduction qu'elle devait exercer sur l'esprit de la jeune reine. C'était une de ces figures riantes et ouvertes qui inspirent la confiance et captivent les âmes du premier abord. Ses cheveux, d'un blond chaud et doré, ses yeux d'un bleu pur et limpide, sa bouche malicieusement relevée par les coins, son menton d'une extrême finesse, donnaient à sa physionomie un charme irrésistible. Folle, enjouée, légère, ne respirant que le plaisir, n'écoutant que l'amour, admirablement spirituelle, délicieusement perfide, à seize ans elle était jolie comme un ange et corrompue comme un démon. Toute la cour l'adorait, et Jeanne avait plus d'amitié pour elle que pour sa propre sœur.

— Eh bien, ma chère Cancia, murmura la reine avec

un soupir, tu me vois bien triste et bien infortunée !

— Et moi, ma belle souveraine, répondit la confidente en fixant sur Jeanne un regard d'admiration, vous me voyez bien heureuse, au contraire, de pouvoir déposer à vos pieds, avant les autres, le témoignage de la joie qu'éprouve en ce moment le peuple napolitain. Les autres vous envieront peut-être cette couronne qui brille sur votre front, ce trône qui est un des plus beaux trônes du monde, ces acclamations d'une ville entière qui ressemblent bien plus à un culte qu'à un hommage ; mais moi, madame, je vous envie vos beaux cheveux noirs, votre regard éblouissant, votre grâce surhumaine, qui vous font adorer de tous les hommes.

— Tu le sais pourtant, ma Cancia, je suis bien à plaindre comme reine et comme femme ; à quinze ans une couronne est lourde à porter, et je n'ai même pas la liberté dont jouit le dernier de mes sujets, la liberté des affections ; car avant l'âge de raison on m'a sacrifiée à un homme que je ne pourrai jamais aimer.

— Cependant, madame, reprit la camérière d'une voix plus insinuante, il est dans cette cour un jeune chevalier qui, par son respect, son dévouement et son amour, aurait dû vous faire oublier les torts de cet étranger, qui n'est digne d'être ni notre roi ni votre mari.

La reine poussa un profond soupir.

— Depuis quand, reprit-elle, as-tu perdu l'habitude de lire dans mon âme ? Dois-je aussi t'avouer que cet amour me rend malheureuse ? Il est vrai que dans les premiers moments cette émotion criminelle m'a paru bien vive ; j'ai senti une nouvelle vie se réveiller dans mon âme, j'ai été entraînée, séduite par les prières, par les larmes, par le désespoir de ce jeune homme, par la facilité que nous laissait sa mère, que j'ai toujours regardée comme ma propre mère ; je l'ai aimé... Mon Dieu ! si jeune encore, avoir un passé si douloureux ! Il me vient parfois dans l'esprit des pensées étranges, il me semble qu'il ne m'aime plus, qu'il ne m'a jamais aimée, que l'ambition l'intérêt, d'ignobles motifs, l'ont poussé à feindre un sentiment qu'il n'a jamais ressenti ; moi-même j'éprouve une froideur dont je ne me rends pas compte ; sa présence me gêne, son regard me trouble, sa voix me fait trembler; je le crains, et je donnerais une année de ma jeunesse pour ne l'avoir jamais écouté.

Ces paroles semblèrent toucher la jeune confidente jusqu'au fond de l'âme ; son front se voila de tristesse, elle baissa les yeux et resta quelque temps sans répondre, en montrant plus de douleur que d'étonnement. Puis, soulevant doucement la tête, elle ajouta avec un visible embarras :

— Je n'aurais jamais osé porter un jugement si sévère sur l'homme que ma souveraine a élevé au-dessus des autres en laissant tomber sur lui un regard de bienveillance ; mais si Robert de Cabane avait mérité des reproches de légèreté et d'ingratitude, s'il s'était lâchement parjuré, il serait le dernier des misérables, car il aurait méprisé un bonheur que d'autres auraient demandé à Dieu tout le temps de leur vie, pour le payer de leur éternité. Je sais quelqu'un qui pleure nuit et jour, sans consolation et sans espoir, qui souffre et se consume d'une maladie lente et cruelle, et qu'un mot de pitié pourrait sauver encore, si ce mot sortait des lèvres de ma noble maîtresse.

— Je ne veux plus rien entendre, s'écria Jeanne en se levant brusquement, je ne veux pas attacher un autre remords à ma vie. Le malheur m'a frappée dans mon amour légitime et dans mon amour criminel ; hélas ! je n'essayerai plus de conjurer ma terrible destinée, je courberai le front sans murmurer ; je suis reine, je me dois au bonheur de mes sujets.

— Me défendrez-vous, madame, reprit dona Cancia d'une voix douce et caressante, me défendrez-vous de prononcer en votre présence le nom de Bertrand d'Artois, de ce pauvre jeune homme qui a la beauté des anges et la timidité des jeunes filles ? Et maintenant que vous êtes reine et que vous avez dans vos mains la vie et la mort de vos sujets, n'aurez-vous aucune clémence pour un malheureux qui n'a commis que la faute de vous adorer et de rassembler toutes les forces de son âme pour ne pas expirer de bonheur toutes les fois qu'il a pu rencontrer un de vos regards ?

— J'ai pourtant fait bien des efforts sur moi-même pour les détourner de lui ! s'écria la reine avec un élan de cœur qu'elle fut impuissante à maîtriser ; mais aussitôt, pour effacer l'impression que cet aveu aurait pu produire dans l'esprit de sa suivante, elle ajouta d'un ton sévère :

— Je te défends de prononcer son nom devant moi, et s'il osait jamais laisser échapper quelque plainte, je t'ordonne de lui dire de ma part que le jour où je pourrai soupçonner la cause de son chagrin, il sera exilé pour toujours de ma présence.

— Eh bien, madame, chassez-moi aussi de votre présence ; car je n'aurai jamais la force de remplir un ordre si dur ; quant au malheureux qui ne peut éveiller dans votre cœur un sentiment de compassion, vous pouvez le frapper vous-même dans votre colère, car le voici qui vient écouter son arrêt et mourir à vos pieds.

À ces mots, prononcés d'une voix plus forte, pour les faire entendre au dehors, Bertrand d'Artois s'élança dans la chambre, et tomba aux genoux de la reine. Depuis longtemps la jeune camérière s'était aperçue que Robert de Cabane avait par sa faute perdu l'amour de Jeanne, à qui la tyrannie de cet homme était devenue plus insupportable que celle de son mari. Dona Cancia ne tarda guère à remarquer que les yeux de sa maîtresse se reposaient avec une douce mélancolie sur Bertrand, beau jeune homme, triste et rêveur, et quand elle se décida à parler pour lui, elle était persuadée que la reine l'aimait déjà. Néanmoins une vive rougeur monta au front de Jeanne, et sa colère allait tomber indistinctement sur les deux coupables, lorsqu'un bruit de pas se fit entendre dans le salon contigu, et la voix de la grande sénéchale causant avec son fils frappa les trois jeunes gens comme un coup de foudre. La camérière chancela pâle comme la mort, Bertrand se crut d'autant plus perdu, que sa présence perdait la reine ; Jeanne seule, avec cet admirable sang-froid qui ne devait pas la quitter dans les moments les plus difficiles de sa vie, poussa le jeune homme contre le dossier sculpté de son lit, et le cacha complètement sous les larges plis du rideau, puis elle fit signe à Dona Cancia d'aller au-devant de sa gouvernante et de son fils.

Mais, avant d'introduire dans la chambre de la reine ces deux personnages, que nos lecteurs ont pu voir à la suite de Jeanne, près du chevet de Robert, il faut que nous racontions par quel prodigieux concours de circonstances, et avec quelle incroyable rapidité la famille de la Catanaise s'était élevée de la dernière classe du peuple aux premiers rangs de la cour.

Lorsque dona Violante d'Aragon, première femme de Robert d'Anjou, accoucha de Charles, qui devait mourir duc de Calabre, on chercha une nourrice pour le nouveau-né parmi les plus belles femmes du peuple. Après en avoir passé plusieurs en revue, toutes également admirables de beauté, de jeunesse et de fraîcheur, le choix de la princesse s'arrêta sur une jeune Catanaise nommée Filippa, femme d'un pêcheur de Trapani et blanchisseuse de son état. La jeune femme, tout en lavant son linge au bord d'une fontaine, avait fait des rêves étranges; elle s'était imaginé d'être présentée à la cour, d'épouser un grand personnage, d'avoir les honneurs d'une grande dame. Aussi, quand elle fut appelée au Château-Neuf, sa joie fut-elle extrême, et son rêve parut commencer à se réaliser. Filippa fut donc installée à la cour, et peu de mois après qu'elle avait commencé à nourrir l'enfant, elle resta veuve du pêcheur. Dans ce temps, Raymond de Cabane, major-dome de la maison du roi Charles II, ayant acheté un nègre à des corsaires, le fit baptiser, en lui donnant son propre nom, l'affranchit, et voyant qu'il ne manquait ni d'adresse ni d'intelligence, le nomma chef de la cuisine du roi; après quoi il s'en alla à la guerre. Pendant l'absence de son protecteur, le nègre, resté à la cour, fit si bien ses propres affaires, qu'en peu de temps il acheta des terres, des maisons, des fermes, de la vaisselle d'argent et des chevaux, de façon à pouvoir rivaliser avec les plus riches barons du royaume; et comme il n'avait jamais cessé de gagner de plus en plus l'affection de la famille royale, il passa de la cuisine à la garde-robe du roi. D'un autre côté, la Catanaise avait si bien mérité l'amour de ses maîtres, que pour la récompenser des soins donnés à son enfant, la princesse la maria au nègre, et pour cadeau de noces on le fit chevalier. A dater de ce jour, Raymond de Cabane et Filippa la blanchisseuse montèrent si rapidement, que personne ne put balancer leur influence à la cour. Après la mort de dona Violante, la Catanaise devint l'amie intime de dona Sancia, seconde femme de Robert, que nous avons présentée à nos lecteurs au commencement de cette histoire. Charles, son fils de lait, l'aimait comme une mère, et elle fut successivement la confidente de ses deux femmes, surtout de la seconde, Marie de Valois. Et comme l'ancienne blanchisseuse avait fini par apprendre les usages et les manières de la cour, lorsque Jeanne et sa sœur naquirent, elle fut nommée gouvernante et maîtresse des jeunes filles, et par cette occasion Raymond fut créé majordome. Enfin Marie de Valois, à son lit de mort, lui recommanda les deux jeunes princesses, en la priant de les regarder comme ses filles, et Filippa la Catanaise, honorée désormais comme la mère de l'héritière du trône de Naples, eut le pouvoir de faire nommer son mari grand sénéchal, une des sept plus grandes charges du royaume, et ses trois fils chevaliers. Raymond de Cabane fut enterré comme roi dans un tombeau de marbre dans l'église du Saint-Sacrement, et deux de ses fils allèrent bientôt le rejoindre. Le troisième, nommé Robert, jeune homme d'une force et d'une beauté extraordinaires, ayant quitté l'habit ecclésiastique, fut à son tour nommé majordome, et les deux filles de son frère aîné furent mariées, l'une au comte de Terlizzi, et l'autre au comte de Morcone. Les choses en étaient là, et la puissance de la grande sénéchale paraissait assurée à jamais, lorsqu'un événement inattendu vint tout à coup ébranler son crédit, et que le long édifice de sa fortune, élevé péniblement et pierre à pierre, avec tant de patience et tant de lenteur, miné dans sa base, faillit s'écrouler en un jour. La brusque apparition de frère Robert, qui avait suivi à la cour de Rome son jeune élève, destiné dès l'enfance à être le mari de Jeanne, vint se jeter au travers de tous les desseins de la Catanaise, et menaça sérieusement son avenir. Le moine n'avait pas tardé à comprendre que tant que la grande sénéchale resterait à la cour, André ne serait que l'esclave et peut-être la victime de sa femme Aussi toutes les pensées de frère Robert furent-elles concentrées sourdement vers un seul but, celui d'éloigner la Catanaise ou de neutraliser son influence. Le précepteur du prince et la gouvernante de l'héritière du trône échangèrent un seul coup d'œil froid, perçant, lucide, et leurs regards se croisèrent comme deux éclairs de haine et de vengeance. Alors la Catanaise, se sentant devinée, et n'ayant pas le courage de lutter ouvertement contre cet homme, conçut le projet d'assurer sa domination chancelante par la corruption et par la débauche. Elle infiltra lentement dans l'âme de son élève le poison du vice, irrita sa jeune imagination par des désirs précoces, sema dans son cœur les germes d'une aversion invincible pour son mari, entoura la pauvre fille de femmes perdues, attacha particulièrement à son côté la belle et séduisante dona Cancia, que les auteurs contemporains flétrissent du titre de courtisane, et pour achever d'un seul trait ses leçons d'infamie, elle prostitua Jeanne à son fils. La pauvre enfant, déjà souillée par le crime avant de comprendre la vie, se jeta dans sa première passion avec toute l'ardeur de la jeunesse, et aima Robert de Cabane d'un amour si violent et si frénétique, que la rusée Catanaise, s'applaudissant de son œuvre infâme, crut si bien tenir sa proie, qu'elle n'essayerait jamais de lui échapper.

Une année s'écoula sans que Jeanne, absorbée par son ivresse, conçût un seul soupçon sur la sincérité de son amant. Le jeune homme, d'un caractère plus ambitieux que tendre, dissimulait adroitement sa froideur par une intimité fraternelle, par une aveugle soumission, par un dévouement à toute épreuve ; et peut-être eût-il réussi longtemps encore à tromper sa maîtresse, si le jeune comte d'Artois ne fût devenu à son tour éperdument amoureux de Jeanne. Le bandeau tomba tout à coup des yeux de la jeune fille ; en comparant ces deux sentiments avec cet instinct du cœur qui ne trompe jamais la femme aimée, elle comprit que Robert de Cabane l'aimait pour lui-même, tandis que Bertrand d'Artois aurait donné sa vie pour la voir heureuse ; un trait de lumière éclaira son passé, elle repassa dans son esprit les circonstances qui avaient précédé et accompagné son premier amour, et un frisson courut dans ses veines, en songeant qu'elle avait été immolée à un lâche séducteur par la femme qu'elle avait le plus aimée au monde, qu'elle avait appelée du nom de mère.

Jeanne se replia sur elle-même, et pleura amèrement. Frappée d'un seul coup dans toutes ses affections, elle dévora sa douleur; puis, animée d'une soudaine colère, elle releva fièrement la tête, et changea son amour en mépris. Robert, étonné de l'accueil hautain et glacial qui venait de succéder à tant d'amitié, irrité par la jalousie, blessé dans son amour-propre, éclata en reproches amers et en récriminations violentes, et, laissant tomber son masque, acheva de se perdre dans le cœur de la princesse.

La grande sénéchale vit enfin qu'il était temps d'intervenir : elle gourmanda son fils, et l'accusa de miner par sa maladresse tous ses projets.

— Puisque tu n'as pas su dominer son âme par l'amour, lui dit-elle, il faut la dominer par la crainte. Nous avons le secret de son honneur, elle n'osera jamais se révolter contre nous. Evidemment, elle aime Bertrand d'Artois, dont les yeux langoureux et les humbles soupirs contrastent d'une manière frappante avec ta fière insouciance et tes emportements despotiques. La mère des princes de Tarente, l'impératrice de Constantinople, saisira avec empressement l'occasion de favoriser les amours de la princesse, pour l'éloigner de plus en plus de son mari; Cancia sera choisie pour messagère, et tôt ou tard nous surprendrons d'Artois aux pieds de Jeanne. Alors elle ne pourra plus rien nous refuser.

Sur ces entrefaites, le vieux roi mourut, et la Catanaise, qui n'avait cessé de guetter le moment qu'elle avait prévu avec une lucidité extrême, ayant vu le comte d'Artois se glisser dans l'appartement de Jeanne, appela son fils à haute voix, et l'entraînant avec elle :

— Suis-moi, lui dit-elle, la reine est à nous.

C'était dans ce but qu'elle venait avec son fils. Jeanne, debout au milieu de la chambre, le front couvert de pâleur, les yeux fixés sur les rideaux de son lit, cachant son trouble sous un sourire, fit un pas vers sa gouvernante, et baissa le front pour recevoir le baiser que la sénéchale avait l'habitude d'y déposer tous les matins. La Catanaise l'embrassa avec une cordialité affectée, et se tournant vers son fils, qui avait plié un genou en terre :

— Permettez ma belle souveraine, dit-elle en lui montrant Robert, que le plus humble de vos sujets vous adresse ses félicitations sincères et dépose à vos pieds son hommages.

— Relevez-vous, Robert, dit Jeanne en lui tendant la main avec bonté et sans laisser percer la moindre amertume. Nous avons été élevés ensemble, et je n'oublierai jamais que dans mon enfance, c'est-à-dire dans cet âge heureux où nous étions tous les deux innocents, je vous ai appelé mon frère.

— Puisque vous le permettez, madame, répondit Robert avec un sourire ironique, moi aussi je me souviendrai toujours des noms que vous avez daigné m'accorder autrefois.

— Et moi, j'oublierai que je parle à la reine de Naples, reprit la Catanaise, pour embrasser encore une fois ma fille bien-aimée. Allons, madame, chassez ce reste de tristesse; vous avez assez pleuré, nous avons assez respecté votre douleur. Il est temps de vous montrer à ce bon peuple napolitain, qui ne cesse de bénir le ciel pour lui avoir accordé une reine si belle et si généreuse; il est temps de faire pleuvoir vos grâces sur vos fidèles sujets; et mon fils, qui les surpasse tous en fidélité, pour vous servir avec plus de zèle, vient avant tous les autres vous demander une faveur.

Jeanne laissa tomber sur Robert un regard accablant et s'adressant à la Catanaise, elle ajouta avec le plus profond mépris :

— Vous le savez, ma gouvernante, je n'ai rien à refuser à votre fils.

— Il ne demande, repartit la gouvernante, qu'un titre qui lui est dû, et qu'il a hérité de son père, celui de grand sénéchal du royaume des Deux-Siciles ; j'espère, ma fille, que vous n'aurez aucune difficulté à le lui accorder.

— Je devrais cependant consulter les membres du conseil de régence.

— Le conseil s'empressera de ratifier les volontés de la reine, reprit Robert en lui tendant le parchemin avec un geste impérieux ; vous n'aurez qu'à vous adresser au comte d'Artois.

— Et il jeta sur le rideau, qui s'était légèrement agité, un regard foudroyant.

— Vous avez raison, répondit la reine vivement; et

s'approchant d'une table, elle signa le parchemin d'une main tremblante.

— Maintenant, ma fille, au nom de tous les soins que j'ai donnés à votre enfance, au nom de cet amour plus maternel dont je vous ai toujours chérie, je viens vous supplier de nous accorder une grâce dont ma famille gardera un éternel souvenir.

La reine recula d'un pas, rouge d'étonnement et de colère ; mais, avant qu'elle eût trouvé des mots pour en former une réponse, la grande sénéchale continua d'une voix impassible :

— Je vous prie de créer mon fils comte d'Eboli.

— Cela ne dépend pas de moi, madame, les barons du royaume se révolteront en masse, si j'élève de ma simple autorité à une des premières comtés du royaume le fils...

— D'une blanchisseuse et d'un nègre, n'est-ce pas, madame ? ajouta Robert en ricanant. Bertrand d'Artois se fâchera peut-être si je m'appelle comte comme lui.

Il fit un pas vers le lit en portant la main sur le pommeau de son épée.

— Par pitié, Robert ! s'écria la reine en l'arrêtant ; je ferai tout ce que vous demandez.

Et elle signa le parchemin qui le déclarait comte d'Eboli.

— Et maintenant, pour que mon titre ne soit pas illusoire, continua Robert avec une impudente témérité, puisque vous êtes en train de signer, accordez-moi le privilège de prendre part aux conseils de la couronne, et déclarez, sauf votre bon plaisir, que toutes les fois qu'il s'agira d'une affaire grave, ma mère et moi nous aurons dans le conseil une voix délibérative.

— Jamais ! s'écria Jeanne en pâlissant. Filippa, Robert, vous abusez de ma faiblesse, vous maltraitez indignement votre reine. J'ai pleuré, j'ai souffert tous ces jours derniers, accablée d'une terrible douleur ; je n'ai pas la force de m'occuper d'affaires en ce moment. Retirez-vous, je vous en prie ; je me sens défaillir.

— Comment, ma fille, reprit la Catanaise d'un ton hypocrite, est-ce que vous vous trouveriez mal ? — Venez vite vous reposer. — Et s'élançant vers le lit, elle saisit le rideau qui cachait le comte d'Artois.

La reine poussa un cri perçant, et se jeta comme une lionne sur sa gouvernante.

— Arrêtez, dit-elle d'une voix suffoquée, voici le privilège que vous demandez, et maintenant sortez, si la vie vous est chère.

La Catanaise et son fils sortirent à l'instant, sans même répondre, car ils avaient obtenu tout ce qu'ils désiraient; et Jeanne, tremblante, éperdue, s'élança vers Bertrand d'Artois, qui, enflammé de colère, avait tiré le poignard et voulait se précipiter sur les deux favoris pour venger les insultes qu'ils venaient de faire à leur reine; mais le jeune homme fut bientôt désarmé par l'éclat de ces beaux yeux suppliants, par ces deux bras qui entouraient sa taille, par les larmes de Jeannne, et il tomba à son tour à ses pieds, qu'il baisa avec transport, sans songer à lui demander pardon de sa présence, sans lui parler de son amour, comme s'ils s'étaient toujours aimés; il lui prodigua les plus tendres caresses, essuya ses larmes, effleura ses beaux cheveux de ses lèvres frémissantes. Jeanne avait peu à peu oublié sa colère, ses serments, son repentir : bercée par les mélodieuses paroles de son amant, elle répondait par monosyllabes, sans rien comprendre; son cœur battait à lui briser la poitrine, elle était retombée sous le charme irrésistible de l'amour, lorsqu'un nouveau bruit vint l'arracher brusquement à son extase; mais, cette fois, le jeune comte put se retirer sans aucune précipitation dans une pièce voisine, et Jeanne se disposa à recevoir l'importun visiteur avec une dignité froide et sévère.

Celui qui arrivait si mal à propos pour conjurer l'orage amassé sur le front de la reine était Charles, l'aîné de la branche des Duras. Après avoir présenté au peuple sa belle cousine comme la seule souveraine légitime, il avait cherché, à plusieurs reprises, l'occasion d'avoir un entretien qui, suivant toutes les probabilités, devait être décisif. Charles était un de ces hommes qui ne reculent devant aucun moyen pour atteindre leur but; rongé par une ambition dévorante, habitué dès ses plus jeunes années à cacher ses désirs les plus brûlants sous une légère insouciance, marchant de combinaison en combinaison vers un objet déterminé, sans s'écarter d'une seule ligne du chemin qu'il s'était tracé, redoublant de

prudence à chaque victoire et de courage à chaque
défaite, pâle dans la joie, souriant dans la haine, impé-
nétrable dans les plus fortes émotions de sa vie, il avait
juré d'arriver au trône de Naples dont il s'était cru
longtemps l'héritier comme le plus proche neveu de
Robert; et c'était à lui en effet qu'aurait dû appartenir
la main de Jeanne, si le vieux roi ne s'était avisé, sur
la fin de ses jours, d'appeler André de Hongrie et de
réintégrer dans ses droits la branche aînée, à laquelle
personne ne songeait plus. Mais ni l'arrivée d'André dans
le royaume, ni l'indifférence profonde avec laquelle
Jeanne, préoccupée par d'autres passions, avait toujours
accueilli les avances de son cousin de Duras, n'avaient
affaibli d'un seul instant la résolution de ce dernier, car
l'amour d'une femme et la vie d'un homme ne pesaient
rien pour Charles, lorsqu'une couronne était sur l'autre
plateau de la balance.

Après avoir rôdé autour des appartements de la reine
tout le temps qu'elle était restée strictement invisible,
il se présenta avec un empressement respectueux pour
s'informer de la santé de sa cousine. Le jeune duc avait
rehaussé la noblesse de ses traits et l'élégance de sa
taille par un magnifique costume tout fleurdelisé d'or
et étincelant de pierreries. Son pourpoint de velours
écarlate et sa toque de la même couleur relevaient par
leur éclat les tons chauds de sa figure, et sa noire
prunelle d'aigle lançait des éclairs et animait sa physionomie.

Charles parla longtemps à sa cousine de l'enthousiasme que le peuple avait montré à son avènement au
trône et des brillantes destinées qu'elle aurait à remplir;
il traça un tableau rapide et exact de la situation du
royaume; et tout en prodiguant des éloges à la sagesse
de la reine, il indiqua adroitement les améliorations que
le pays réclamait avec plus d'urgence; enfin, il mit dans
son discours tant de chaleur et tant de réserve à la fois,
qu'il parvint à détruire la fâcheuse impression que son
arrivée avait produite. Malgré les égarements d'une
jeunesse dépravée par la plus déplorable éducation,
Jeanne était portée par sa nature aux grandes choses;
s'élevant au-dessus de son âge et de son sexe, dès qu'il
s'agissait du bonheur de ses sujets, elle oublia sa sin-

gulière position, et écouta le duc de Duras avec le plus
vif intérêt et avec l'attention la plus bienveillante. Alors
il hasarda des allusions sur les dangers qui menaçaient
la jeune reine ; il parla vaguement de la difficulté de
distinguer les véritables dévouements des lâches com-
plaisances et des attachements intéressés ; il insista sur
l'ingratitude des personnes qu'on a le plus comblées de
bienfaits et dans lesquelles on avait le plus de confiance.
Jeanne, qui venait de faire une si douloureuse expérience de la vérité de ces paroles, répondit par un
soupir, puis après un instant de silence :

— Puisse Dieu, que j'appelle à témoin de mes intentions droites et loyales, démasquer les traîtres et
m'éclairer sur mes véritables amis ! Je sais que le fardeau qu'on m'impose est bien lourd, et je ne présume pas
trop de mes forces ; mais la vieille expérience des conseillers auxquels mon aïeul a confié ma tutelle, le concours de ma famille et surtout votre pure et cordiale
amitié, mon cousin, m'aideront, je l'espère, dans l'ac-
complissement de mes devoirs.

— Mon vœu le plus sincère est que vous puissiez
réussir, ma belle cousine, et je ne veux pas troubler
des moments qui doivent être entièrement au bonheur
par des pensées de méfiance et de doute ; je ne veux
pas mêler, à la joie qui éclate de toutes parts en
vous saluant du titre de reine, des regrets stériles sur
l'aveugle destinée qui place à côté de la femme que
nous adorons tous, à côté de vous, ma cousine, dont un
seul regard rendrait un homme plus heureux que les
anges, un étranger indigne de partager votre cœur,
incapable de partager votre trône.

— Vous oubliez, Charles, dit la reine en tendant la
main comme pour arrêter ses paroles, vous oubliez
qu'André est mon mari, et que c'est la volonté de notre
aïeul qui l'a appelé à régner avec moi.

— Jamais ! s'écria le duc d'une voix indignée ; lui ! roi
de Naples ! Mais songez donc que la ville s'ébranlerait
dans ses fondements, que le peuple se soulèverait en
masse, que les cloches de nos églises sonneront de
nouvelles vêpres siciliennes avant que les Napolitains
se laissent gouverner par une poignée de Hongrois
ivres et féroces, par un moine hypocrite et difforme,

par un prince qu'on déteste autant qu'on vous aime.

— Mais qu'est-ce donc qu'on lui reproche? quelle est sa faute?

— Quelle est sa faute? qu'est-ce qu'on lui reproche, madame? Le peuple lui reproche d'être incapable, grossier, sauvage; les nobles lui reprochent de violer leurs privilèges et de protéger ouvertement des hommes d'une naissance obscure, et moi, madame, ajouta-t-il en baissant la voix, moi je lui reproche de vous rendre malheureuse.

Jeanne tressaillit comme si une main rude eût froissé sa blessure; mais cachant son émotion sous un calme apparent, elle répondit du ton de la plus parfaite indifférence :

— Je crois que vous rêvez, Charles; qui vous a autorisé à me croire malheureuse?

— N'essayez pas de l'excuser, ma cousine, reprit Charles vivement, vous vous perdriez sans le sauver.

La reine regarda son cousin fixement comme pour lire au fond de son âme et pour bien s'expliquer le sens de ces paroles; mais ne pouvant pas croire à la pensée horrible qui se présenta à son esprit, elle affecta une entière confiance dans l'amitié de son cousin pour pénétrer ses projets, et lui dit avec abandon :

— Eh bien, Charles, supposons que je ne sois pas heureuse, quel remède sauriez-vous me proposer pour échapper à mon sort?

— Vous le demandez, ma cousine? Est-ce que tous les moyens ne sont pas bons lorsque vous souffrez et qu'il s'agit de vous venger?

— Mais encore faut-il avoir recours à des moyens possibles. André ne renoncera pas facilement à ses prétentions : il a un parti qui le soutient, et dans le cas d'une rupture ouverte, son frère, le roi de Hongrie, peut nous déclarer la guerre et porter la désolation dans le royaume.

Le duc de Duras sourit légèrement, et sa physionomie prit une expression sinistre.

— Vous ne me comprenez pas, ma cousine.

— Expliquez-vous donc sans détour, dit la reine en faisant des efforts pour ne pas trahir le frisson convulsif qui agitait ses membres.

— Écoutez, Jeanne, dit Charles en prenant la main de sa cousine et en la portant sur son cœur, sentez-vous ce poignard ?

— Je le sens, dit Jeanne en pâlissant.

— Un mot de vous... et...

— Eh bien ?

— Et demain vous serez libre.

— Un meurtre ! s'écria Jeanne en reculant d'horreur ; je ne m'étais donc pas trompée ! c'est un meurtre que vous veniez me proposer.

— Indispensable ! ajouta le duc tranquillement ; aujourd'hui, c'est moi qui le conseille ; plus tard, ce sera vous qui l'ordonnerez.

— Assez, malheureux ! je ne sais si vous êtes plus lâche que téméraire, ou plus téméraire que lâche : lâche, car vous m'avouez un projet criminel parce que vous êtes persuadé que je ne vous dénoncerai pas ; téméraire, parce qu'en me l'avouant, vous ne savez pas s'il n'y a point ici d'autres témoins qui nous écoutent.

— Eh bien, madame, puisque je viens de me livrer, vous comprendrez que je ne puis pas vous quitter avant de savoir si je dois me regarder comme votre ami ou comme votre ennemi.

— Sortez ! s'écria Jeanne avec un geste dédaigneux, vous insultez votre reine.

— Vous oubliez, ma cousine, que je pourrais bien avoir un jour des droits à votre royaume.

— Ne m'obligez pas à vous faire chasser de ma présence, dit Jeanne s'avançant vers la porte.

— Allons, ne vous emportez pas, ma belle cousine, je vous laisse ; mais rappelez-vous du moins que c'est moi qui vous ai tendu la main, et que c'est vous qui la repoussez. Retenez bien ce que je vous dis dans ce moment solennel : aujourd'hui, je suis coupable ; un jour, peut-être, je serai le juge.

Et il s'éloigna lentement, tourna la tête à deux reprises, et lui jetant de loin, par un geste, sa menaçante prophétie. Jeanne se cacha le visage dans ses mains, et resta longtemps abîmée dans ses réflexions douloureuses ; puis, la colère dominant chez elle tous les autres sentiments, elle appela dona Cancia, et lui intima l'ordre de ne plus laisser entrer personne, sous quelque prétexte que ce fût.

La défense n'était pas pour le comte d'Artois, car le lecteur se rappelle qu'il était dans la chambre à côté.

Cependant la nuit était tombée, et depuis le Môle jusqu'à Mergelline, depuis le château Capouan jusqu'à la colline de Saint-Elme, le plus profond silence avait succédé aux mille cris de la ville la plus bruyante de l'univers. Charles de Duras, s'éloignant rapidement de la place des Correggie, après avoir jeté sur le Château-Neuf un dernier regard de vengeance, s'enfonça dans le dédale de rues obscures et tortueuses qui se croisaient en tous sens dans l'ancienne cité, et au bout d'un quart d'heure d'une marche tantôt lente, tantôt précipitée, qui trahissait l'agitation de son esprit, il arriva à son palais ducal, situé près de l'église de San-Giovanni à Mare. Après avoir donné quelques ordres d'une voix dure et brusque à un de ses pages, auquel il remit son épée et son manteau, Charles s'enferma dans son appartement, sans monter chez sa pauvre mère, qui dans ce moment pleurait, triste et seule, sur l'ingratitude de son fils, et se vengeait, comme toutes les mères, en priant Dieu pour lui.

Le duc de Duras fit plusieurs tours dans sa chambre comme un lion dans sa cage; comptant les minutes et dévoré par son impatience, il allait appeler un de ses valets pour renouveler ses ordres, lorsque deux coups frappés sourdement à la porte l'avertirent que la personne qu'il attendait venait enfin d'arriver. Il ouvrit vivement, et un homme d'une cinquantaine d'années, noir de la tête aux pieds, entra avec les plus humbles révérences, et referma soigneusement la porte après lui. Charles se jeta sur un fauteuil, et regardant fixement cet homme, qui se tenait debout devant lui, les yeux baissés vers la terre, les bras croisés sur la poitrine dans l'attitude du plus profond respect et de la plus aveugle obéissance, il lui dit lentement en pesant chaque parole :

— Maître Nicolas de Melazzo, avez-vous encore quelque souvenir des services que je vous ai rendus?

L'homme à qui ces mots s'adressaient frissonna de

tous ses membres, comme s'il eût entendu retentir à son oreille la voix de Satan réclamant son âme; puis, levant sur son interlocuteur un regard effaré, il demanda d'une voix sombre :

— Qu'ai-je fait, monseigneur, pour mériter un tel reproche?

— Ce n'est pas un reproche que je vous adresse, notaire, c'est une simple question.

— Monseigneur peut-il douter un instant de ma reconnaissance éternelle? Moi, oublier les bienfaits de votre excellence? Mais quand même je perdrais à un tel point la raison et la mémoire, ma femme et mon fils ne sont-ils pas là tous les jours pour me rappeler que nous vous devons tout, la fortune, la vie, l'honneur? Je m'étais rendu coupable d'une action infâme, continua le notaire en baissant la voix, d'un faux qui entraînait non seulement pour moi la peine de mort, mais aussi la confiscation de mes biens, la désolation de ma famille, la misère et la honte de mon fils unique, de ce même fils auquel j'avais voulu, malheureux que j'étais, assurer un brillant avenir par un crime épouvantable; vous aviez dans vos mains les preuves de ce crime...

— Je les ai encore...

— Et vous ne me perdrez pas, monseigneur, reprit le notaire en tremblant; me voici à vos pieds, prenez ma vie, excellence, j'expierai dans les tourments sans me plaindre; mais sauvez mon fils, puisque vous avez été si clément de l'épargner jusqu'ici; grâce pour sa mère! grâce, monseigneur!

— Rassure-toi, dit Charles en lui faisant signe de se relever, il ne s'agit pas de ta vie; cela viendra peut-être. Ce que j'ai à te demander à présent est bien plus facile et plus simple.

— J'attends vos ordres, monseigneur.

— Et d'abord, reprit le duc d'un ton ironiquement enjoué, tu vas rédiger en bonne forme le contrat de mon mariage.

— A l'instant même, excellence.

— Tu écriras, dans le premier article, que ma femme m'apporte en dot la comté d'Alba, la justice de Grati et de Giordano, avec tous les châteaux, les fiefs et les terres qui en dépendent.

— Mais, monseigneur... répondit le pauvre notaire avec le plus grand embarras.

— Est-ce que vous y trouvez quelque difficulté, maître Nicolas?

— Dieu m'en garde, excellence! mais...

— Qu'est-ce donc?

— C'est que, si monseigneur me permet... c'est qu'il n'y a à Naples qu'une personne qui possède la dot que votre excellence vient de désigner.

— Après?

— Et cette personne, balbutia le notaire, de plus en plus embarrassé, est la sœur de la reine.

— Aussi écriras-tu dans le contrat le nom de Marie d'Anjou.

— Mais, répliqua encore timidement maître Nicolas, la jeune fille que votre excellence désire épouser a été destinée, il me semble, dans le testament du feu roi notre seigneur de bienheureuse mémoire, à devenir la femme du roi de Hongrie, ou du petit-fils du roi de France.

— Ah! ah! je comprends ton étonnement, mon cher notaire; ceci t'apprendra que la volonté des oncles n'est pas toujours la volonté des neveux.

— En ce cas, si j'osais... si monseigneur daignait m'accorder la permission... si j'avais un avis à donner, je supplierais bien humblement votre excellence de réfléchir qu'il s'agit de l'enlèvement d'une mineure.

— Depuis quand avez-vous des scrupules, maître Nicolas?

Cette apostrophe fut accompagnée d'un regard si terrible, que le pauvre notaire atterré eut à peine la force de répondre :

— Dans une heure le contrat sera prêt.

— Ainsi, nous sommes d'accord sur le premier point, continua Charles en reprenant son ton de voix naturel. Voici maintenant ma seconde commission. Tu connais, je crois, depuis plusieurs années, et d'une manière assez intime, le valet de chambre du duc de Calabre?

— Tomaso Pace! c'est mon meilleur ami.

— A merveille! Écoute-moi donc, et songe que de ta discrétion dépend le salut ou la ruine de ta famille. Un complot ne tardera pas à s'ourdir contre le mari de la reine; les conjurés gagneront sans doute le valet d'André, l'homme que tu appelles ton meilleur ami; ne le quitte pas un instant, cherche à t'attacher à lui comme une ombre; et jour par jour, heure par heure, viens me rapporter fidèlement les progrès de la conspiration et les noms des complices.

— C'est tout ce que votre excellence avait à m'ordonner?

— C'est tout.

Le notaire s'inclina respectueusement et sortit pour mettre à exécution sans délai les ordres qu'il venait de recevoir. Charles passa le reste de la nuit à écrire à son oncle le cardinal de Périgord, un des prélats les plus influents de la cour d'Avignon. Il le priait avant tout d'employer son autorité pour empêcher que Clément VI ne signât la bulle du couronnement d'André, et il terminait sa lettre en faisant les plus vives instances à son oncle pour lui obtenir du pape la permission d'épouser la sœur de la reine.

— Nous verrons, ma cousine, dit-il en cachetant sa lettre, lequel de nous deux comprend mieux ses intérêts. Vous ne voulez pas m'accepter pour ami, eh bien! vous m'aurez pour adversaire. Endormez-vous dans les bras de vos amants, je vous réveillerai quand l'heure sera venue. Un jour, je serai peut-être duc de Calabre, et ce titre-là, vous ne l'ignorez pas, ma cousine, est le titre de l'héritier du trône!

Le lendemain et les jours suivants, on remarqua un changement complet dans les manières de Charles à l'égard d'André; il l'aborda avec les marques de la plus vive sympathie, flatta ses goûts avec adresse, et fit croire à frère Robert que, loin d'être hostile au couronnement d'André, son plus ardent désir était de voir respecter les volontés de son oncle, et que s'il avait paru agir dans un sens contraire, il l'avait fait dans le but d'apaiser la populace, qui, dans sa première effervescence, aurait pu se soulever contre les Hongrois. Il déclara avec énergie qu'il détestait cordialement les personnes qui entouraient la reine pour l'égarer par leurs conseils, et s'engagea à joindre ses efforts à ceux de frère Robert pour renverser les favoris de Jeanne par tous les moyens que le sort mettrait à sa portée.

Quoique le dominicain ne fût nullement persuadé de la sincérité du récit de son allié, il n'en accepta pas moins avec joie un appui qui pouvait être si utile à la cause de son prince, attribuant la conversion subite de Charles à une rupture récente avec sa cousine, et se promettant de mettre à profit le ressentiment du duc de Duras. Quoi qu'il en fût, Charles s'insinua tellement dans le cœur d'André, qu'au bout de quelques jours il était impossible de voir l'un sans l'autre. Si André partait pour la chasse, plaisir qu'il affectionnait de préférence, Charles s'empressait de mettre à sa disposition sa meute et ses faucons; si André chevauchait par la ville, Charles caracolait à son côté. Il se prêtait à tous ses caprices, le poussait aux excès, envenimait ses colères; en un mot, il était le bon ou le mauvais esprit qui soufflait au prince toutes ses pensées et dirigeait toutes ses actions.

Jeanne comprit bientôt ce manège, auquel, du reste, elle s'attendait. Elle aurait pu d'un seul mot perdre Duras; mais, dédaignant une si basse vengeance, elle le traita avec le plus profond mépris. La cour se trouva ainsi divisée en deux partis : d'un côté, les Hongrois, dirigés par frère Robert et appuyés ouvertement par Charles de Duras; de l'autre côté, toute la noblesse napolitaine, à la tête de laquelle étaient les princes de Tarente. Jeanne, dominée par la grande sénéchale et par ses deux filles, la comtesse de Terlizzi et la comtesse de Morcone, par dona Cancia et par l'impératrice de Constantinople, embrassa le parti napolitain contre les prétentions de son mari. Le premier soin des partisans de la reine fut d'inscrire son nom dans tous les actes publics, sans y joindre celui d'André: mais Jeanne, guidée par un instinct de probité et de justice au milieu de la corruption de sa cour, n'avait consenti à cette dernière manifestation que d'après les conseils d'André d'Isernia, un des plus savants jurisconsultes de cette époque, également respectable par son caractère élevé et par sa haute sagesse. Le prince, irrité de se voir exclu des affaires, riposta par la violence et le despotisme. Il délivra des prisonniers de sa propre autorité, partagea ses faveurs parmi les Hongrois, et combla d'honneurs et de richesses Jean Pipino, comte d'Alta-

mura, l'ennemi le plus redoutable et le plus détesté des
barons napolitains. Ce fut alors que les comtes de San-
Severino et de Mileto, de Terlizzi et de Balzo, de
Catanzaro et de Saint-Ange, et la plupart des grands
du royaume, exaspérés par la hauteur insolente que
déployait de jour en jour le favori d'André, décidèrent
sa perte et celle de son protecteur lui-même, s'il persistait à attaquer leurs privilèges et à braver leur colère.

D'un autre côté, les femmes qui entouraient la reine
la poussaient, chacune selon son intérêt, dans sa nouvelle passion ; et la pauvre Jeanne, délaissée par son
mari, trahie par Cabane, fléchissant sous le fardeau de
devoirs trop au-dessus de ses forces, se réfugiait dans
l'amour de Bertrand d'Artois, qu'elle n'essayait pas
même de combattre ; car tous les principes de religion
et de vertu avaient été détruits à dessein dans l'esprit
de la reine, et son âme s'était de bonne heure pliée au
vice, comme le corps de ces pauvres créatures dont les
os sont brisés par les jongleurs. Quant à Bertrand, il
l'adorait avec une ardeur qui dépassait toutes les bornes
des passions humaines. Arrivé au comble d'un bonheur
qu'il n'avait jamais osé espérer dans ses rêves les plus
téméraires, le jeune comte avait failli en perdre la raison. En vain son père, Charles d'Artois, comte d'Aire,
descendant en droite ligne de Philippe le Hardi et un
des régents du royaume, avait tâché, par des admones-
tations sévères, de l'arrêter au bord du précipice ; Bertrand n'écoutait que son amour pour Jeanne, et sa haine
implacable pour tous les ennemis de la reine. Souvent,
à la chute du jour, tandis que la brise du Pausilippe ou
de Sorrente venait de loin se jouer dans ses cheveux,
on pouvait le voir accoudé sur une des croisées du Château-Neuf, pâle, immobile, regardant fixement du côté
de la place au moment où le duc de Calabre et le duc de
Duras, galopant côte à côte au milieu d'un nuage de
poussière, s'en revenaient joyeusement de leur promenade du soir. Alors les sourcils du jeune comte se rap-
prochaient par une contraction violente, son regard
d'un bleu si pur lançait des lueurs fauves et sinistres,
une pensée de vengeance et de mort traversait son front
comme un éclair : puis on le voyait tout à coup tres-

saillir, une main légère s'appuyait sur son épaule; il
se tournait doucement, de peur que la divine apparition
ne s'envolât vers le ciel, et il trouvait debout derrière
lui une jeune femme qui, le sein agité, les yeux brillants et humides, venait lui faire le récit de la journée,
et lui demander un baiser sur le front pour prix de ses
travaux et de son absence. Et cette femme, qui venait
de dicter des lois et de rendre la justice au milieu de
graves magistrats et de ministres austères, n'avait que
quinze ans, et ce jeune homme, qui comprimait sa
douleur, et qui, pour la venger, méditait un régicide,
n'en avait pas encore vingt; deux enfants jetés sur la
terre pour être le jouet d'une si terrible destinée !

Deux mois et quelques jours s'étaient ainsi écoulés
depuis la mort du vieux roi, lorsqu'un matin, le ven-
dredi 28 mars de cette même année 1343, la grande
sénéchale Filippa, qui avait déjà trouvé moyen de se
faire pardonner le lâche guet-apens par lequel l'ancienne
gouvernante avait forcé la main de la reine à signer
tout ce que son fils demandait, Filippa, disons-nous,
agitée par une terreur véritable, pâle et défaite, entra
dans les appartements de la reine, pour lui apporter une
nouvelle qui devait répandre l'alarme et le deuil dans
toute la cour; Marie, la jeune sœur de Jeanne, avait
disparu. On avait parcouru les cours et les jardins pour
découvrir quelque trace; on avait cherché dans tous les
coins du château, on avait interrogé les gardes et on les
avait menacés de les mettre à la torture pour leur
arracher la vérité; personne n'avait aperçu la princesse,
et aucun indice n'avait été recueilli qui pût justifier la
supposition d'une fuite ou d'un enlèvement. Jeanne,
frappée par ce coup inattendu, qui venait ajouter une
nouvelle douleur à tous ses chagrins, demeura d'abord
dans un état d'anéantissement complet; puis, quand elle
fut revenue de sa première surprise, elle s'emporta
comme tous les malheureux à qui le désespoir ôte la
raison, donna des ordres qu'on avait déjà exécutés,
répéta mille fois les mêmes demandes pour entendre
toujours les mêmes réponses, suivies de regrets stériles
et d'injustes reproches. Bientôt la nouvelle se répandit
dans la ville et y causa un profond étonnement; une
immense clameur s'éleva dans le château, les membres du

conseil de régence se rassemblèrent à la hâte, on expédia
des courriers dans toutes les directions, promettant trois
mille ducats d'or à celui qui révélerait le lieu où l'on
cachait la princesse, et un procès fut immédiatement
instruit contre les soldats qui, au moment de la disparition, veillaient à la garde de la forteresse.

Bertrand d'Artois tira la reine à l'écart, et lui communi-
niqua ses soupçons, qui tombèrent directement sur
Charles de Duras; mais Jeanne ne tarda pas à le convaincre de l'invraisemblance de son hypothèse : d'abord,
Charles n'avait pas remis le pied au Château-Neuf depuis
le jour de son orageuse explication avec la reine, affectant de quitter toujours André près du pont, toutes les
fois qu'il l'accompagnait dans la ville; ensuite, on n'avait
jamais remarqué, même dans le passé, que le jeune duc
eût adressé une parole à Marie ou échangé un regard
avec elle; il résultait enfin de tous les témoignages,
qu'aucun étranger n'avait pénétré dans l'intérieur du
château la veille de l'événement, à l'exception d'un
notaire nommé maître Nicolas de Melazzo, vieux bon-
homme moitié fou, moitié dévot, et dont Tommaso Pace,
le valet de chambre du duc de Calabre, répondait sur sa
tête. Bertrand se rendit aux raisons de la reine, et tous
les jours il mit en avant de nouvelles suppositions moins
probables les unes que les autres, pour entretenir sa
maîtresse dans un espoir qu'il était loin de partager.

Mais un mois après la disparition de la jeune fille, et
précisément le matin du lundi 30 avril, une scène étrange
et inouïe, et dont la témérité dépassait tous les calculs,
vint frapper de stupeur le peuple napolitain, et changea
en indignation la douleur de Jeanne et de ses amis.
Aussitôt que la cloche de l'église de San-Giovanni sonna
midi, les portes du magnifique palais des Duras s'ouvrirent à deux battants, et un double rang de cavaliers,
montés sur des chevaux richement caparaçonnés et
portant sur les boucliers les armes du duc, sortit au son
des trompettes, et se rangea tout autour de la maison pour
empêcher les gens du dehors de troubler la cérémonie
qui allait se passer aux yeux d'une foule immense ras-
semblée tout à coup, et comme par enchantement, sur
la place. Au fond de la cour s'élevait un autel et sur l'estrade on avait préparé deux coussins de velours cramoisi

sur lesquels étaient brodées en or les fleurs de lis de France et la couronne ducale. Charles s'avança, revêtu d'un costume éblouissant, et tenant par la main la sœur de la reine, la princesse Marie, jeune fille qui n'avait alors que treize ans tout au plus. Elle s'agenouilla timidement sur un des coussins, et lorsque Charles en eut fait autant, le grand aumônier de la maison de Duras demanda solennellement au jeune duc quelles étaient ses intentions en se présentant dans cette humble attitude devant un des ministres de l'Eglise. A ces mots, maître Nicolas de Melazzo se plaça à la gauche de l'autel, et lut d'une voix ferme et claire d'abord l'acte de mariage contracté entre Charles et Marie, et ensuite les lettres apostoliques de Sa Sainteté le souverain pontife, Clément IV, qui, levant de son plein pouvoir tous les obstacles qui auraient pu empêcher cette union, tels que l'âge de la jeune fille et les degrés de parenté qui existaient entre les deux époux, autorisait son fils bien-aimé Charles, duc de Duras et d'Albanie, à se marier avec la très illustre Marie d'Anjou, sœur de Jeanne, reine de Naples et de Jérusalem, et leur accordait sa sainte bénédiction.

L'aumônier prit alors la main de la jeune fille, et, après l'avoir placée dans la main de Charles, il prononça les prières de l'Eglise. Après quoi, Charles, se tournant à moitié vers le peuple, dit d'une voix forte :

— Devant Dieu et devant les hommes, celle-ci est ma femme.

— Et celui-ci est mon mari, ajouta Marie en tremblant.

— Vivent le duc et la duchesse de Duras! s'écria la foule en battant des mains.

Et les deux époux, montant aussitôt sur deux chevaux d'une extrême beauté, suivis de leurs cavaliers et de leurs pages, firent solennellement le tour de la ville, et rentrèrent dans leur palais au bruit de applaudissements et au son des fanfares.

Lorsque cette incroyable nouvelle fut rapportée à la reine, la première impression qu'elle produisit sur son âme fut une grande joie d'avoir enfin retrouvé sa sœur; et comme Bertrand d'Artois voulait monter à cheval, à la tête des barons, pour s'élancer sur le cortège et punir le ravisseur, Jeanne l'arrêta de la main, en levant sur lui un regard d'une profonde mélancolie.

— Hélas! lui dit-elle tristement, il est trop tard! ils sont légitimement mariés, puisque le chef de l'Eglise, qui est en même temps, d'après la volonté de mon aïeul, le chef de notre famille, leur a accordé sa permission. Je plains seulement ma pauvre sœur, je la plains d'être, si jeune encore, la proie d'un misérable qui l'immole à son ambition, espérant obtenir par ces noces des droits à ma couronne. Mon Dieu! quelle étrange fatalité pèse donc sur la branche royale d'Anjou! Mon père est mort jeune au milieu de ses triomphes; ma pauvre mère n'a pas tardé à le suivre au tombeau; ma sœur et moi, derniers rejetons de Charles Ier, nous voici toutes deux, avant même d'être femmes, livrées à des lâches qui nous regardent comme un marchepied pour monter au pouvoir.

Jeanne retomba brisée sur un siège, et une larme brûlante trembla au bord de sa paupière.

— C'est la seconde fois, reprit Bertrand d'un ton de reproche, que je tire mon épée pour venger vos insultes, et c'est la seconde fois que mon épée rentre dans le fourreau par vos ordres; mais souvenez-vous, Jeanne, que la troisième fois je ne serai plus si docile; car ma vengeance ne frappera alors ni Robert de Cabane, ni Charles de Duras, mais celui qui est l'origine de tous vos malheurs.

— Par pitié, Bertrand, ne prononcez pas, vous aussi, ces paroles; laissez-moi venir à vous toutes les fois que cette idée horrible s'empare de mon esprit, que cette menace sanglante bourdonne à mes oreilles, que cette image sinistre se dresse devant mes yeux; laissez-moi venir à vous, mon bien-aimé, pour pleurer dans votre sein, pour rafraîchir à votre souffle mes brûlantes pensées, pour puiser dans vos regards un peu de courage qui puisse raviver mon âme flétrie. Allez, je suis déjà assez malheureuse, sans empoisonner mon avenir par un remords éternel. Parlez-moi plutôt de pardon et d'oubli, au lieu de me parler de haine et de vengeance; montrez-moi un rayon d'espoir au milieu des ténèbres qui m'environnent; et soutenez mes pas chancelants, au lieu de me pousser dans l'abîme.

Ces altercations se répétaient tous les jours à chaque nouveau tort d'André ou de son parti; et à mesure que

les attaques de Bertrand et des amis de la reine devenaient plus vives et, il faut le dire, plus justes, Jeanne
les repoussait plus faiblement. La domination hongroise,
de plus en plus arbitraire et insupportable, irrita tellement les esprits, que le peule en murmura tout bas, et
les nobles en exprimèrent à haute voix leur mécontentement. Les soldats d'André se livraient à des excès qui
n'auraient pas été tolérables dans une ville conquise;
on les rencontrait à chaque pas se disputant dans les
tavernes ou se vautrant dans les ruisseaux dans un état
d'ivresse révoltante, et le prince, loin de condamner
leurs orgies, était accusé de les partager. Son ancien
gouverneur, qui aurait dû, par son autorité, l'arracher
à cette ignoble existence, le plongeait dans les plaisirs
abrutissants pour l'éloigner des affaires, et hâtait, sans
s'en douter, le dénoûment de ce drame terrible qu'on
jouait sourdement au Château-Neuf.

La veuve de Robert, dona Sancia d'Aragon, cette
digne et sainte femme que nos lecteurs ont peut-être
oubliée, comme on l'avait oubliée dans sa famille,
voyant la colère céleste planer sur sa maison sans
qu'elle pût l'arrêter par ses conseils, par ses prières, par
ses larmes, après avoir porté une année entière, ainsi
qu'elle en avait fait la promesse, le deuil du roi son
mari, prit le voile dans le couvent de Sainte-Marie de la
Croix, abandonnant cette pauvre cour à ses passions
insensées, comme les anciens prophètes, qui, tournant
le dos aux villes maudites, secouaient la poussière
de leurs sandales et s'éloignaient d'elles. La retraite de
Sancia fut d'un triste présage, et bientôt les dissensions intestines, péniblement étouffées, éclatèrent au
grand jour; l'orage, après avoir grondé dans le lointain,
s'abattit tout à coup sur la ville, et la foudre ne se fit
pas longtemps attendre.

Le dernier jour d'août de l'année 1344, Jeanne prêta
hommage dans les mains d'Améric, cardinal de Saint-
Martin des Monts et légat de Clément VI, qui regardait
toujours le royaume de Naples comme inféodé à l'Eglise
depuis la donation que ses prédécesseurs en avaient
faite à Charles d'Anjou, après avoir excommunié et
détrôné la maison de Souabe. L'église de Sainte-Claire,
tombeau des monarques napolitains, où reposaient dans

des sépultures récentes, à droite et à gauche du maître-autel, l'aïeul et le père de la jeune reine, fut choisie pour cette cérémonie solennelle. Jeanne, revêtue de la chlamyde royale, le front entouré de sa couronne, prêta son serment de fidélité dans les mains du légat apostolique, en la présence de son mari, qui se tenait debout derrière elle en qualité de simple témoin, comme les autres princes du sang. Parmi les prélats qui, ornés de leurs insignes pontificaux, formaient la suite brillante de l'envoyé d'Avignon, on remarquait les archevêques de Pise, de Bari, de Capoue et de Brindes, et les révérends pères Hugolin, évêque de Castella, et Philippe, évêque de Cavaillon, chancelier de la reine. Toute la noblesse napolitaine et hongroise était présente à cet acte qui écartait André du trône d'une manière si formelle et si éclatante. Aussi, à la sortie de l'église, l'effervescence des partis arriva-t-elle à une crise tellement imminente, on échangea des regards si hostiles et des propos si menaçants, que le prince, se voyant trop faible pour lutter contre ses ennemis, écrivit le soir même à sa mère, en lui déclarant que son intention était de quitter un pays où depuis son enfance il n'avait éprouvé que déceptions et malheurs.

Ceux qui connaissent le cœur d'une mère devineront facilement qu'Elisabeth de Pologne fut à peine avertie du danger que courait son fils, qu'elle arriva à Naples immédiatement et avant que personne soupçonnât sa venue. Le bruit se répandit aussitôt que la reine de Hongrie venait chercher son fils pour l'emmener avec elle, et cette résolution inespérée souleva d'étranges commentaires, et donna une nouvelle direction à la fiévreuse turbulence des esprits. L'impératrice de Constantinople, la Catanaise et ses deux filles, et tous les courtisans, dont les calculs étaient déjoués par le brusque départ d'André, s'empressèrent de fêter l'arrivée de la reine de Hongrie par l'accueil le plus cordial et le plus respectueux, pour lui prouver que l'isolement et l'amertume du jeune prince au milieu d'une cour si prévenante et si dévouée, ne tenaient qu'aux injustes défiances de son orgueil et à la sauvagerie naturelle de son caractère. Jeanne reçut la mère de son mari avec un sentiment si ferme et si légitime de sa dignité, que,

malgré ses préventions, Elisabeth ne put s'empêcher
d'admirer la noblesse sérieuse et la sensibilité profonde
de sa belle-fille. Pour rendre à la noble étrangère plus
agréable le séjour de Naples, on donna des fêtes et des
tournois dans lesquels les barons du royaume rivali-
sèrent de luxe et d'éclat. L'impératrice de Constantinople et la Catanaise, Charles de Duras et sa jeune
femme, se montrèrent les plus empressés auprès de la
mère du prince. Marie, qui, par son extrême jeunesse
et par la douceur de son caractère, restait tout à fait
en dehors des intrigues, céda plus aux impulsions de
son cœur qu'aux ordres de son mari en reportant sur la
reine de Hongrie toute la tendresse et tous les égards
qu'elle aurait eus pour sa propre mère. Mais malgré ces
protestations de respect et d'amour, Elisabeth de Pologne,
tremblant pour son fils, par un instinct de sollicitude
maternelle, persistait dans sa première intention, ne
se croyant en sûreté que lorsque André serait bien loin
de cette cour si douce en apparence, si perfide en réalité.

Celui qui paraissait le plus consterné de ce départ, et
qui essayait de l'empêcher par tous les moyens, était
frère Robert. Plongé dans ses combinaisons politiques,
courbé sur ses plans mystérieux avec l'acharnement
d'un joueur au moment de gagner sa partie, le dominicain, qui se voyait à la veille d'un immense résultat,
qui, à force de ruse, de labeur et de patience, allait
enfin écraser ses ennemis et régner en maître absolu,
tombant tout à coup du haut de ses rêves, se roidit par
un effort suprême contre la mère de son élève. Mais la
crainte parlait plus haut dans le cœur d'Elisabeth que
tous les raisonnements du moine, et à chaque argument
que frère Robert avançait, elle se contentait de répondre
que, tant que son fils ne serait pas roi et n'aurait pas
une puissance entière et illimitée, il était imprudent de
le laisser exposé à ses ennemis. Le ministre, voyant
que tout était perdu et qu'il lui serait impossible de
combattre les appréhensions de cette femme, se borna
à lui demander encore trois jours, au bout desquels, si
la réponse qu'il attendait n'était pas arrivée, non seulement il ne s'opposerait plus au départ d'André, mais il
le suivrait lui-même, renonçant pour toujours à un
projet qui lui avait tant coûté.

Vers la fin du troisième jour, et comme Elisabeth se préparait définitivement à partir, le moine entra d'un air radieux, et lui montrant une lettre dont il venait de briser à la hâte les cachets :

— Dieu soit loué, madame, s'écria-t-il d'une voix triomphante, je puis enfin vous donner des preuves incontestables de l'activité de mon zèle et de la justesse de mes prévisions.

La mère d'André, après avoir parcouru avidement le parchemin, reporta les yeux sur le moine avec un reste de défiance, n'osant pas s'abandonner à la joie qui débordait de son cœur.

— Oui, madame, reprit le moine en élevant le front, et sa laideur s'éclaira par les reflets du génie, oui, madame, vous pouvez en croire vos yeux, puisque vous n'avez pas voulu ajouter foi à mes paroles : ce n'est pas le rêve d'une imagination trop ardente, l'hallucination d'un esprit trop crédule, le préjugé d'une raison trop étroite ; c'est un plan lentement conçu, péniblement élaboré, adroitement conduit ; c'est le fruit de mes veilles, la pensée de mes jours, l'œuvre de ma vie entière. Je n'ignorais pas que la cause de votre fils avait de puissants ennemis à la cour d'Avignon ; mais je savais aussi que le jour où je prendrais au nom de mon prince l'engagement solennel de retirer ces lois qui avaient jeté de la froideur entre le pape et Robert, d'ailleurs si dévoué à l'Église, je savais qu'on ne résisterait pas à mon offre, et je gardais ma proposition pour le dernier coup. Vous le voyez, madame, mes calculs étaient justes, nos ennemis ont été confondus, et votre fils triomphe.

Et se tournant vers André, qui arrivait à l'instant même, et n'ayant entendu que les dernières paroles, restait interdit sur le seuil de la porte :

— Venez, mon enfant, ajoua-t-il ; nos vœux sont enfin comblés : vous êtes roi.

— Roi ! répéta André à son tour, immobile de joie, d'hésitation et d'étonnement.

— Roi de Sicile et de Jérusalem ; oh ! oui, monseigneur ! vous n'avez pas besoin de lire dans ce parchemin qui nous apporte une nouvelle aussi heureuse qu'inespérée. Voyez-le aux larmes de votre mère, qui vous ouvre les bras, pour vous presser sur son sein; voyez-le aux transports de votre vieux précepteur, qui se jette à vos genoux pour vous saluer d'un titre qu'il aurait consacré de son sang, si l'on s'était obstiné plus longtemps à vous le refuser.

— Et pourtant, reprit Elisabeth après avoir tristement réfléchi, si j'écoutais mes pressentiments, la nouvelle que vous venez de m'annoncer ne changerait rien à nos projets de départ.

— Non, ma mère, reprit André avec énergie, vous ne voudriez pas m'obliger à quitter le royaume au détriment de mon honneur. Si j'ai versé dans votre âme l'amertume et le chagrin dont mes lâches ennemis ont abreuvé ma jeunesse, ce n'est pas le découragement qui m'a fait agir ainsi, mais l'impuissance dans laquelle je me voyais de tirer une vengeance éclatante et terrible de leurs insultes secrètes, de leurs outrages détournés, de leurs menées souterraines. Ce n'était pas la force qui manquait à mon bras, c'était une couronne qui manquait à mon front. J'aurais pu écraser quelques-uns de ces misérables, peut-être les plus téméraires, peut-être les moins dangereux; mais j'aurais frappé dans l'ombre, mais les chefs m'auraient échappé, mais je n'aurais jamais atteint au cœur cette conspiration infernale. Aussi ai-je dévoré dans le silence l'indignation et la honte. Et maintenant que mes droits sacrés sont reconnus par l'Eglise, vous les verrez, ma mère, ces barons redoutables, ces conseillers de la reine, ces tuteurs du royaume, vous les verrez tomber le front dans la poussière; car ce n'est pas une épée qui les menace, ce n'est pas un combat qu'on leur propose, ce n'est pas un de leurs égaux qui leur parle, c'est le roi qui accuse, c'est la loi qui condamne, c'est l'échafaud qui punit.

— O mon fils bien-aimé, s'écria la reine en pleurant, je n'ai jamais douté ni de la noblesse de tes sentiments ni de la justice de tes droits; mais lorsque ta vie est en danger, puis-je écouter une autre voix que celle de la crainte? puis-je donner d'autres conseils que ceux que m'inspire mon amour?

— Croyez-moi, ma mère, si la main de ces lâches n'avait pas tremblé autant que leur cœur, depuis longtemps vous eussiez pleuré votre fils.

— Aussi n'est-ce pas la violence que je crains, mais la trahison.

— Ma vie appartient à Dieu comme celle de tous les hommes, et le dernier des sbires peut la prendre au détour d'un chemin; mais un roi se doit à son peuple.

La pauvre mère essaya longtemps de fléchir la résolution d'André par des raisons et par des prières; mais quand elle eut épuisé son dernier argument et versé sa dernière larme, voyant qu'il lui faudrait se séparer de son fils, elle fit appeler auprès d'elle Bertram de Baux, maître justicier du royaume, et Marie, duchesse de Duras, et, confiante dans la sagesse du vieillard et dans l'innocence de la jeune femme, elle leur recommanda son enfant avec les paroles les plus tendres et les plus déchirantes; puis elle retira de son propre doigt une bague richement travaillée, et, prenant le prince à l'écart, elle la lui passa à l'index; après quoi, le serrant dans ses bras:

— Mon fils, lui dit-elle d'une voix émue et tremblante, puisque tu refuses de me suivre, voici un talisman merveilleux dont je ne devais faire usage qu'à la dernière extrémité. Tant que tu auras au doigt cette bague, ni le fer ni le poison ne pourront rien contre toi.

— Vous le voyez bien, ma mère, répondit le prince en souriant, protégé ainsi, vous n'avez plus aucune raison de craindre pour mes jours.

— On ne meurt pas seulement par le poison ou par le fer, reprit la reine en soupirant.

— Rassurez-vous, ma mère; le plus puissant talisman contre tous les dangers, ce sont les prières que vous adresserez à Dieu pour moi; c'est votre doux souvenir qui me soutiendra toujours dans le chemin du devoir et de la justice; c'est votre amour maternel qui veillera de loin sur moi, et me couvrira de ses ailes comme un ange tutélaire.

Elisabeth embrassait son fils en sanglotant; et en se détachant de lui, elle croyait que son cœur allait se briser dans sa poitrine. Enfin elle se décida à partir, suivie par toute la cour, qui n'avait pas démenti un seul instant à son égard sa courtoisie chevaleresque et son respectueux empressement. La pauvre mère, pâle, chancelante, anéantie, s'appuyait en marchant sur le bras d'André pour ne pas tomber. Arrivée sur le navire qui devait la séparer à jamais de son fils, elle se jeta une dernière fois à son cou, demeura ainsi longtemps sans voix, sans larmes, sans mouvement, et lorsque le signal du départ fut donné, ses femmes la reçurent dans leurs bras à moitié évanouie. André était resté sur le rivage, la mort dans l'âme, les yeux fixés sur cette voile qui s'éloignait rapidement, emportant tout ce qu'il aimait au monde. Tout à coup il lui parut qu'on agitait au loin quelque chose de blanc ; c'était sa mère qui, recouvrant l'usage de ses sens, par un effort suprême, se traînait sur le pont pour lui faire un dernier signe d'adieu : car elle sentait bien, l'infortunée, que c'était la dernière fois qu'elle verrait son fils.

Presque au même instant que la mère d'André s'éloignait du royaume, l'ancienne reine de Naples, la veuve de Robert, dona Sancia d'Aragon, rendait son dernier soupir. Elle fut enterrée dans le couvent de Sainte-Marie de la Croix, sous le nom de Claire, qu'elle avait pris en prononçant ses vœux de religieuse, comme le dit son épitaphe, conçue en ces termes :

« Ci-gît, comme un exemple de grande humilité, le corps de la sainte sœur Claire, d'illustre mémoire, autrefois Sancia, reine de Sicile et de Jérusalem, veuve du seigneur sérénissime Robert, roi de Jérusalem et de Sicile ; laquelle reine, après la mort du roi son mari, ayant fini son année de veuvage, échangeant les biens passagers contre les biens éternels, adoptant pour l'amour de Dieu une pauvreté volontaire, après avoir distribué ses biens aux pauvres, entra sous l'obéissance dans ce couvent célèbre de Sainte-Croix, œuvre de ses mains, dans l'année 1344, le 21 janvier de la XIIe indiction, où ayant mené une vie béate sous la règle du bienheureux François, père des pauvres, termina ses jours religieusement dans l'année du Seigneur 1345, le 28 juillet de la XIIIe indiction. Le jour suivant, elle a été enterrée dans ce tombeau. »

La mort de donna Sancia hâta la castatrophe qui devait ensanglanter le trône de Naples : on eût dit que Dieu avait voulu épargner un horrible spectacle à cet ange de résignation et d'amour, qui s'offrait à lui comme une victime propitiatoire pour racheter les crimes de sa famille.

Huit jours après les funérailles de l'ancienne reine, Bertrand d'Artois entra chez Jeanne pâle, défait, les cheveux épars, dans un état d'agitation et de désordre impossible à décrire. Jeanne s'élança au-devant de son amant, saisie de frayeur et l'interrogeant du regard sur la cause de son trouble.

— Je l'avais bien dit, madame, s'écria le jeune comte avec emportement, que vous finiriez par nous perdre tous, en refusant obstinément d'écouter mes conseils.

— Par pitié, Bertrand, parlez sans détour : qu'y a-t-il de nouveau, quels conseils ai-je refusé de suivre ?

— Il y a, madame, que votre noble époux, André de Hongrie, vient d'être reconnu par la cour d'Avignon roi de Jérusalem et de Sicile, et que désormais vous ne serez que son esclave.

— Vous rêvez, comte d'Artois.

— Je ne rêve pas, madame, et la preuve que ce que j'avance est la plus exacte vérité, c'est que les légats du pape qui apportent la bulle du couronnement sont arrivés à Capoue, et que s'ils n'entrent pas ce soir même au Château-Neuf, c'est pour donner au nouveau roi le temps de faire ses préparatifs.

La reine pencha la tête comme si la foudre venait d'éclater à ses pieds.

— Quand je vous ai dit, continua le comte avec une fureur croissante, qu'il fallait repousser la force par la force, qu'il fallait briser le joug de cette infâme tyrannie, qu'il fallait se défaire de cet homme avant qu'il eût les moyens de vous nuire, vous avez toujours reculé par une crainte puérile, par une lâche hésitation de femme.

Jeanne leva sur son amant un regard plein de larmes.

— Mon Dieu ! mon Dieu ! s'écria-t-elle en joignant les mains par un mouvement de désespoir, j'entendrai donc toujours retentir autour de moi ce fatal cri de mort ! Et vous aussi, Bertrand, vous le répétez à votre tour, ainsi que Charles de Duras, ainsi que Robert de Cabane ! Pourquoi voulez-vous, malheureux, qu'un fantôme sanglant vienne se dresser entre nous pour étouffer de sa main de glace nos baisers adultères ? Assez de crimes comme cela ; qu'il règne, si sa triste ambition le pousse à régner ; que me fait le pouvoir, pourvu qu'il me laisse votre amour !

— Il n'est pas bien certain que nos amours aient une longue durée.

— Que voulez-vous dire, Bertrand ? Vous prenez plaisir à me torturer sans pitié.

— Je dis, madame, que le nouveau roi de Naples a préparé un drapeau noir, qu'il sera porté devant lui le jour son couronnement.

— Et vous croyez, dit Jeanne en devenant pâle comme un cadavre sorti de son linceul, vous croyez que ce drapeau est une menace ?

— Qui a déjà reçu un commencement d'exécution.

La reine chancela et s'appuya sur une table pour ne pas tomber.

— Racontez-moi tout, dit-elle d'une voix suffoquée, ne craignez pas de m'effrayer ; voyez, je ne tremble pas. O Bertrand, je vous en supplie !

— Les traîtres ont commencé par l'homme que vous estimiez le plus, par le plus sage conseiller de la couronne, par le magistrat le plus intègre, par le plus noble cœur, par la vertu la plus austère...

— André d'Isernia !

— Il n'est plus, madame.

Jeanne poussa un cri comme si on eût tué devant elle le noble vieillard qu'elle respectait à l'égal d'un père ; puis, s'affaissant sur elle-même, elle retomba dans un profond silence.

— Comment l'ont-ils tué ? reprit-elle enfin, en fixant sur le comte ses grands yeux effrayés.

— Hier au soir, en sortant de ce château, tandis qu'il se dirigeait vers sa maison, un homme s'est dressé tout à coup devant lui près de la porte *Petruccia* ; cet homme est un des favoris d'André, Conrad de Gottis, qu'on a choisi sans doute parce qu'ayant lui-même à se plaindre d'un arrêt que l'incorruptible magistrat avait porté contre lui, le meurtre serait mis sur le compte d'une vengeance privée. Le lâche a fait signe à deux ou trois de ses compagnons, qui ont entouré leur victime en lui ôtant tous les moyens de s'échapper. Le pauvre vieillard a regardé fixement son assassin, et lui a demandé d'une voix calme ce qu'il lui voulait : « Je veux que tu perdes la vie comme tu m'as fait perdre mon procès! » s'est écrié le meurtrier; et, sans lui laisser le temps de proférer une réponse, il l'a percé d'un coup d'épée. Alors les autres se sont jetés sur le malheureux, qui n'essayait pas même de crier au secours, et l'ont criblé de blessures en mutilant hideusement son cadavre, qu'ils ont laissé baigné dans son sang.

— Horreur! murmura la reine en couvrant son visage.

— Ceci n'est que leur coup d'essai; car les listes de proscription sont déjà pleines : il faut du sang à André pour célébrer son avènement au trône de Naples. Et savez-vous, Jeanne, quel est celui qui se trouve à la tête des condamnés ?

— Qui? demanda la reine en frissonnant de la tête aux pieds.

— Moi, répondit le comte d'un ton naturel.

— Toi! s'écria Jeanne en se redressant de toute sa hauteur; c'est toi qu'on veut tuer maintenant! Oh! prends garde à toi, André; tu viens de prononcer ton arrêt de mort. J'ai longtemps détourné le poignard qui brillait sur ta poitrine; mais tu pousses à bout ma patience. Malheur à toi, prince de Hongrie! le sang que tu as versé rejaillira sur ta tête!

En parlant ainsi, sa pâleur avait disparu, son beau visage était animé du feu de la vengeance, ses regards lançaient des éclairs. Cette enfant de seize ans était terrible à voir; elle serrait la main de son amant avec une tendresse convulsive, et se collait près de lui comme si elle eût voulu lui faire un abri de son corps.

— Ta colère se réveille un peu tard, continua le jeune comte d'une voix triste et douce; car Jeanne lui parut si belle en ce moment qu'il n'eut pas la force de lui adresser un reproche. Tu ne sais donc pas que sa mère lui a laissé un talisman qui le préserve du poison et du fer?

— Il mourra! reprit Jeanne d'une voix ferme; et le sourire qui vint éclairer sa figure était si étrange, que le comte baissa les yeux, effrayé à son tour.

Le lendemain, la jeune reine de Naples, plus belle et plus souriante que jamais, assise avec un doux abandon près d'une croisée d'où la magnifique perspective du golfe se déroulait à ses yeux, tissait de ses mains un cordon de soie et d'or. Le soleil, après avoir parcouru les deux tiers à peu près de sa carrière embrasée, baignait lentement ses rayons dans les eaux bleues et limpides où le Pausilippe réfléchissait sa cime couronnée de fleurs et de verdure. Une brise tiède et embaumée, après avoir effleuré en passant les orangers de Sorrente et d'Amalfi, apportait sa délicieuse fraîcheur aux habitants de la capitale engourdis par une voluptueuse mollesse. La ville entière se réveillait de sa longue sieste, respirant librement et soulevant sa paupière appesantie ; le Môle se couvrait d'une population bruyante et infinie, bigarrée des plus vives couleurs ; et des cris de fête, des chansons joyeuses, des refrains d'amour s'élevant de tous les points de ce vaste amphithéâtre, qui est l'une des plus puissantes merveilles de la création, venaient frapper l'oreille de Jeanne, qui les écoutait le front penché sur son travail et absorbée par une profonde rêverie. Tout à coup, et au moment où elle paraissait le plus occupée de son ouvrage, le bruit insaisissable d'une respiration comprimée et l'imperceptible frôlement d'une étoffe qui effleurait son épaule la firent brusquement tressaillir ; elle se tourna, comme réveillée en sursaut par le contact d'un serpent, et aperçut son mari paré d'un magnifique costume et nonchalamment appuyé sur le dossier de son fauteuil. Depuis longtemps le prince n'était pas venu se placer aussi familièrement auprès de sa femme. Aussi ce mouvement de tendresse et d'abandon sembla-t-il d'un mauvais augure à la reine. André ne parut pas remarquer le regard de haine et de terreur que sa femme avait laissé échapper malgré elle, et, donnant à ses traits froids et réguliers toute l'expression de douceur qu'il put prendre dans cette circonstance, il lui demanda en souriant :

— Pourquoi faites-vous ce beau cordon, ma chère et fidèle épouse ?

— C'est pour vous pendre, monseigneur ! répondit en souriant à son tour la reine.

André haussa les épaules, ne voyant dans cette menace d'une incroyable témérité qu'une grossière plaisanterie. Puis, comme il vit que Jeanne se remettait à son ouvrage, il essaya de renouer la conversation.

— J'avoue, continua-t-il d'une voix parfaitement calme, que ma demande est au moins superflue : j'aurais dû me douter, à l'empressement que vous mettez à terminer votre riche travail, qu'il est destiné à quelque beau chevalier que vous vous proposez d'envoyer, sous l'auspice de vos couleurs, à quelque entreprise dangereuse. Dans ce cas, ma belle souveraine, je réclame un ordre de votre bouche; marquez le lieu et le temps de l'épreuve, et je suis sûr d'avance de remporter un prix, que je disputerai à tous vos adorateurs.

— Cela n'est pas bien certain, reprit Jeanne, si vous êtes aussi vaillant en guerre qu'en amour. Et elle jeta à son mari un regard si lascif et si méprisant, que le jeune homme en rougit jusqu'aux yeux.

— J'espère, reprit André en se contenant, vous donner bientôt de telles preuves de mon affection, que vous ne pourrez plus en douter.

— Et qu'est-ce qui vous fait supposer cela, monseigneur?

— Je vous le dirais, si vous vouliez m'écouter sérieusement.

— Je vous écoute.

— Eh bien ! ce qui me donne une si grande confiance dans l'avenir, est un rêve que j'ai fait la nuit passée.

— Un rêve ! cela mérite bien quelques explications de votre part.

— J'ai rêvé qu'il y avait une grande fête dans la ville; une foule immense envahissait les rues comme un torrent qui déborde, et faisait retentir le ciel de ses cris d'allégresse ; les sombres façades de marbre, de granit avaient disparu sous des tentures de soie et des festons de fleurs, les églises étaient parées comme pour les grandes solennités. Je chevauchais côte à côte avec vous.

— Jeanne fit un mouvement d'orgueil. — Pardon, madame, ce n'est qu'un rêve : je marchais donc à votre droite, sur un beau cheval blanc, magnifiquement caparaçonné, et le maître justicier du royaume portait devant moi un drapeau déployé en signe d'honneur. Après avoir parcouru triomphalement les principaux quartiers de la cité, nous sommes arrivés, au son des clairons et des trompettes, à la royale église de Sainte-Claire, où est enterré votre aïeul et mon oncle, et là,

devant le maître-autel, le légat du pape, après avoir
mis votre main dans la mienne, a prononcé un long
discours, et a posé tour à tour sur nos fronts la couronne de Jérusalem et de Sicile ; après quoi, les grands
et le peuple se sont écriés d'une voix unanime : « Vivent
le roi et la reine de Naples ! » Et moi, voulant rendre
éternel le souvenir d'une si glorieuse journée, j'ai
ordonné des chevaliers parmi les plus zélés de la cour.

— Et ne vous rappelez-vous pas les noms de ces élus
que vous avez jugés dignes de vos royales faveurs ?

— Si fait, madame, si fait : Bertrand, comte d'Artois...

— Assez, monseigneur ; je vous dispense de nommer
les autres : j'ai toujours cru que vous étiez un magnifique
et loyal seigneur ; mais vous venez de m'en donner de
nouvelles preuves en faisant tomber vos grâces sur les
personnes que j'honore le plus de ma confiance. J'ignore
si vos désirs doivent bientôt se réaliser ; mais, dans
tous les cas, soyez sûr de ma reconnaissance éternelle.

La voix de Jeanne ne trahissait pas la moindre émotion, son regard était devenu caressant, et le plus doux
sourire errait sur ses lèvres. Mais dès ce moment la
mort d'André fut décidée dans son cœur. Le prince,
trop préoccupé lui-même de ses projets de vengeance,
et trop confiant dans la toute-puissance de son talisman
et dans sa bravoure personnelle, ne conçut pas le
soupçon qu'on pourrait le prévenir. Il s'entretint longtemps avec sa femme sur le ton d'une causerie amicale
et enjouée, cherchant à épier ses secrets, et lui livrant
les siens par des phrases tronquées et des réticences
mystérieuses. Quand il crut voir que jusqu'au plus léger
nuage de ses anciens ressentiments s'était dissipé du
front de Jeanne, il la supplia de l'accompagner, elle et
sa suite, dans une chasse magnifique qu'il organisait
pour le 20 août, ajoutant que cette complaisance de la
reine serait pour lui le gage le plus sûr de leur réconciliation complète et d'un entier oubli du passé. Jeanne
le lui promit avec une grâce charmante, et le prince se
retira pleinement satisfait de son entretien, emportant
la conviction qu'il n'aurait qu'à frapper les favoris de la
reine pour s'en faire obéir et peut-être aimer encore.

Mais la veille du 20 août, une scène étrange et terrible se passait au fond d'une des tours latérales du Château-Neuf. Charles de Duras, qui n'avait cessé de couver dans l'ombre son projet infernal, averti par le notaire qu'il avait chargé de veiller sur les progrès de la conspiration que le soir même il devait y avoir une réunion définitive, enveloppé d'un manteau noir, se glissa dans un corridor souterrain, et caché derrière un pilier, il attendit l'issue de la conférence. Après deux heures d'attente mortelle, où chaque seconde était marquée par les battements de son cœur, Charles crut entendre le bruit d'une porte qu'on ouvrait avec la plus grande précaution ; un faible rayon s'échappant de la tente d'une lanterne trembla sous la voûte sans dissiper les ténèbres, et un homme, se détachant de la muraille, marcha dans sa direction comme un bas-relief vivant. Charles toussa légèrement : c'était le signal convenu. L'homme éteignit sa lumière, et cacha le poignard qu'il avait tiré dans la crainte d'une surprise.

— C'est toi, maître Nicolas ? demanda le duc à voix basse.

— C'est moi, monseigneur.

— Eh bien ?

— On vient de décider la mort du prince pour demain, en allant à la chasse.

— As-tu reconnu tous les conjurés ?

— Tous, quoique leurs traits soient cachés par un masque ; mais lorsqu'ils ont prononcé leur vote de mort, je les ai reconnus à leur voix.

— Pourrais-tu me les désigner ?

— A l'instant même : ils vont défiler par le fond de ce corridor ; et tenez, voici Tomaso Pace qui marche en avant des autres pour les éclairer.

En effet, un long fantôme, noir de la tête aux pieds, le visage soigneusement caché par un masque en velours, une torche à la main, traversa le fond du couloir, et s'arrêta sur le premier degré d'un escalier tournant qui menait aux étages supérieurs. Les conjurés s'avançaient lentement, deux à deux, comme une procession de spectres, passaient un moment dans le cercle lumineux projeté par la torche, et disparaissaient dans l'ombre.

— Voici Charles et Bertrand d'Artois, dit le notaire ; voici les comtes de Terlizzi et de Catanzaro ; voici le grand amiral et le grand sénéchal du royaume, Godefroi de Marsan, comte de Squillac, et Robert de Cabane, comte d'Eboli; ces deux femmes qui parlent à voix basse avec une si grande volubilité de gestes sont Catherine de Tarente, impératrice de Constantinople, et Filippa la Catanaise, gouvernante et première dame de la reine; voici dona Cancia, la camérière et la confidente de Jeanne, et voici la comtesse de Morcone...

Le notaire s'arrêta en voyant paraître une ombre qui marchait toute seule, la tête basse, les bras pendants, étouffant ses sanglots sous les plis de son long capuchon noir.

— Et quelle est cette femme, qui semble se traîner avec peine à la suite du lugubre cortège? demanda le duc en serrant le bras de son compagnon.

— Cette femme, murmura le notaire, c'est la reine!

— Ah! je la tiens! pensa Charles en respirant à pleine poitrine, avec cette profonde satisfaction que doit éprouver Satan lorsqu'une âme longtemps convoitée tombe enfin en son pouvoir.

— Et maintenant, monseigneur, reprit maître Nicolas lorsque tout fut rentré dans l'obscurité et dans le silence, vous m'avez commandé d'épier les démarches des conjurés pour sauver le jeune prince que vous protégez de votre amitié vigilante; hâtez-vous de le prévenir, car demain peut-être il serait trop tard.

— Suis-moi, s'écria le duc d'un ton impérieux; il est temps que tu apprennes mes intentions véritables, pour te conformer à mes ordres avec la plus scrupuleuse exactitude.

Et en achevant ces paroles il l'entraîna du côté opposé à celui par lequel les conjurés venaient de disparaître. Le notaire le suivit machinalement à travers un dédale de corridors obscurs et d'escaliers dérobés, sans pouvoir s'expliquer le brusque changement qui paraissait s'opérer dans l'esprit de son maître, lorsque traversant une des antichambres du château ils rencontrèrent André, qui les aborda joyeusement; le prince serra avec son amitié habituelle la main de son cousin de Duras, et lui demanda avec une assurance qui n'admettait pas de refus :

— Eh bien! duc, serez-vous demain de notre chasse?

— Excusez-moi, monseigneur, répondit Charles en s'inclinant jusqu'à terre, il m'est impossible de vous accompagner demain ; car ma femme est très souffrante ; mais je vous prie d'accepter le plus beau de mes faucons.

Et il lança au notaire un regard qui le cloua à sa place.

La matinée du 20 août se leva belle et sereine, par une de ces ironies de la nature qui contrastent si cruellement avec les douleurs des hommes. Dès la pointe du jour, maîtres et valets, pages et chevaliers, princes et courtisans, tout le monde était sur pied ; des cris de joie s'élevèrent de toutes parts lorsque la reine parut, montée sur un cheval blanc comme la neige, à la tête de cette brillante jeunesse. Jeanne était peut-être plus pâle qu'à l'ordinaire ; mais on pouvait attribuer sa pâleur à l'heure matinale à laquelle elle avait été obligée de se lever. André, pressant de ses genoux un des chevaux les plus fougueux qu'il eût domptés de sa vie, caracolait près de sa femme avec une noble fierté, se sentait heureux de sa force, heureux de sa jeunesse, heureux de mille espérances dorées qui paraient son avenir des plus riches couleurs. Jamais la cour de Naples n'avait déployé plus d'éclat ; tous les sentiments de haine et de méfiance paraissaient complètement oubliés ; et frère Robert lui-même, le soupçonneux ministre, voyant passer sous sa croisée cette joyeuse cavalcade, dérida son front soucieux et caressa sa barbe avec orgueil.

L'intention d'André était de passer plusieurs jours en chassant entre Capoue et Aversa, et de ne revenir à Naples que lorsque tout serait prêt pour son couronnement. En conséquence, le premier jour on chassa près de Melito, et on traversa deux ou trois villages de la Terre de Labour. Vers le soir la cour s'arrêta pour passer la nuit à Aversa, et comme à cette époque il n'y avait pas dans la ville un château digne de recevoir la reine et son mari avec leur suite nombreuse, on transforma en demeure royale le couvent de Saint-Pierre à Majella, bâti par Charles II, l'an du Seigneur 1309.

Tandis que le grand sénéchal donnait des ordres pour le souper et faisait préparer à la hâte un appartement pour André et sa femme, le prince, qui s'était livré toute la journée, par une chaleur ardente, à son plaisir favori avec tout l'abandon de la jeunesse, monta sur une terrasse pour respirer la brise du soir en compagnie de sa bonne Isolda, de sa chère nourrice, qui, l'aimant plus que sa mère, ne se séparait pas de lui un seul instant. Jamais le prince n'avait paru si animé et si content ; il s'extasiait sur la beauté de la campagne, sur la limpidité du ciel, sur le parfum de la verdure; il accablait sa nourrice de mille questions sans s'inquiéter de ses réponses, qui se faisaient longtemps attendre, car la pauvre Isolda le contemplait avec cet air de ravissement profond qui rend les mères si distraites lorsqu'elles écoutent leurs enfants. André lui parlait-il avec ardeur d'un terrible sanglier qu'il avait poursuivi le matin à travers le bois et avait étendu écumant à ses pieds, Isolda l'interrompait pour l'avertir qu'il avait dans l'angle de l'œil un grain de poussière. André formait des projets pour l'avenir; Isolda, tout en caressant ses blonds cheveux, remarquait avec sollicitude qu'il devait être bien fatigué. Enfin, n'écoutant que ses transports, le jeune prince défiait la destinée et appelait de tous ses vœux des dangers pour les combattre, et la pauvre nourrice s'écriait tout en pleurs : — Vous ne m'aimez plus, mon enfant!

Impatienté de ses interruptions continuelles, André la grondait doucement, et jouait avec ses puériles frayeurs. Puis, sans se rendre compte d'une mélancolique tendresse qui le gagnait insensiblement, il se fit raconter mille traits de son enfance, lui parla longtemps de son frère Louis, de sa mère absente, et une larme lui vint à la paupière quand il se rappela le dernier adieu maternel. Isolda l'écouta avec joie, répondit naturellement à toutes ses demandes; mais aucun pressentiment n'agita son cœur; car la pauvre femme aimait André de toutes les forces de son âme; elle aurait donné pour lui sa vie dans ce monde et sa part de ciel dans l'autre; mais elle n'était pas sa mère!

Lorsque tout fut prêt, Robert de Cabane vint avertir le prince que la reine l'attendait; André jeta un dernier regard sur ces riantes campagnes que la nuit couvrait de son voile étoilé, porta sur ses lèvres et sur son cœur la main de sa nourrice, et suivit le sénéchal lentement et comme à regret. Mais bientôt les lumières qui brillaient dans la salle, les vins qui circulaient en abondance, les gais propos, les récits bruyants des exploits de la journée, dissipèrent ce nuage de tristesse qui avait assombri pour un instant le front du prince. La reine seule, les coudes appuyés sur la table, les prunelles fixes, les lèvres immobiles, assistait à cet étrange festin, pâle et froide comme une apparition sinistre évoquée du tombeau pour troubler la joie des convives. André, dont la raison commençait à se noyer dans les flots du vin de Caprée et de Syracuse, choqué de la contenance de sa femme, qu'il attribuait au dédain, remplit une coupe jusqu'aux bords et la présenta à la reine. Jeanne tressaillit vivement et remua ses lèvres avec une agitation convulsive ; mais les conjurés couvrirent de leurs voix éclatantes le frémissement involontaire qui venait de s'échapper de sa poitrine. Au milieu du tumulte général, Robert de Cabane proposa de distribuer copieusement à la garde hongroise qui veillait aux avenues du couvent les mêmes vins qu'on avait servis à la table royale, et cette libéralité extravagante souleva des applaudissements frénétiques. Bientôt les cris des soldats qui témoignaient leur reconnaissance pour une générosité si inattendue, se mêlèrent aux ovations des convives. Pour compléter l'ivresse du prince on s'écriait de toutes parts : — Vive la reine ! vive Sa Majesté le roi de Naples !

On prolongea l'orgie bien avant la nuit ; on parla avec enthousiasme des plaisirs qu'on se promettait pour le lendemain, et Bertrand d'Artois remarqua tout haut qu'après une si longue veillée tout le monde ne se lèverait peut-être pas à l'heure. André déclara que, quant à lui, une heure ou deux suffiraient pour le remettre entièrement de ses fatigues, et qu'il souhaitait vivement que son exemple ne restât pas sans imitateurs. Le comte de Terlizzi parut exprimer respectueusement quelques doutes sur l'exactitude du prince. André se récria, et après avoir porté un défi à tous les barons présents, à qui serait debout le premier, il se retira avec la reine dans l'appartement qui leur était réservé, où il ne tarda pas à s'endormir d'un sommeil lourd et profond. Vers deux heures du matin, Tomaso Pace, valet de chambre du prince et premier huissier des appartements royaux, vint frapper à la porte de son maître, afin de le réveiller pour la chasse. Au premier coup, tout demeura dans le silence; au second, Jeanne, qui n'avait pas fermé l'œil de la nuit, fit un mouvement comme pour secouer son mari et l'avertir du danger qui le menaçait; au troisième, le malheureux jeune homme se réveilla en sursaut, et entendant dans la chambre voisine des rires et des chuchotements, persuadé qu'on plaisantait sur sa paresse, sauta de son lit, la tête nue, couvert de sa chemise et chaussé à peine, et ouvrit la porte. Ici nous traduisons littéralement le récit de Dominique Gravina, un des chroniqueurs les plus estimés.

Aussitôt que le prince se montra, les conjurés se jetèrent sur lui tous à la fois, pour l'étouffer de leurs mains; car il ne pouvait mourir ni par le fer ni par le poison, à cause d'un anneau que sa pauvre mère lui avait donné. Mais André, fort et agile comme il était, voyant l'infâme trahison, se défendait avec une vigueur surnaturelle, et poussant des cris horribles, il se dégagea de l'étreinte de ses meurtriers, le visage sanglant, et ses blonds cheveux arrachés par touffes. Le malheureux jeune homme essayait de gagner sa chambre pour prendre une arme et résister bravement à ses assassins; mais arrivé près de la porte, le notaire Nicolas de Melazzo, passant son poignard comme un verrou dans les anneaux de la serrure, l'empêcha d'entrer. Le prince, criant toujours, implorant la protection de ses fidèles, retourna dans la salle; mais toutes les portes étaient fermées, et personne ne lui tendait une main secourable; car la reine se taisait, sans montrer aucune inquiétude de la mort de son mari.

Cependant la nourrice Isolda, frappée par les hurlements de son cher fils et seigneur, bondissant de son lit et s'approchant de la fenêtre, remplissait la maison de cris épouvantables. Déjà les traîtres, effrayés par l'immense rumeur, quoique le lieu fût désert et tellement éloigné du centre de la ville, que personne n'aurait pu accourir à ce bruit, se disposaient à lâcher leur victime, lorsque Bertrand d'Artois, se sentant plus coupable que les autres, excité par une rage d'enfer, saisit fortement le prince à bras-le-corps, et le terrassa après une lutte désespérée; puis, le traînant par les cheveux vers un balcon qui donnait sur les jardins, et appuyant un genou sur sa poitrine :

— A moi, barons! s'écria-t-il en s'adressant aux autres; j'ai ce qu'il faut pour l'étrangler.

Et il lui passa au cou un long cordon de soie et d'or, tandis que le malheureux se débattait de toutes ses forces; mais Bertrand serra le nœud promptement, et les autres, jetant le corps par-dessus le parapet du balcon, le laissèrent ainsi suspendu entre le ciel et la terre jusqu'à ce que la mort s'ensuivît. Et comme le comte de Terlizzi détournait les yeux avec horreur de cette affreuse agonie, Robert de Cabane lui cria impérieusement :

— Que faites-vous là, mon beau-frère, la corde est assez longue pour que chacun de nous puisse en tenir un bout : il nous faut des complices, et non des témoins.

Et aussitôt que les dernières convulsions du mourant eurent cessé, ils laissèrent tomber le cadavre de toute la hauteur de trois étages, et ouvrant les portes de la salle s'en allèrent comme s'ils n'avaient rien fait.

Isolda, ayant pu enfin se procurer de la lumière, monta rapidement à la chambre de la reine, et trouvant la porte fermée en dedans, elle se mit à appeler son fils à haute voix. Point de réponse; et cependant la reine était dans la chambre. La pauvre nourrice, égarée, tremblante, éperdue, traversa tous les corridors, frappa à toutes les cellules, réveilla les moines un à un, les priant de chercher le prince avec elle. Les moines répondirent qu'ils avaient entendu du bruit en effet; mais, croyant qu'il s'agissait d'une querelle de soldats ivres ou révoltés, ils n'avaient pas cru devoir intervenir. Isolda insiste par de plus vives prières; l'alarme se répand dans le couvent, les religieux suivent la nourrice, qui les précède avec un flambeau. Elle entre dans le jardin, aperçoit sur l'herbe quelque chose de blanc, s'avance en tremblant, pousse un cri aigu, et tombe à la renverse.

Le malheureux André gisait dans son sang, la corde au cou comme un voleur, la tête écrasée par la chute profonde. Alors deux moines montèrent à l'appartement de la reine, et frappant à la porte avec respect, lui demandèrent d'une voix sépulcrale :

— Madame la reine, que voulez-vous qu'on fasse du cadavre de votre mari?

Et comme la reine ne donnait aucune réponse, ils redescendirent lentement au jardin et s'agenouillant, un à la tête et l'autre aux pieds du mort, ils se mirent à réciter à voix basse les psaumes de la pénitence. Quand ils eurent prié une heure, deux autres moines montèrent également à la chambre de Jeanne, et ayant répété la même demande sans obtenir de réponse, ils relevèrent les deux premiers moines, et prièrent à leur tour. Enfin un troisième couple se présenta à la porte de cette chambre inexorable, et comme, il s'en revenait consterné par le peu de succès de sa démarche, le peuple s'ameuta autour du couvent, et des cris de mort coururent sur cette multitude indignée. Déjà les groupes devenaient plus serrés, les voix s'élevaient menaçantes, le torrent menaçait d'envahir la demeure royale, lorsque la garde de la reine parut la lance au poing, et une litière hermétiquement fermée, entourée des principaux barons de la cour, traversa la foule frappée de stupeur. Jeanne, couverte d'un voile noir, se rendit au Château-Neuf, au milieu de son escorte, et personne, disent les historiens, n'osa plus parler de cette mort.

Mais le rôle terrible de Charles de Duras devait commencer aussitôt que le crime serait consommé. Le duc laissa pendant deux jours au vent et à la pluie, sans sépulture et sans honneur, le cadavre de celui que le pape avait déjà nommé roi de Sicile et de Jérusalem, afin que cette vue misérable augmentât l'indignation de la foule. Puis, le troisième jour, il le fit transporter avec la plus grande pompe à la cathédrale de Naples, et rassemblant tous les Hongrois autour du catafalque, il s'écria d'une voix tonnante :

— Nobles et manants, voici notre roi lâchement étranglé par une trahison infâme. Dieu ne tardera pas à nous livrer les noms de tous les coupables : que ceux qui désirent que justice soit faite lèvent la main en jurant aux meurtriers une persécution sanglante, une haine implacable, une vengeance éternelle.

Alors ce ne fut qu'un seul cri, qui porta la désolation et la mort au cœur des conjurés, et le peuple se dispersa par la ville en criant : — Vengeance! vengeance!

La justice divine, qui ne connaît point de privilèges et qui ne s'arrête pas devant une couronne, frappa d'abord Jeanne dans son amour. Lorsque les deux amants se trouvèrent en présence, saisis mutuellement d'horreur et de dégoût, ils reculèrent en tremblant, la reine ne voyant en lui que le bourreau de son mari, et lui ne voyant dans la reine que la cause de son crime, et peut-être de sa punition imminente. Les traits de Bertrand d'Artois étaient bouleversés, ses joues creuses, ses yeux cernés d'un cercle livide : sa bouche horriblement contractée, le bras et l'index tendus vers sa complice, il voyait se dresser devant lui une affreuse vision. Le même cordon avec lequel il avait étranglé André, il le voyait maintenant autour du cou de la reine, tellement serré qu'il entrait dans les chairs, et une force invisible, une inspiration satanique le poussait, lui, Bertrand, à étrangler de ses propres mains cette femme qu'il avait tant aimée, qu'il avait autrefois adorée à genoux. Le comte s'élança hors de la chambre en faisant des gestes désespérés, en prononçant des paroles incohérentes, et comme il donnait des signes d'égarement et de folie, son père, Charles d'Artois, l'entraîna avec lui, et le soir même ils partirent pour leur terre de Sainte-Agathe, et s'y fortifièrent en cas d'attaque.

Mais le supplice de Jeanne, supplice lent et terrible, qui devait durer trente-sept ans et se terminer par une mort affreuse, ne faisait que de commencer à peine. Tous les les misérables qui avaient trempé dans la mort d'André se présentèrent tour à tour pour demander le prix du sang. La Catanaise et son fils, qui avaient maintenant dans leurs mains non-seulement l'honneur, mais la vie aussi de la reine, redoublèrent d'avidité et d'exigence ; dona Cancia ne mit plus aucun frein à ses débauches, l'impératrice de Constantinople somma sa nièce d'épouser son fils aîné, Robert, prince de Tarente. Jeanne, rongée par ses remords, dévorée par l'indignation, humiliée par l'arrogance de ses sujets, n'osant plus relever le front, accablée sous la honte, descendit aux prières, et se borna à demander quelques jours de délai ; l'impératrice y consentit, à la condition que son fils viendrait habiter le Château-Neuf, et aurait la permission de voir la reine une fois par jour ; Jeanne courba la tête en silence, et Robert de Tarente fut installé au château.

De son côté, Charles de Duras, qui, par la mort d'André, était devenu presque le chef de la famille, et qui, aux termes du testament du vieux roi, dans le cas où Jeanne mourrait sans enfants légitimes, héritait du royaume par sa femme Marie ; Charles de Duras intima deux ordres à la reine : premièrement, qu'elle ne songeât pas à contracter de nouvelles noces sans le consulter sur le choix de l'époux ; secondement, qu'elle eût à l'investir sur-le-champ du titre de duc de Calabre ; et pour déterminer sa cousine à ce double sacrifice, il ajouta que si elle était assez mal avisée pour lui refuser une de ces deux demandes, il livrerait à la justice les preuves du crime et les noms des meurtriers. Jeanne, fléchissant sous le poids de ce nouveau malheur, ne trouvait pas d'expédient pour l'éviter ; mais Catherine, qui était seule de taille à lutter contre son neveu, répondit qu'il fallait frapper le duc de Duras dans son ambition et dans ses espérances, en lui déclarant d'abord, comme c'était la vérité, que la reine était enceinte ; et si, malgré cette nouvelle, il persistait dans ses projets, qu'alors elle se chargerait de trouver quelque moyen pour jeter dans la famille de son neveu le trouble et la discorde, pour le blesser dans ses affections ou dans ses intérêts les plus intimes, pour le déshonorer publiquement dans la personne de sa femme et de sa mère.

Charles sourit froidement lorsque sa tante vint lui rapporter, de la part de la reine, que cette dernière allait mettre au monde un enfant d'André. En effet, quelle importance pouvait avoir un enfant encore à naître, et qui ne vécut réellement que peu de mois, aux yeux d'un homme qui se défaisait avec un si admirable sang-froid, et par la main même de ses ennemis, des personnes qui le gênaient dans sa carrière ? Il répondit à l'impératrice que cette heureuse nouvelle, qu'elle daignait lui annoncer de sa propre bouche, loin de diminuer son indulgence pour sa cousine, l'engageait, au contraire, à lui prouver plus de bonté et plus d'intérêt ; que par conséquent il réitérait sa proposition et renouvelait sa promesse de ne pas poursuivre la vengeance de son cher André, puisque en quelque sorte le

crime n'était pas entièrement consommé, s'il survivait
un enfant; mais il se montra inflexible en cas de refus.
Il fit comprendre adroitement à Catherine de Tarente
que, comme elle était bien pour quelque chose dans la
mort du prince, elle aurait dû, pour son propre compte,
déterminer la reine à étouffer le procès.

L'impératrice parut vivement affectée de l'attitude
menaçante de son neveu, et lui promit de faire son
possible pour persuader à la reine de lui accorder tout
ce qu'il lui demandait, à condition cependant que Charles
lui donnât le temps nécessaire pour mener à bout une
négociation aussi délicate. Mais Catherine profita du
délai qu'elle avait su arracher à l'ambition du duc de
Duras pour méditer sa vengeance, et s'assurer les
moyens d'un infaillible succès. Après plusieurs plans
accueillis avec empressement et abandonnés avec regret,
elle s'arrêta à un projet infernal, inouï, et que l'esprit
se refuserait à croire, s'il n'était attesté unanimement
par tous les historiens. La pauvre Agnès de Duras
souffrait depuis plusieurs jours d'une mystérieuse langueur, et peut-être le caractère inquiet et turbulent de
son fils n'était pas la dernière cause de cette lente et
pénible maladie. Ce fut sur cette mère infortunée que
l'impératrice résolut de faire tomber les premiers effets
de sa haine. Elle fit venir le comte de Terlizzi et sa maîtresse dona Cancia, et comme cette dernière, par ordre
de la reine, assistait Agnès depuis sa maladie, Catherine
insinua à la jeune camérière, qui était alors enceinte,
de substituer son urine à celle de la malade, afin que
le médecin, trompé par cet indice, fût forcé d'avouer à
Charles Duras la faute et le déshonneur de sa mère. Le
comte, qui, depuis la part qu'il avait prise au régicide,
tremblait à chaque instant d'être dénoncé, n'eut rien à
opposer aux volontés de l'impératrice, et dona Cancia,
dont la tête était aussi légère que le cœur était cor-
rompu, accueillit avec une folle gaieté l'occasion de se
venger de la pruderie d'une princesse du sang qui
seule s'avisait d'être vertueuse au milieu d'une cour
renommée par sa dépravation. Une fois assurée du consentement et de la discrétion de ses complices, Catherine fit circuler des bruits vagues et douteux, mais d'une
terrible gravité, s'ils pouvaient être confirmés par une

preuve ; et, aussitôt émise, la perfide accusation arriva de confidence en confidence à l'oreille de Charles.

Saisi d'un tremblement convulsif à cette éclatante révélation, le duc fit appeler à l'instant même le médecin de la maison, et lui demanda impérieusement quelle était la cause de la maladie de sa mère. Le médecin pâlit, balbutia ; mais, pressé par les menaces de Charles, lui avoua qu'il avait des soupçons assez fondés pour croire que la duchesse était enceinte, mais que, comme une première fois il aurait pu se tromper, avant de se prononcer dans une matière si grave, il demandait à faire une seconde observation. Le lendemain, au moment où le docteur sortait de la chambre d'Agnès, le duc alla au-devant de lui, et après l'avoir interrogé par un mouvement plein d'angoisse, au silence qui suivit sa demande, il comprit que ses craintes n'étaient que trop réelles. Cependant le médecin, s'armant d'une précaution excessive, déclara qu'il voulait s'en remettre à une troisième expérience. Les damnés n'ont pas d'heures plus longues que celles qui s'écoulèrent pour Charles, jusqu'au fatal moment où il acquit la certitude que sa mère était coupable. Le troisième jour, le médecin affirma en son âme et conscience qu'Agnès de Duras était enceinte.

— C'est bien, dit Charles en congédiant le docteur sans montrer aucune émotion.

Le soir, on administrait à la duchesse un remède que le médecin avait ordonné, et comme une demi-heure après elle fut assaillie de violentes douleurs, on avertit le duc qu'il fallait peut-être consulter d'autres savants, puisque l'ordonnance du médecin ordinaire, au lieu de produire une amélioration dans l'état de la malade, n'avait fait que l'empirer.

Charles monta lentement chez la duchesse, et renvoyant tous ceux qui étaient autour du lit, sous prétexte que par leur maladresse ils ne faisaient qu'irriter les souffrances de sa mère, il s'enferma seul avec elle. La pauvre Agnès, oubliant à la vue de son fils les tortures qui déchiraient ses entrailles, lui serra la main avec tendresse, et lui sourit à travers les pleurs.

Charles, le front baigné d'une sueur froide, blême sous son teint cuivré, la prunelle horriblement dilatée, se pencha sur la malade et lui demanda d'une voix sombre :

— Eh bien, ma mère, allez-vous un peu mieux?

— Oh! je souffre! je souffre affreusement, mon pauvre Charles! Je sens comme du plomb qui coule dans mes veines. O mon fils! fais venir tes frères, pour que je puisse vous bénir une dernière fois; car je ne pourrai résister longtemps à ma douleur. Je brûle; oh! par pitié! appelez vite un médecin, je suis empoisonnée.

Charles ne bougeait pas de son chevet.

— De l'eau! répétait la mourante d'une voix entrecoupée, de l'eau! un médecin, un confesseur, mes enfants, je veux voir mes enfants!

Et comme le duc demeurait impassible, dans un morne silence, la pauvre mère, quoique affaissée par ses souffrances, croyant que la douleur avait ôté à son fils la parole et le mouvement, se leva sur son séant par un effort désespéré, et le secouant par le bras, s'écria de toute la force qui lui restait :

— Charles, mon fils! qu'as-tu? mon pauvre enfant, courage, ce ne sera rien, je l'espère; mais vite, appelez du secours; appelez mon médecin. Oh! vous ne pouvez pas vous faire une idée de ce que je souffre!

— Votre médecin, reprit Charles d'une voix lente et froide, dont chaque mot s'enfonçait dans l'âme de sa mère comme un coup de poignard, votre médecin ne peut pas venir.

— Et pourquoi? demanda Agnès atterrée.

— Parce que celui qui possédait le secret de notre honte ne devait plus vivre.

— Malheureux! s'écria la mourante au comble de l'effroi et de la douleur, vous l'avez assassiné! vous avez peut-être empoisonné votre mère! O Charles! Charles! pitié pour votre âme.

— C'est vous qui l'avez voulu, reprit Charles d'une voix sourde; c'est vous qui m'avez poussé au crime et au désespoir; c'est vous qui êtes la cause de mon déshonneur dans ce monde et de ma perdition dans l'autre.

— Que dites-vous? Mon Charles, par pitié, ne me faites pas mourir dans cette affreuse incertitude; quel fatal égarement vous aveugle? Parlez, parlez, mon fils je ne sens déjà plus le poison qui me dévore; que vous ai-je fait? de quoi m'a-t-on accusée?

Et elle regarda son fils d'un œil hagard, où l'amour maternel luttait encore contre la pensée atroce du parricide; puis, voyant que Charles restait muet malgré ses prières, elle répéta avec un cri déchirant :

— Parlez! au nom du ciel, parlez, avant que je meure!

— Vous êtes enceinte, ma mère!

— Moi! s'écria Agnès avec un éclat de voix qui lui brisa la poitrine. Dieu, pardonnez-lui! Charles, votre mère vous pardonne et vous bénit en mourant.

Charles se précipita à son cou, criant au secours d'une voix désespérée : il aurait maintenant voulu la sauver au prix de sa vie; mais il était trop tard. Il poussa un cri du fond de son âme, et on le trouva étendu sur le cadavre de sa mère.

On fit d'étranges commentaires, à la cour, sur la mort de la duchesse de Duras et sur la disparition de son médecin; mais ce que personne ne put révoquer en doute, ce fut la sombre douleur qui creusa des rides plus profondes sur le front déjà si triste de Charles. Catherine seule comprit ce qu'il y avait de vraiment terrible dans la mélancolie de son neveu : car il était évident pour elle que le duc avait du même coup tué son médecin et empoisonné sa mère. Mais elle ne s'attendait pas à une réaction si subite et si violente dans le cœur d'un homme qui ne reculait devant aucun crime. Elle croyait Charles capable de tout, excepté de remords. Cette tristesse morne et concentrée lui parut d'un mauvais augure pour ses projets. Elle avait voulu susciter à son neveu des chagrins domestiques, pour qu'il n'eût pas le temps de s'opposer au mariage de son fils et de la reine; mais elle avait dépassé son but, et Charles, engagé dans la voie du crime par un pas terrible, ayant brisé le lien des plus saintes affections, se rejetait dans ses passions mauvaises avec une fiévreuse ardeur et un âpre sentiment de vengeance.

Catherine essaya alors de la soumission et de la douceur. Elle fit comprendre à son fils qu'il n'y avait plus pour lui qu'un moyen d'obtenir la main de la reine : c'était de flatter l'ambition de Charles et de se mettre en quelque sorte sous son patronage. Robert de Tarente comprit sa position, et cessa de faire la cour à Jeanne, qui accueillait son empressement avec une froide bienveillance, pour s'attacher aux pas de son cousin. Il montra pour lui la déférence et le respect que Charles lui-même avait affectés pour André lorsque la pensée lui était venue de le perdre. Mais le duc de Duras ne se laissa pas tromper par les sentiments d'amitié et de dévouement que lui témoignait l'aîné de la maison de Tarente, et tout en se montrant fort touché de ce retour inattendu, il se tint en garde contre les sollicitations de Robert.

Un événement en dehors de toutes les prévisions humaines renversa les calculs des deux cousins. Un jour qu'ils étaient sortis ensemble à cheval, comme ils en avaient pris l'habitude depuis leur réconciliation hypocrite, Louis de Tarente, le plus jeune frère de Robert, qui avait toujours aimé Jeanne de cet amour chevaleresque et naïf qu'on garde enfoui comme un trésor au fond de l'âme, quand on a vingt ans et qu'on est beau comme un ange, Louis disons-nous, qui, se tenant à l'écart de l'infâme conspiration de sa famille, n'avait pas souillé ses mains du sang d'André, entraîné par je ne sais quelle ardeur inouïe, se présenta aux portes du Château-Neuf, et tandis que son frère perdait des moments précieux à solliciter un consentement nubile, il fit lever le pont, et ordonna sévèrement aux soldats de n'ouvrir à personne. Puis sans se préoccuper un seul instant de la colère de Charles ou de la jalousie de Robert, il s'élança à l'appartement de la reine, et là, comme dit Dominique Gravina, sans autre préambule, il consomma le mariage.

Au retour de sa promenade, Robert de Tarente, étonné que le pont ne s'abaissât pas incontinent devant lui, fit d'abord appeler à haute voix les soldats qui gardaient la forteresse, les menaçant d'une punition sévère pour leur impardonnable négligence; mais comme les portes du château demeuraient fermées, et comme les soldats ne donnaient aucun signe de crainte ou de repentir, le prince se mit dans une affreuse colère, et il jura de faire pendre comme des chiens les misérables qui voulaient l'empêcher de rentrer chez lui.

Cependant l'impératrice de Constantinople, effrayée de la sanglante querelle qui allait s'élever entre les deux frères, s'avança seule et à pied au-devant de son fils, et usant de son ascendant maternel, après l'avoir prié de maîtriser ses transports, en présence de la foule qui déjà se pressait en tumulte pour assister à cet étrange spectacle, elle lui raconta à voix basse tout ce qui s'était passé en son absence.

Un rugissement de tigre blessé s'échappa de la poitrine de Robert, et peu s'en fallut qu'aveuglé par sa rage, il ne foulât sa mère aux pieds de son cheval, qui, secondant la colère de son maître, se cabrait furieusement, et aspirait le sang par ses narines. Quand le prince eut vomi tout ce qu'il avait d'imprécations sur la tête de son frère, il tourna la bride, et s'éloignant au galop de ce château maudit, il vola chez le duc de Duras qu'il venait de quitter à peine, pour l'informer de l'outrage et l'exciter à la vengeance.

Charles causait avec une sorte d'abandon avec sa jeune femme, qui n'était guère habituée à une conversation si paisible, à une familiarité si expansive, lorsque le prince de Tarente, brisé, haletant, trempé de sueur, vint leur faire son incroyable récit. Charles le lui fit répéter deux fois de suite, tant l'audacieuse entreprise de Louis lui paraissait impossible. Puis passant, par une brusque transition, du doute à la fureur, et se frappant le front de son gantelet de fer, il s'écria que puisque la reine le mettait au défi, il saurait bien la faire trembler au milieu de son château et dans les bras de son amant; et laissant tomber un regard accablant sur Marie, qui le suppliait en pleurant pour sa sœur, il serra fortement la main de Robert, et lui promit que tant qu'il vivrait Louis ne serait pas le mari de Jeanne.

Le soir même il s'enferma dans son cabinet et expédia des lettres à la cour d'Avignon, dont on ne tarda guère à voir les effets. Une bulle, datée du 2 juin 1346, fut adressée à Bertram des Baux, comte de Monte-Scaglioso, maître justicier du royaume de Sicile, avec ordre de prendre les informations les plus rigoureuses contre les meurtriers d'André, que le pape couvrait en même temps de son anathème, et de les punir selon les lois les plus sévères. Cependant une note secrète était

jointe à cette bulle, note qui contraria vivement les
desseins de Charles ; car le souverain pontife comman-
dait expressément au grand justicer de ne pas impliquer
dans le procès la reine ou les autres princes du sang,
pour éviter de plus grands troubles, se réservant, en sa
qualité de chef suprême de l'Eglise et de supérieur
du royaume, la faculté de les juger plus tard selon sa
prudence.

Bertram des Baux déploya un grand appareil dans ce
terrible procès. On éleva une estrade dans la grande
salle des tribunaux, et tous les officiers de la couronne,
tous les grands dignitaires de l'Etat, tous les principaux
barons du royaume, eurent leur siège derrière l'enceinte
des magistrats. Trois jours après que la bulle de Clément IV avait été publiée dans la capitale, le maître
justicier put déjà procéder à l'interrogatoire public de
deux accusés. Les deux coupables qui étaient tombés les
premiers sous la main de la justice étaient, comme on
peut bien l'imaginer, ceux dont la condition était moins
élevée et la vie moins précieuse, Tomaso Pace et maître
Nicolas de Melazzo. Ils furent conduits devant le tribunal, pour être, selon l'usage, appliqués préalablement
à la torture. Au moment de se rendre auprès de ses
juges, le notaire, passant dans la rue à côté de Charles,
avait eu le temps de lui dire à voix basse :

— Monseigneur, le temps est venu de vous rendre ma
vie ; je ferai mon devoir ; je vous recommande ma
femme et mes enfants.

Et, encouragé par un signe de tête de son protecteur,
il marcha d'un pas ferme et d'un air délibéré. Le grand
justicier, après avoir constaté l'identité des accusés, les
livra au bourreau et à ses aides, pour qu'ils eussent à
les tourmenter sur la place publique, afin que leur torture servît de spectacle et d'exemple à la foule. Mais, à
peine attaché à la corde fatale, un des accusés,
Tomaso Pace, déclara, au grand désappointement de la
foule, qu'il allait tout avouer et demanda par conséquent qu'on le reconduisît immédiatement devant les
juges. A ces mots, le comte de Terlizzi, qui suivait les
moindres gestes des accusés avec une mortelle anxiété,
crut que c'en était fait de lui et des autres complices, et,
usant de son autorité, au moment où Tomaso Pace, les

mains liées derrière le dos, escorté par deux gardes, et suivi par le notaire, se dirigeait vers la grande salle des tribunaux, il l'attira dans une maison écartée, lui serra fortement la gorge, et le forçant ainsi à pousser la langue en dehors, il la lui coupa avec un rasoir.

Les hurlements du malheureux qu'on venait de mutiler si cruellement frappèrent l'oreille du duc de Duras ; il pénétrait dans la chambre où s'était accompli cet acte de barbarie, au moment où le comte de Terlizzi en sortait, et s'approcha du notaire, qui avait assisté à cet affreux spectacle sans donner le moindre signe d'émotion ou de crainte. Maître Nicolas de Melazzo, croyant que le même sort lui était réservé, se tourna vers le duc d'un air calme, et lui dit avec un triste sourire :

— Monseigneur, la précaution est inutile, et vous n'aurez pas besoin de me couper la langue comme le noble comte vient de le faire à mon pauvre camarade. On arrachera jusqu'aux derniers lambeaux de mes chairs avant de tirer un mot de ma bouche ; je vous l'ai promis, monseigneur, et vous avez pour garant de ma parole la vie de ma femme et l'avenir de mes enfants.

— Ce n'est pas le silence que je te demande, répondit le duc d'une voix sombre ; tu peux, au contraire, me débarrasser par tes révélations de tous mes ennemis à la fois, et je t'ordonne de les dénoncer au tribunal.

Le notaire baissa la tête avec une résignation douloureuse ; puis la relevant tout à coup avec effroi, il fit un pas vers le duc et murmura d'une voix étouffée :

— Et la reine ?

— On ne te croirait pas si tu osais la dénoncer ; mais lorsque la Catanaise et son fils, lorsque le comte de Terlizzi et sa femme, lorsque ses familiers les plus intimes, accusés par toi et ne pouvant endurer la torture, la dénonceront d'une voix unanime...

— Je comprends, monseigneur ; il ne vous faut pas seulement ma vie, il vous faut aussi mon âme. C'est bien, encore une fois, je vous recommande mes enfants.

Et il s'achemina vers le tribunal avec un profond soupir. Le maître justicier adressa à Tomaso Pace les questions d'usage ; au geste désespéré que fit le malheu-

reux en ouvrant sa bouche ensanglantée, un frisson
d'horreur courut sur l'assemblée. Mais l'étonnement et
la terreur arrivèrent au comble, lorsque maître Nicolas
de Melazzo, d'une voix lente et ferme, nomma l'un après
l'autre tous les meurtriers d'André, excepté la reine et
les princes du sang, et raconta l'assassinat dans tous ses
détails.

On procéda à l'instant même à l'arrestation du grand
sénéchal Robert de Cabane et des comtes de Terlizzi et de
Morcone, qui se trouvaient dans la salle, et qui n'osèrent
pas faire un mouvement pour se défendre. Une heure
après, Filippa, ses deux filles, et dona Cancia, allèrent
les rejoindre en prison, après avoir vainement imploré
la protection de la reine. Quant à Charles et à Bertrand
d'Artois, enfermés dans leur forteresse de Sainte-Agathe,
ils défiaient la justice; en outre, plusieurs autres conjurés, au nombre desquels se trouvaient les comtes
de Mileto et de Catanzaro, s'étaient soustraits par la
fuite.

Aussitôt que maître Nicolas déclara qu'il n'avait plus
rien à avouer, et qu'il avait dit au tribunal la vérité
exacte et entière, le grand justicier prononça son arrêt
au milieu du plus profond silence; et sans aucun retard,
Tomaso Pace et le notaire furent liés chacun à la queue
d'un cheval, et après avoir été ainsi traînés par les prin-
cipales rues de la ville, ils furent pendus sur la place
du marché.

On jeta les autres prisonniers au fond d'un souterrain
pour être interrogés et torturés le jour suivant; et
comme il arriva que le soir, se trouvant dans le même
cachot, ils s'adressaient des reproches mutuels, chacun
prétendant avoir été entraîné au crime par les autres,
dona Cancia dont l'étrange caractère ne se démentait
pas, même en face de la torture et de la mort, domina
les plaintes de ses compagnons par un bruyant éclat de
rire, et s'écria joyeusement :

— Voyons, mes enfants, pourquoi des récriminations
si amères et de si discourtois démentis? Nous n'avons
pas d'excuses, et nous sommes tous également coupables. Quant à moi, qui suis la plus jeune de tous et
qui ne suis pas la plus laide, avec la permission de ces
dames, si l'on me condamne, du moins je mourrai

contentée : car il n'y a pas de jouissance en ce monde
que je me sois refusée; et je m'en vante, on pourra
beaucoup me pardonner, car j'ai beaucoup aimé; vous
en savez quelque chose, messeigneurs. Et toi, méchant
vieillard, continua-t-elle en s'adressant au comte de Terlizzi, ne te souviens-tu pas d'avoir couché avec moi dans
l'antichambre de la reine? Voyons, ne rougis pas devant
ta noble famille; faites votre confession, monseigneur,
vous savez bien que je suis enceinte de votre excellence,
vous savez par quel moyen nous avons fabriqué la grossesse de cette pauvre Agnès de Duras, que Dieu fasse la
paix à son âme! Moi, je ne croyais pas que la plaisanterie tournât si vite au sérieux ; vous savez tout cela
et bien d'autres choses encore ; épargnez-nous donc vos
lamentations, qui, ma foi, commencent à devenir très
ennuyeuses, et préparons-nous à mourir joyeusement
comme nous avons vécu.

En achevant ces mots, la jeune camérière bâilla légèrement, et se laissant tomber sur la paille, s'endormit
d'un profond sommeil en faisant les plus beaux rêves de
vie.

Le lendemain, dès la pointe du jour, une foule immense encombrait les bords de la mer. Pendant la nuit
on avait dressé une énorme palissade pour contenir le
peuple à une telle distance qu'il pût voir les accusés sans
les entendre. Charles de Duras, à la tête d'un cortège
brillant de cavaliers et de pages, monté sur un cheval
magnifique, vêtu de noir en signe de deuil, se tenait près
de l'enceinte. Son front rayonna d'une joie féroce,
lorsque les accusés traversèrent la foule deux à deux,
les poignets serrés par des cordes ; car le duc s'attendait
à chaque instant à entendre sortir de leurs lèvres le nom
de la reine. Mais le grand justicier, homme d'expédients, avait prévenu les indiscrétions de toute espèce
en attachant un hameçon à la langue de chacun des
accusés. Ces malheureux furent torturés sur le mât
d'une galère; sans que personne pût entendre un seul
mot des aveux terribles que leur arrachait la douleur.

Cependant Jeanne, malgré les torts que la plupart de
ses complices avaient envers elle, sentant renaître la
pitié pour une femme qu'elle avait respectée comme une
mère, pour ses compagnes d'enfance, pour ses amies, et

peut-être un reste d'amour pour Robert de Cabane,
envoya deux messagers pour supplier Bertram des Baux
de faire grâce aux coupables ; mais le maître justicier,
ayant saisi les envoyés de la reine, leur fit subir la torture ; et comme ils avouaient avoir pris part eux aussi au
meurtre d'André, il les condamna aux mêmes supplices
que les autres. Dona Cancia seule, à cause de sa position,
échappa à la question, et son arrêt fut différé jusqu'au
jour de son accouchement.

Or, tandis que la belle cameriste retournait à sa
prison, en jetant un sourire aux plus beaux cavaliers
qu'elle pouvait distinguer dans la foule, passant à côté
de Charles du Duras, elle lui fit signe d'approcher, et
comme à cause du même privilège sa langue n'était pas
percée d'un fil de fer, elle lui parla quelque temps à voix
basse.

Charles pâlit affreusement, et portant la main sur son
son épée, s'écria :

— Misérable !

— Vous oubliez, monseigneur, que je suis sous la protection de la loi.

— O ma mère ! ma pauvre mère ! murmura Charles
d'une voix étouffée ; et il tomba à la renverse.

Le jour suivant, le peuple, plus matinal que le bourreau, demandait sa proie à grands cris. Toutes les
troupes nationales ou mercenaires dont l'autorité judi-
ciaire pouvait disposer, échelonnées dans les rues, opposaient des digues au torrent de la foule. Cet instant de
cruauté inassouvie qui dégrade trop souvent la nature
humaine, s'était réveillé dans la populace ; le vertige
de la haine, la démence du sang tournaient les têtes,
échauffaient les imaginations altérées de vengeance ;
des groupes d'hommes et de femmes, rugissant comme
des bêtes fauves, menaçaient d'abattre les murs de la
prison, si on ne leur livrait les condamnés pour les
conduire au supplice ; et une rumeur immense, égale,
continue, s'élevait comme le grondement du tonnerre
et allait glacer d'effroi le cœur de la reine.

Cependant, malgré toute la bonne volonté que monseigneur Bertrand des Baux, comte de Monte-Scaglioso,
avait mise à contenter le vœu populaire, tous les préparatifs pour cette exécution solennelle n'avaient pu

être prêts qu'à midi, à l'heure où le soleil embrasait la ville de ses rayons les plus ardents. Ce fut d'abord un cri énorme, poussé par dix mille poitrines haletantes, au moment où le bruit courut sur la foule que les condamnés allaient paraître; puis il se fit un instant de silence, et les portes de la prison roulèrent lentement sur leurs gonds rouillés et grinçants. Un triple rang de cavaliers, la visière basse et la lance en arrêt, ouvrit la marche, et au milieu des huées et des malédictions sortirent l'un après l'autre les condamnés, chacun lié sur une charrette, bâillonné et nu jusqu'à la ceinture, au milieu de deux bourreaux qui étaient chargés de les torturer le long du chemin. Sur la première charrette était l'ancienne blanchisseuse de Catane, devenue depuis grande sénéchale et gouvernante de la reine, Mme Filippa de Cabane, et les deux bourreaux qui se tenaient à sa droite et à sa gauche, un peu en arrière, la flagellaient avec tant de fureur, que le sang qui jaillissait de ses plaies laissa une longue trace dans toutes les rues que traversa le cortège.

Immédiatement après leur mère, suivaient, sur deux charrettes différentes, les comtesses de Terlizzi et de Morcone, dont l'aînée n'avait pas plus de dix-neuf ans. Les deux sœurs étaient d'une beauté si admirable, qu'un murmure d'étonnement s'éleva de la multitude et des regards avides s'attachèrent sur les épaules nues et frémissantes. Mais en contemplant ces formes ravissantes et enviées, un sourire féroce échappait aux hommes chargés de leur supplice; armés de rasoirs, ils leur enlevaient des lambeaux de chair avec une voluptueuse lenteur, et les jetaient à la foule, qui se les disputait avec acharnement, et désignait aux bourreaux l'endroit du corps des victimes qu'elle désirait de préférence.

Robert de Cabane, grand sénéchal du royaume, les comtes de Terlizzi et de Morcone, Raymond Pace, frère de l'ancien valet de chambre qui avait été exécuté deux jours auparavant, et plusieurs autres condamnés, traînés également sur des charrettes, étaient en même temps fustigés avec des cordes et écorchés avec des rasoirs; mais leurs chairs étaient arrachées avec des tenailles rouges et jetées sur des réchauds de braise. Tout le long de la route on n'entendit pas un cri de douleur sortir de la bouche du grand sénéchal, il ne se tordit pas une fois sous ces atroces souffrances : et cependant les bourreaux qui le tourmentaient y avaient mis tant de rage, que le malheureux était mort avant d'arriver au lieu du supplice.

Au centre de la place Sant Eligio, on avait élevé un immense bûcher ; c'est là que l'on transporta les condamnés, et on jeta sur les flammes ce qui restait de leurs corps mutilés. Le comte de Terlizzi et la grande sénéchale vivaient encore; et deux larmes de sang coulèrent des yeux de la malheureuse mère quand elle vit jeter au feu le cadavre de son fils et les restes palpitants de ses deux filles, qui par leurs cris étouffés montraient qu'elles n'avaient pas encore cessé de souffrir. Mais tout à coup un bruit épouvantable couvrit les hurlements des victimes, l'enceinte se brisa, renversée par le peuple, et des furieux, se ruant sur le bûcher, armés de sabres, de haches et de couteaux, arrachant aux flammes les corps des condamnés morts ou vivants, les mirent en pièces, et emportèrent leurs os, en mémoire de cette horrible journée, pour en fabriquer des sifflets et des manches de poignards.

Le spectacle de ces affreux supplices n'avait pas rassasié la vengeance de Charles de Duras. Secondé par le maître justicier, il provoquait tous les jours des exécutions nouvelles, et bientôt la mort d'André ne fut plus qu'un prétexte pour exterminer légalement tous ceux qui s'opposaient à ses desseins. Mais Louis de Tarente, qui s'était emparé de l'âme de Jeanne et sollicitait avec ardeur les dispenses nécessaires pour légitimer son mariage, regardant désormais comme un affront personnel tous les actes de haute juridiction qui s'exerçaient contre sa volonté et en violation flagrante des droits de la reine, arma tous ses adhérents, et grossissant sa bande de tous les aventuriers qu'il put faire entrer à sa solde, mit sur pied une force suffisante pour défendre son parti et résister aux envahissements de son cousin. Naples se trouva alors divisée en deux camps ennemis qui en venaient aux mains sous le moindre prétexte, et ces escarmouches journalières étaient toujours suivies de quelque scène de pillage ou de mort.

Cependant, pour suffire aux exigences de ces soldats

mercenaires et pour soutenir sa lutte intestine contre le duc de Duras et son propre frère Robert, Louis de Tarente avait besoin d'argent, et il se trouva un jour que les coffres de la reine étaient vides. Jeanne retombait déjà dans son morne désespoir, et son amant, brave et généreux qu'il était, s'efforçait de la rassurer de son mieux, sans trop savoir lui-même comment il se tirerait d'un pas si difficile. Mais sa mère Catherine, dont l'ambition était satisfaite en voyant un de ses fils, n'importe lequel, arriver au trône de Naples, vint inopinément à leurs secours, et promit d'une voix solennelle que peu de jours lui suffiraient pour déposer aux pieds de sa nièce un si riche trésor, que, toute reine qu'elle était, elle n'en avait jamais rêvé de pareil.

L'impératrice prit alors avec elle la moitié des troupes de son fils, et marchant sur Sainte-Agathe, assiégea la forteresse dans laquelle Charles et Bertrand d'Artois s'étaient réfugiés pour se soustraire aux poursuites de la justice. Le vieux comte, frappé d'étonnement à la vue de cette femme qui avait été l'âme de la conspiration, ne comprenant rien à sa démarche hostile, lui envoya des messagers pour lui demander, en son nom, quel était le but de ce déploiement de forces militaires. A quoi Catherine répondit ces propres paroles, que nous traduisons littéralement :

— Mes très chers, rapportez de notre part à Charles, notre fidèle ami, que nous désirons parler avec lui en secret d'une affaire qui nous intéresse également tous les deux, et qu'il ne s'effraye pas de nous voir arriver en ennemis, car nous l'avons fait à dessein et pour une certaine cause que nous lui expliquerons dans notre entretien. Nous savons qu'il est retenu au lit par la goutte : voilà pourquoi nous ne nous étonnons guère qu'il ne soit pas venu à notre rencontre. Veuillez donc le saluer et le rassurer de notre part, et dites-lui que nous demandons d'entrer dans sa terre, si tel est son bon plaisir, avec messire Nicolas Acciajuoli, notre intime conseiller, et dix de nos soldats seulement, pour causer avec lui d'un sujet grave que nous ne pouvons pas confier aux messagers.

Revenu de sa surprise à la suite d'explications si franches et si amicales, Charles d'Artois envoya son fils

Bertrand au-devant de l'impératrice, pour la recevoir avec tout le respect dû à son rang et à sa haute position dans la cour de Naples. Catherine monta vivement au château avec les marques de la joie la plus sincère, et après s'être informée de la santé du comte en lui témoignant les sentiments de la plus cordiale amitié, restée seule avec lui, baissant la voix d'un air mystérieux, elle lui expliqua que l'objet de sa visite était de consulter sa vieille expérience sur les affaires de Naples, et de solliciter sa coopération active en faveur de la reine; mais que, comme rien ne la pressait de quitter Sainte-Agathe, elle attendrait le rétablissement du comte pour profiter de ses lumières et l'informer de la marche des événements depuis son éloignement de la cour. Enfin elle sut captiver si bien la confiance du vieillard et dissiper si adroitement ses soupçons, qu'il la pria d'honorer le château de sa présence aussi longtemps que les affaires le lui permettraient, et reçut peu à peu toute la troupe dans ses murs. C'était ce que Catherine attendait : le jour où son armée s'installa à Sainte-Agathe, elle entra dans la chambre du comte d'un air courroucé, suivie de quatre soldats, et saisissant le vieillard à la gorge :

— Misérable traître! s'écria-t-elle d'une voix sévère, tu ne sortiras pas de nos mains avant de recevoir le châtiment que tu mérites. En attendant, montre-moi le lieu où tu as caché ton trésor si tu ne veux pas que je jette ton corps en pâture aux corbeaux qui s'abattent sur les donjons de ta forteresse.

Le comte, étroitement garrotté, le poignard sur la poitrine, n'essaya pas même de crier au secours : il tomba à genoux et supplia l'impératrice d'épargner au moins la vie de son fils, qui ne s'était pas encore guéri de la noire mélancolie qui troublait sa raison depuis l'horrible catastrophe, et se traînant péniblement jusqu'à l'endroit où il avait enfoui son trésor, il le montra du doigt à l'impératrice, en répétant au milieu de ses sanglots :

— Prenez tout, prenez ma vie; mais sauvez mon fils.

Catherine ne se posséda pas de joie en voyant étalés à ses pieds des vases d'un travail exquis et d'une richesse prodigieuse, des écrins de perles, de diamants et de rubis d'une valeur incalculable, des coffres remplis de lingots d'or, et toutes ces merveilles asiatiques qui dépassent les rêves de l'imagination la plus somptueusement effrénée. Mais lorsque le vieillard, d'une voix tremblante, insista pour obtenir au prix de sa fortune et de sa vie la liberté de son fils, l'impératrice, reprenant son impitoyable froideur, lui répondit durement :

— J'ai déjà donné l'ordre qu'on amène ici votre fils ; mais préparez-vous à lui faire vos adieux éternels, car il va être dirigé sur la forteresse de Melfi ; et vous, selon toutes les probabilités, vous finirez vos jours au fond du château de Sainte-Agathe.

Telle fut la douleur qu'éprouva le pauvre comte à cette séparation violente, que peu de jours après on le trouva mort dans son cachot, les lèvres couvertes d'une écume sanglante et les poignets rongés par désespoir. Quant à Bertrand, il ne survécut pas longtemps. Achevant de perdre la raison à la nouvelle de la mort de son père, il se pendit aux barreaux de sa prison. Ainsi les meurtriers d'André se détruisaient les uns les autres, comme des animaux venimeux enfermés dans la même cage.

Catherine de Tarente, emportant le trésor qu'elle avait si loyalement gagné, arriva à la cour de Naples, fière de son triomphe, et méditant de vastes projets. Mais de nouveaux malheurs étaient arrivés pendant son absence. Charles de Duras, après avoir sommé la reine une dernière fois de lui accorder le duché de Calabre, titre qui avait toujours appartenu à l'héritier présomptif de la couronne, outré de son refus, avait écrit des lettres à Louis de Hongrie, pour l'inviter à prendre possession du royaume, s'engageant de l'aider dans l'entreprise de toutes ses forces, et de lui livrer les principaux auteurs de la mort de son frère, qui avaient échappé jusqu'ici aux investigations de la justice.

Le roi de Hongrie accepta ces offres avec empressement, et prépara une armée pour venger la mort d'André, et marcher à la conquête de Naples. Les larmes de sa mère Élisabeth et les conseils de frère Robert, l'ancien ministre, qui s'était réfugié à Bude, le confirmèrent dans ses projets de vengeance. Il s'était déjà plaint amèrement à la cour d'Avignon, qu'après avoir puni des assassins subalternes on laissait dans une impunité révoltante la principale coupable, qui, encore souillée du sang de son mari, continuait sa vie de débauches et d'adultère. A quoi le pape répondait avec douceur qu'autant que cela dépendrait de lui, il ne manquerait pas de donner satisfaction à des plaintes légitimes; mais que l'accusation devait être nettement formulée et appuyée par des preuves; que certainement la conduite de Jeanne pendant et après la mort de son mari était blâmable; cependant Sa Majesté devait considérer que l'Eglise de Rome, qui cherche avant tout la vérité et la justice, procédait toujours avec la plus grande circonspection, et que surtout dans une affaire aussi grave elle ne pouvait pas juger d'après les apparences.

De son côté, Jeanne, effrayée de ces préparatifs de guerre, avait envoyé des ambassadeurs à la république de Florence, pour se justifier du crime qui lui était imputé par l'opinion publique, et n'avait point hésité d'adresser des excuses même à la cour de Hongrie; mais le frère d'André avait répondu par une lettre d'un laconisme foudroyant.

« Ta vie précédente si désordonnée, le pouvoir exclusif que tu t'es arrogé dans le royaume, la vengeance des meurtriers de ton mari négligée par toi, l'autre mari que tu as épousé, et ton excuse même, sont des preuves suffisantes que tu as été complice de la mort de ton mari. »

Catherine ne se laissa pas décourager par les menaces de Louis de Hongrie, et envisageant la position de son fils et de la reine avec ce coup d'œil froid et clair qui ne la trompait jamais, elle comprit qu'il n'y avait point d'autre moyen de salut que de se réconcilier avec Charles, leur mortel ennemi, en lui accordant tout ce qu'il demandait. Alors de deux choses l'une : ou il les aiderait à repousser le roi de Hongrie, et plus tard, quand le danger plus pressant serait passé, on réglerait les comptes; ou il succomberait, et au moins ils auraient la satisfaction en tombant de l'entraîner avec eux dans leur chute.

L'accord fut conclu dans les jardins du Château-Neuf,

où Charles se rendit sur l'invitation de la reine et de sa
tante. Jeanne accorda à son cousin de Duras le titre
tant désiré de duc de Calabre, et Charles, se voyant
déclaré par ce fait l'héritier du royaume, marcha sans
délai sur l'Aquila, qui avait déjà levé le drapeau de
Hongrie. Le malheureux ne prévit pas qu'il courait droit
à sa perte.

Quand l'impératrice de Constantinople vit cet homme,
qu'elle haïssait plus que tous les autres, s'éloigner
joyeusement, elle le contempla d'un air sombre, devi-
nant, par un instinct de femme, qu'il lui arriverait
malheur ; puis, comme elle n'avait plus de trahisons et
de vengeances à consommer sur la terre, frappée d'un
mal inconnu, elle s'éteignit subitement sans pousser
une plainte et sans exciter un regret.

Cependant le roi de Hongrie, ayant traversé l'Italie
avec une armée redoutable. entra dans le royaume du
côté de la Pouille ; il avait partout reçu sur son passage
des marques d'intérêt et de sympathie, et Alberto et
Martino della Scala, seigneurs de Vérone, pour prouver
qu'ils s'associaient de tous leurs vœux à son entreprise,
lui avaient donné trois cents cavaliers. La nouvelle de
l'arrivée des Hongrois jeta la cour napolitaine dans une
alarme impossible à décrire. On avait espéré que le roi
serait arrêté dans sa marche par le légat du pape, qui
était venu à Foligno lui défendre, au nom du saint-
père, et sous peine d'excommunication, de passer outre
sans le consentement du saint-siège ; mais Louis de
Hongrie avait répondu au légat de Clément, qu'une fois
maître de Naples il se regarderait toujours comme feu-
dataire de l'Église, mais que jusque-là il ne devait
rendre compte qu'à Dieu et à sa conscience. Aussi,
l'armée vengeresse était-elle tombée comme la foudre
au cœur du royaume, avant qu'on eût songé à prendre
des mesures sérieuses pour la repousser. Il n'y avait
qu'un parti à prendre : la reine, après avoir assemblé
les barons qui lui étaient les plus attachés, leur fit jurer
fidélité et hommage à Louis de Tarente, qu'elle leur
présenta comme son mari, et après s'être séparée en
pleurant de ses plus fidèles sujets, s'embarqua secrètement, au milieu de la nuit, sur une galère provençale,
et partit pour Marseille. Louis de Tarente, suivant les

inspirations de son caractère aventureux et chevaleresque, sortit de Naples, à la tête de trois mille cavaliers et d'un nombre considérable de fantassins, et alla se camper sur les bords du Vulturne, pour en contester le passage à l'armée ennemie ; mais le roi de Hongrie avait prévu ce plan stratégique, et tandis que son adversaire l'attendait à Capoue, il arriva à Bénévent par les montagnes d'Alife et de Morcone, et reçut, le jour même, les envoyés napolitains, qui, après l'avoir félicité sur son entrée par un magnifique morceau d'éloquence, lui offrirent les clefs de la ville, et lui jurèrent obéissance comme au successeur légitime de Charles d'Anjou. La nouvelle de la reddition de Naples se répandit bientôt dans le camp de la reine, et tous les princes du sang et les chefs de l'armée, abandonnant Louis de Tarente, se réfugièrent dans la capitale. La résistance devenait impossible. Louis, accompagné de son conseiller intime, Nicolas Acciajuoli, se rendit à Naples le soir même où ses parents l'avaient quitté pour se soustraire à l'ennemi. Tout espoir de salut s'évanouissait d'heure en heure ; ses frères, ses cousins le suppliaient de s'éloigner rapidement pour ne pas attirer sur la ville entière la vengeance du roi : malheureusement, il n'y avait dans le port aucun navire en état de faire voile. L'effroi des princes était à son comble ; mais Louis, se confiant à son étoile, se jeta avec le brave Acciajuoli dans un bateau à demi brisé, et ordonnant à quatre matelots de ramer de toutes leurs forces, disparut au bout de quelques minutes, laissant sa famille dans la consternation, jusqu'au moment où l'on apprit qu'il avait gagné Pise, d'où il était parti pour rejoindre la reine en Provence.

Charles de Duras et Robert de Tarente, qui étaient les aînés des deux branches royales, après s'être consultés à la hâte, décidèrent d'adoucir le courroux du monarque hongrois par la soumission la plus complète ; et, laissant à Naples leurs jeunes frères, se dirigèrent promptement sur Aversa, où le roi s'était établi. Louis les reçut avec tous les signes d'une vive amitié, et leur demanda avec intérêt pourquoi leurs frères n'étaient pas avec eux ; à quoi les princes répondirent que leurs jeunes frères étaient restés à Naples pour préparer au roi une réception digne de Sa Majesté. Louis les remercia de ces intentions bienveillantes; mais il les pria en même temps d'inviter les jeunes princes à venir auprès de lui, ajoutant qu'il lui serait infiniment plus agréable d'entrer à Naples au milieu de toute sa famille et qu'il lui tardait beaucoup d'embrasser ses jeunes cousins. Charles et Robert, se conformant aux volontés du roi, envoyèrent aussitôt leurs écuyers pour engager leurs frères à se rendre à Aversa; mais Louis de Duras, le plus âgé des enfants, pria les autres avec beaucoup de larmes de ne pas obéir à cet ordre, et répondit aux messagers qu'un violent mal de tête l'empêchait de quitter Naples. Une excuse aussi puérile ne pouvait manquer d'irriter Charles, et le même jour, un ordre précis et formel, qui n'admettait aucun retard, obligea les malheureux enfants de se présenter au monarque. Louis de Hongrie les embrassa cordialement les uns après les autres, leur fit plusieurs questions d'un air affectueux, les retint à souper, et ne les congédia que fort tard dans la nuit.

Au moment où le duc de Duras se retirait dans son appartement, Lello de l'Aquila et le comte de Fondi se glissèrent mystérieusement près de son lit, et s'étant assurés que personne ne pouvait les entendre, l'avertirent que le roi avait décidé, dans un conseil tenu le matin, de lui donner la mort et d'ôter en même temps la liberté aux autres princes. Charles les écouta jusqu'au bout d'un air incrédule, et, soupçonnant une trahison, leur répondit sèchement qu'il avait trop de confiance dans la loyauté de son cousin pour ajouter foi à une si noire calomnie. Lello insista, le suppliant, au nom des personnes qui lui étaient les plus chères, d'écouter leur avis; mais le duc, impatienté, lui ordonna sévèrement de sortir.

Le lendemain, même accueil de la part du roi, mêmes caresses aux enfants, même invitation à souper. Le festin était magnifique; des flots de lumière inondaient la salle et jetaient des reflets éblouissants; des vases d'or étaient étalés sur les tables; les fleurs répandaient leurs parfums enivrants; les vins fumaient dans les coupes, ou ruisselaient des amphores comme des jets de rubis; des discours bruyants, interrompus, inachevés,

se croisaient en tous sens, et la joie empourprait tous
les visages.

Charles de Duras soupait en face du roi, à une table
séparée, au milieu de ses frères. Peu à peu son regard
était devenu fixe et son front rêveur. Il songeait que
dans cette salle même avait dû souper André, la veille
de sa fin tragique, et que de tous ceux qui avaient contribué à sa mort, les uns avaient expiré dans les tourments, les autres languissaient en prison; la reine,
exilée, fugitive, implorait la pitié des étrangers; lui seul
était libre. Cette pensée le fit tressaillir. Il s'applau-
dissait en lui-même de la profonde habileté avec laquelle
il avait mené sa trame infernale, et secouant son air
de tristesse, il souriait avec une expression d'orgueil
indéfinissable. L'insensé se moquait en ce moment de
la justice de Dieu. Mais Lello de l'Aquila, qui servait à
table, se penchant à son oreille, lui répéta d'une voix
sombre :

— Malheureux duc, pourquoi avez-vous refusé de me
croire? Fuyez, il en est temps encore.

Charles, fâché de l'obstination de cet homme, le
menaça, s'il avait le malheur d'ajouter un seul mot,
de répéter tout haut ses paroles.

— J'ai fait mon devoir, murmura Lello en inclinant
la tête; maintenant, qu'il advienne de vous ce que Dieu
aura disposé.

Comme il achevait de parler, le roi se leva, et au
moment où le duc s'approchait de lui pour prendre
congé, changeant tout à coup de visage, il s'écria d'une
voix terrible :

— Traître! tu es enfin dans mes mains, tu mourras
comme tu l'as mérité; mais avant d'être livré au bourreau, avoue de ta propre bouche les trahisons dont tu
t'es rendu coupable envers notre royale majesté, afin
qu'il n'y ait pas besoin d'autre témoignage pour te
condamner à une peine proportionnée à tes crimes.
A nous deux maintenant, duc de Duras. — Dis-moi
d'abord : pourquoi, par tes infâmes manœuvres,
aidant ton oncle le cardinal de Périgord, as-tu empêché le couronnement de mon frère, ce qui, l'ayant
privé de toute autorité royale, l'a conduit à une fin si
malheureuse? Oh n'essaye pas de nier. — Voilà la

lettre scellée de ton sceau; tu l'as écrite en secret, elle t'accuse en public. — Pourquoi, après nous avoir attiré ici pour venger la mort de notre frère, mort que tu as sans doute procurée, tournant subitement au parti de la reine, as-tu marché contre notre ville de l'Aquila, osant lever une armée contre nos fidèles sujets? Tu espérais, traître, te servir de nous comme d'un marchepied pour monter au trône, après t'être débarrassé de tous les autres concurrents. Tu aurais ensuite attendu notre départ pour tuer le vicaire que nous aurions laissé à notre place et t'emparer ainsi du royaume. Mais, cette fois, ta prévoyance a été en défaut. — Il y a enfin un autre crime qui surpasse tous les autres, crime de haute trahison, et que je punirai sans pitié. Tu as enlevé la femme que Robert, notre aïeul, nous avait destinée par le testament dont tu avais connaissance. Réponds, misérable, comment t'excuseras-tu d'avoir volé la princesse Marie?

La colère avait tellement altéré la voix de Louis, que le son de ces dernières paroles ressembla à un rugissement de bête fauve : ses yeux brillaient d'un éclat fiévreux, ses lèvres étaient pâles et tremblantes. Charles et ses frères tombèrent à genoux, glacés d'une terreur mortelle, et le malheureux duc essaya deux fois de parler; mais ses dents claquaient avec une telle force, qu'il ne put articuler un seul mot. Enfin, jetant les yeux autour de lui, et voyant ses pauvres frères innocents qu'il venait de perdre par sa faute, il reprit un peu de courage, et s'adressant au roi :

— Monseigneur, lui dit-il, je vois que vous me regardez d'un visage terrible, ce qui me fait trembler et frémir. Mais, je vous en supplie à genoux, si j'ai manqué, ayez pitié de moi, car Dieu m'est témoin que je ne vous ai pas appelé dans le royaume dans une intention coupable; mais j'ai toujours désiré et je désire votre domination dans toute la sincérité de mon âme. Et maintenant, j'en suis sûr, des conseillers perfides m'ont attiré votre haine. S'il est vrai que je me suis rendu armé près de l'Aquila, ainsi que vous venez de le dire, je n'ai pu faire autrement, forcé que j'étais par la reine Jeanne; mais aussitôt que j'ai appris votre arrivée à Fermo, j'ai fait retirer mes troupes. J'espère donc en

Jésus-Christ obtenir de vous grâce et merci, au nom de
mes anciens services et de ma fidélité à toute épreuve.
Cependant, comme je vous vois irrité contre moi, je me
tais, et j'attends que votre fureur soit passée. Encore
une fois, monseigneur, ayez compassion de nous,
puisque nous sommes dans les mains de Votre Majesté.

Le roi, détournant la tête, s'éloigna lentement, et
confia les prisonniers à Étienne Vayvoda et au comte
de Zomic, qui les firent garder, pendant la nuit, dans
une pièce attenante aux appartements du roi. Le jour
suivant, Louis, ayant entendu de nouveau son conseil,
ordonna que Charles de Duras fût égorgé au même
endroit où on avait étranglé le pauvre André, et envoya
les autres princes du sang, chargés de chaînes, en
Hongrie, où ils furent longtemps détenus prisonniers.
Charles, frappé de vertige par un malheur si inattendu,
écrasé par le souvenir de ses crimes, tremblant lâchement en face de la mort, était resté comme anéanti.
Accroupi sur ses genoux, le visage caché dans ses mains,
laissant échapper de temps à autre des sanglots convul-
sifs, il cherchait à fixer les pensées qui tourbillonnaient
dans sa tête comme un rêve monstrueux. Il faisait nuit
dans son âme ; mais à chaque instant ces ténèbres inté-
rieures étaient déchirées par des éclairs, et sur le fond
sombre de son désespoir passaient des figures dorées,
qui s'envolaient en lui jetant un sourire railleur. Puis
des voix de l'autre monde bourdonnaient à ses oreilles ;
il voyait défiler devant lui une longue procession de
fantômes, comme le jour où maître Nicolas de Melazzo
lui avait montré les conjurés disparaissant par un souterrain du Château-Neuf. Seulement, les spectres
tenaient cette fois leurs têtes à la main, et les secouant
par les cheveux, faisaient jaillir sur lui des gouttes de
sang. D'autres agitaient des fléaux ou brandissaient des
rasoirs ; chacun menaçait de le frapper de l'instrument
de son supplice. Poursuivi par ce sabbat infernal, le
malheureux ouvrait la bouche pour un cri suprême,
mais le souffle manquait à sa poitrine, et la voix expirait
sur ses lèvres. Alors il voyait sa mère lui tendant les
bras de loin, et il lui paraissait dans son trouble que
s'il avait pu parvenir jusqu'à elle, il était sauvé. Mais à
chaque pas, les deux bords du chemin se serraient de

plus en plus, il laissait des lambeaux de chair accrochés aux murailles, et lorsque, haletant, nu, ensanglanté, il touchait au but de sa course, sa mère s'éloignait encore, et tout était à recommencer. Les fantômes couraient toujours après lui en ricanant, et hurlaient à son oreille :

« Maudit soit l'infâme qui a tué sa mère ! »

Charles fut arraché à cette horrible crise par les pleurs de ses frères, qui venaient l'embrasser pour la dernière fois avant de monter sur la galère qui devait les emporter à leur destination. Le duc leur demanda pardon d'une voix sourde, et retomba dans son désespoir. Les enfants se traînaient par terre, demandaient à grands cris de partager le sort de leur frère, et imploraient la mort comme un adoucissement à leur peine. On parvint enfin à les séparer, mais le bruit de leurs plaintes retentit encore longtemps dans le cœur du condamné. Après quelques instants de silence, deux soldats et deux écuyers hongrois entrèrent dans la chambre pour annoncer au duc de Duras que son heure était arrivée.

Charles les suivit sans faire aucune résistance jusqu'au fatal balcon où André avait été étranglé. Arrivé là, on lui demanda s'il voulait se confesser; et sur sa réponse affirmative, on fit venir un moine du même couvent où la terrible scène allait se passer, qui écouta la confession de tous ses péchés et lui donna l'absolution. Le duc se leva ensuite et marcha jusqu'à la place où l'on avait terrassé André pour lui passer au cou le cordon, et là, s'agenouillant de nouveau, il demanda aux exécuteurs :

— Mes amis, dites-moi, de grâce, s'il y a encore quelque espoir pour ma vie.

Et comme ils répondirent que non, Charles s'écria :

— Faites donc ce qui vous a été commandé.

A ces mots, un des écuyers plongea l'épée dans sa poitrine, l'autre lui trancha la tête avec un couteau, et son cadavre fut jeté par-dessus le balcon, dans le jardin où le corps d'André était demeuré trois jours sans sépulture.

Alors le roi de Hongrie, précédé toujours de son drapeau mortuaire, se mit en marche pour Naples, refusant

tous les honneurs qu'on voulait lui rendre, renvoyant
le dais sous lequel il aurait dû entrer, sans s'arrêter
pour donner audience aux élus de la cité, sans répondre
aux acclamations de la foule. Armé de toutes pièces,
il alla droit au Château-Neuf, laissant derrière lui la
désolation et la peur. Le premier acte par lequel il inau-
gura son entrée dans la capitale fut l'ordre de brûler
sur-le-champ dona Cancia, dont le supplice, ainsi que
nous l'avons dit, avait été retardé, à cause de sa grossesse. Elle fut comme les autres traînée sur une charrette jusqu'à la place de Sant'Eligio, et jetée sur le
bûcher. La jeune camérière, dont les souffrances
n'avaient pu flétrir la beauté, s'était parée comme pour
un jour de fête, et folle et rieuse jusqu'au dernier
moment, elle ne cessa de railler ses bourreaux et d'envoyer des baisers à la foule.

Peu de jours après, le roi fit arrêter Godefroy de
Marsan, comte de Squillace, grand amiral du royaume,
et lui promit la vie sauve à condition qu'il ferait tomber
dans ses mains Conrad de Catanzaro, un de ses parents,
accusé d'avoir aussi conspiré contre André. Et le grand
amiral, achetant sa grâce au prix d'une trahison
infâme, n'eut pas horreur d'envoyer son propre fils pour
engager Conrad à rentrer dans la ville. Le malheureux
fut livré au roi, qui le fit rouer vif sur une roue garnie
de rasoirs. Mais le spectacle de ces cruautés, au lieu de
calmer la colère du roi, paraissait l'envenimer davantage. Tous les jours, de nouvelles dénonciations ame-
naient de nouveaux supplices. Les prisons regorgeaient
d'accusés, et Louis sévissait avec une ardeur renais-
sante ; on en vint bientôt à craindre qu'il ne traitât la
ville et tout le royaume comme si la nation entière avait
contribué à la mort d'André. Des murmures s'élevèrent
alors contre cette domination barbare, et tous les vœux
se tournèrent vers la reine fugitive. Les barons napolitains avaient prêté à contre-cœur leur serment de fidélité ; et lorsque le tour des comtes de San-Severino
arriva, craignant quelque piège, ils refusèrent de
paraître tous à la fois en présence du Hongrois, et se
fortifiant dans la ville de Salerne, ils envoyèrent d'abord
l'archevêque Roger, leur frère, pour s'assurer des intentions du roi à leur égard. Mais Louis le reçut magni-

fiquement et le nomma son conseiller privé et grand protonotaire du royaume. Alors seulement Robert de San-Severino, et Roger, comte de Clairmont, se hasardèrent à venir devant le roi; et après lui avoir prêté hommage, ils se retirèrent dans leurs terres. Les autres barons avaient imité leur réserve, et, cachant leur mécontentement sous une apparence de respect, attendaient le moment favorable pour secouer le joug étranger.

Cependant la reine était arrivée à Nice après cinq jours de navigation sans éprouver aucun obstacle dans sa fuite. Son passage à travers la Provence fut une espèce de triomphe. Sa beauté, sa jeunesse, ses malheurs, tout, jusqu'aux bruits mystérieux qui couraient sur son aventure, contribuait à réveiller l'intérêt du peuple provençal. On improvisa des jeux et des fêtes pour adoucir l'amertume de l'exil à la princesse proscrite; mais au milieu des transports de joie que les bourgs, les châteaux et les villes faisaient éclater de toutes parts, Jeanne, accablée d'une éternelle tristesse, dévorait sa douleur muette et ses brûlants souvenirs.

Aux portes d'Aix, elle trouva le clergé, la noblesse et les premiers magistrats, qui l'accueillirent respectueusement, mais sans donner aucune marque d'enthousiasme. A mesure que la reine avançait, son étonnement redoublait en remarquant la froideur du peuple et l'air sombre et contraint des grands qui l'escortaient. Mille sujets d'inquiétude se présentaient à son esprit alarmé, et elle alla jusqu'à craindre quelque intrigue du roi de Hongrie. A peine le cortège était-il arrivé au Château-Arnaud, que les nobles, se partageant en deux ailes, firent passer la reine, son conseiller Spinelli et deux femmes; puis, fermant les rangs, séparèrent Jeanne du reste de sa suite. Après quoi, chacun à son tour, ils se mirent à garder les portes de la forteresse.

Il n'y avait plus aucun doute, la reine était prisonnière; mais il lui était impossible de deviner la cause de cette étrange mesure. Elle interrogea les hauts dignitaires, qui, tout en protestant de leur dévouement et de leur respect, refusèrent de s'expliquer tant qu'ils n'auraient pas reçu des nouvelles d'Avignon. En attendant, on ne manquait pas de prodiguer à Jeanne tous les honneurs qu'on peut rendre à une reine; mais elle était gardée à vue et on lui défendait de sortir. Cette nouvelle contrariété augmenta son chagrin : elle ignorait ce que Louis de Tarente était devenu, et son imagination, toujours prompte à se forger des malheurs, lui répétait sans cesse qu'elle aurait bientôt à en déplorer la perte.

Louis de Tarente, accompagné toujours de son fidèle Acciajuoli, après bien des fatigues, avait été jeté par les flots au port Pisan, et de là avait pris la route de Florence, pour demander quelques secours d'hommes et d'argent; mais les Florentins avaient décidé de garder une neutralité absolue; par conséquent ils refusèrent de le recevoir dans leur ville. Le prince, ayant perdu ce dernier espoir, roulait dans son esprit de sombres projets, lorsque Nicolas Acciajuoli lui dit d'un ton résolu :

— Monseigneur, il n'est pas donné aux hommes de jouir continuellement d'un sort prospère; il y a des malheurs en dehors de la prévoyance humaine. Vous étiez riche et puissant; vous voilà maintenant déguisé, fugitif, mendiant les secours des autres. Il faut que vous vous réserviez à des jours meilleurs. Il me reste encore une fortune assez considérable; j'ai des parents et des amis dont les biens sont à ma pleine disposition; tâchons de parvenir jusqu'à la reine, et arrêtons sur-le-champ ce qu'il nous reste à faire. Quant à moi, je ne manquerai jamais de vous défendre et de vous obéir comme à mon maître et seigneur.

Le prince accepta avec la plus vive reconnaissance des offres si généreuses, et répondit à son conseiller qu'il remettait dans ses mains sa personne et tout ce qui lui restait d'avenir. Acciajuoli, non content de servir son maître par son dévouement personnel, détermina son frère Angelo, archevêque de Florence, qui jouissait d'une grande faveur à la cour de Clément VI, de se joindre à eux pour intéresser le pape à la cause de Louis de Tarente. Ainsi, sans autre délai, le prince, son conseiller et le bon prélat, montés sur un navire, se dirigèrent vers le port de Marseille; mais ayant appris que la reine était retenue prisonnière à Aix, ils débarquèrent à Aigues-Mortes, et passèrent promptement à Avignon. On vit bientôt les effets de l'affection et de l'estime que le pape avait pour la personne et pour le caractère de l'archevêque de Florence; car Louis fut reçu à la cour d'Avignon avec une bonté toute paternelle, et à laquelle il était loin de s'attendre. Lorsqu'il plia le genou devant le souverain pontife, Sa Sainteté se pencha vers lui affectueusement et l'aida à se relever, le saluant du titre de roi.

Deux jours après, un autre prélat, l'archevêque d'Aix, se présenta à la reine, et s'inclinant solennellement devant elle, il lui tint ce discours :

— Très gracieuse et très aimée souveraine, permettez au plus humble et au plus dévoué de vos serviteurs de vous demander, au nom de vos sujets, grâce et pardon pour la mesure pénible et nécessaire qu'ils ont cru devoir prendre à l'égard de Votre Majesté. Au moment de votre arrivée sur nos côtes, le conseil de votre fidèle ville d'Aix avait appris de bonne source que le roi de France avait formé le projet de donner notre pays à un de ses fils, en vous dédommageant de cette perte par la cession d'un autre domaine, et que le duc de Normandie s'était rendu à Avignon pour solliciter personnellement cet échange. Nous étions bien décidés! madame, et Dieu en avait reçu le serment, de succomber tous jusqu'au dernier, plutôt que de subir l'exécrable tyrannie des Français. Mais avant de répandre le sang, nous avons voulu garder votre auguste personne comme un otage sacré, comme une arche sainte, à laquelle personne n'eût osé toucher sans tomber foudroyé, et qui devait éloigner de nos murs le fléau de la guerre. Maintenant nous venons de lire le désistement formel de cette odieuse prétention, sur un bref que le souverain pontife nous envoie d'Avignon, et dans lequel il se porte caution de votre royale parole. Nous vous rendons votre liberté pleine et entière, et ce ne sera plus que par les vœux et par les prières que nous essayerons encore de vous retenir parmi nous. Partez donc, madame, si tel est votre bon plaisir, mais avant de quitter ces contrées, que votre départ plongera dans le deuil, laissez-nous l'espoir que vous nous aurez pardonné la violence apparente à laquelle nous nous sommes portés envers vous, dans la crainte de vous perdre, et souvenez-vous que le jour où vous cesserez d'être notre reine, vous signerez l'arrêt de mort de tous vos sujets.

Jeanne rassura l'archevêque et la députation de sa bonne ville d'Aix par un sourire plein de tristesse, et leur promit qu'elle emporterait un éternel souvenir de leur amour et de leur attachement. Car, cette fois, elle ne pouvait plus se tromper sur les véritables sentiments de la noblesse et du peuple, et une si rare fidélité, qui se révélait par des larmes sincères, la toucha jusqu'au fond de l'âme et la fit revenir amèrement sur son passé. Mais un accueil magnifique et triomphal l'attendait à une lieue d'Avignon. Louis de Tarente et tous les cardinaux présents à la cour étaient sortis à sa rencontre. Des pages habillés d'un costume éblouissant portaient sur la tête de Jeanne un dais de velours écarlate, constellé de fleurs de lis d'or et enrichi de plumes. De beaux adolescents et de belles jeunes filles, la tête couronnée de fleurs, la précédaient en chantant ses louanges. Les rues par lesquelles devait passer le cortège étaient bordées d'une double haie vivante, les maisons étaient pavoisées, les cloches sonnaient à triple volée, comme dans les grandes fêtes de l'Eglise. Clément VI reçut d'abord la reine au château d'Avignon, avec toute la magnificence dont il savait s'entourer dans les occasions solennelles, ensuite elle fut logée dans le palais du cardinal Napoléon des Ursins, qui, à son retour du conclave de Pérouse, avait fait bâtir à Villeneuve cette royale demeure, habitée depuis par les papes.

Rien ne pourrait donner une idée de l'aspect étrange et tumultueux que présentait à cette époque la ville d'Avignon. Depuis que Clément V avait transporté en Provence le siège pontifical, la rivale de Rome avait vu s'élever dans ses murs des places, des églises, des palais où les cardinaux déployaient un luxe inouï. Toutes les affaires des peuples et des rois se traitaient alors au château d'Avignon. Des ambassadeurs de toutes les cours, des marchands de toutes les nations, des aventuriers de tous les pays, Italiens, Espagnols, Hongrois, Arabes, Juifs, des soldats, des bohémiens, des bouffons, des poètes, des moines, des courtisanes, fourmillaient, bourdonnaient, s'enchevêtraient dans les rues. C'était une confusion de langues, d'usages, de costumes, un pêle-mêle inextricable de pompe et de haillons, de luxe et de misère, de prostitution et de grandeur. Aussi les poètes austères du moyen âge ont-ils flétri dans leurs chants la ville maudite du nom de nouvelle Babylone.

Il existe un monument curieux du séjour de Jeanne à Avignon et de l'exercice de sa souveraine autorité. Indignée de l'impudence des filles perdues qui coudoyaient effrontément tout ce qu'il y avait de plus respectable dans la ville, la reine de Naples publia une ordonnance célèbre, la première dans ce genre, et qui a servi depuis de modèle en pareille matière, pour obliger ces malheureuses, qui trafiquaient de leur honneur, à vivre enfermées dans un même asile, qui devait être ouvert tous les jours de l'année, excepté les trois derniers jours de la semaine sainte, et dont l'entrée était interdite aux juifs dans tous les temps. Une abbesse, choisie tous les ans, avait la direction suprême de ce couvent singulier. Des règles furent établies pour le maintien de l'ordre, et des peines sévères prononcées contre l'infraction de la discipline. Les jurisconsultes de l'époque menèrent grand bruit de cette institution salutaire; les belles dames avignonnaises prirent tout haut la défense de la reine contre les bruits calomnieux qui s'efforçaient de ternir sa réputation; il n'y eut qu'une voix pour exalter la sagesse de la veuve d'André : seulement ce concert de louanges fut troublé par les murmures des recluses, qui, dans leur langage brutal, accusaient Jeanne de Naples d'entraver leur commerce pour s'en réserver le monopole.

Sur ces entrefaites, Marie de Duras vint rejoindre sa sœur. Elle avait trouvé moyen, après la mort de son mari, de se réfugier dans le couvent de Sainte-Croix avec ses deux petites filles, et tandis que Louis de Hongrie était occupé à brûler ses victimes, la malheureuse, ayant échangé ses habits de femme contre le froc d'un vieux religieux, s'était échappée comme par miracle et avait à réussi gagner un navire qui faisait voile pour la Provence. Marie raconta à sa sœur les affreux détails des cruautés de Louis de Hongrie. Bientôt une nouvelle preuve de cette haine implacable vint confirmer les récits de la princesse désolée : les ambassadeurs de Louis se présentèrent à la cour d'Avignon pour requérir formellement la condamnation de la reine.

Ce fut un grand jour que celui où Jeanne de Naples plaida elle-même sa cause devant le pape, en présence de tous les cardinaux qui se trouvaient à Avignon, de tous les ambassadeurs des puissances étrangères, de tous les personnages éminents accourus de l'extrémité de l'Europe pour assister à ce débat, unique dans les annales de l'histoire. Qu'on se figure une vaste enceinte au centre de laquelle, sur un trône élevé, siégeait, comme président de l'auguste consistoire, le vicaire de Dieu, juge absolu et suprême, revêtu du pouvoir temporel et spirituel, de l'autorité humaine et divine. A droite et à gauche du souverain pontife, les cardinaux, couverts de pourpre, occupaient des fauteuils disposés circulairement, et derrière ces rois du collège sacré se déroulaient majestueusement jusqu'au fond de la salle leur cour d'évêques, de vicaires, de chanoines, de diacres, d'archidiacres, et toute l'immense hiérarchie de l'Eglise. En face du trône pontifical on avait placé une estrade reservée à la reine de Naples et à sa suite. Aux pieds du pape se tenaient debout les ambassadeurs du roi de Hongrie, qui devaient remplir le rôle d'accusateurs résignés et muets, les circonstances du crime et les preuves de culpabilité ayant été débattues à l'avance par une commission nommée à cet effet. Le reste de la salle était encombré par une foule brillante de hauts dignitaires, d'illustres capitaines, de nobles envoyés, rivalisant de luxe et d'orgueil. Toutes les haleines étaient suspendues, tous les yeux étaient fixés sur l'estrade où Jeanne devait prononcer sa défense. Un mouvement de curiosité inquiète faisait refluer vers le centre cette masse unie et compacte, au-dessus de laquelle s'élevaient les cardinaux, comme des pavots superbes à travers une moisson d'or agitée par le vent.

La reine parut, donnant la main à son oncle, le vieux cardinal de Périgord, et à sa tante, la comtesse Agnès. Sa démarche était à la fois si modeste et si fière, son front si mélancolique et si pur, son regard si plein d'abandon et de confiance, qu'avant de parler tous les cœurs étaient pour elle. Jeanne avait alors vingt ans, elle était dans tout le développement de sa magnifique beauté ; mais une extrême pâleur voilait l'éclat de sa peau satinée et transparente, et ses joues amaigries portaient l'empreinte de l'expiation et de la souffrance. Parmi les spectateurs qui la dévoraient le plus avidement du regard, on remarquait un jeune homme à la chevelure brune, à l'œil ardent, aux traits fortement accusés, que nous rencontrerons plus tard dans notre histoire ; mais pour ne pas détourner l'attention de nos lecteurs, nous nous contenterons de leur apprendre seulement que ce jeune homme s'appelait Jayme d'Aragon, qu'il était infant de Mayorque, et qu'il aurait donné tout son sang pour arrêter une seule des larmes qui tremblaient au bord des cils de la reine. Jeanne parla d'une voix émue et tremblante, s'arrêtant de temps à autre pour essuyer ses yeux humides et brillants, ou pour exhaler un de ces soupirs qui vont droit à l'âme. Elle raconta avec une si vive douleur la mort de son mari, peignit avec une si effrayante vérité l'égarement et la terreur dont elle avait été saisie et comme foudroyée par cet affreux événement, porta les mains à son front avec une telle énergie de désespoir, comme pour en arracher un reste de folie, qu'elle fit passer dans l'assemblée un frisson de pitié et d'horreur. Et certes, dans ce moment, si son récit était faux, son angoisse était vraie et terrible. Ange flétri par le crime, elle mentait comme Satan, mais comme Satan elle était déchirée par les tortures infinies de l'orgueil et du remords. Aussi, quand, à la fin de son discours, fondant en larmes, elle implora aide et protection contre l'usurpateur de son royaume, un cri d'assentiment général couvrit ses dernières paroles, plusieurs mains se portèrent sur la garde des épées, et les ambassadeurs hongrois sortirent de l'audience le front couvert de confusion et de honte.

Le soir même, à la grande satisfaction du peuple entier, on proclama l'arrêt qui déclarait Jeanne de Naples innocente et étrangère à toute complicité dans l'assassinat de son mari. Seulement, comme on ne pouvait excuser sous aucun prétexte la conduite de la reine après l'événement et son insouciance à poursuivre les auteurs du crime, le pape reconnut qu'il y avait dans cette affaire une preuve de magie évidente, et que la faute attribuée à Jeanne était la conséquence nécessaire de quelque sort maléfique jeté sur la pauvre femme, et dont il lui avait été impossible de se défendre (1). En même temps, Sa Sainteté confirma le mariage de la reine avec Louis de Tarente, et accorda à ce dernier l'ordre de la Rose d'or et le titre de roi de Sicile et de Jérusalem.

Il est vrai que Jeanne, la veille de l'acquittement, avait vendu au pape la ville d'Avignon pour la somme de quatre-vingt mille florins.

Pendant que la reine plaidait son procès à la cour de Clément VI, une horrible épidémie, désignée sous le nom de *peste noire*, la même dont Boccace nous a laissé une si admirable description, ravageait le royaume de Naples et le restant de l'Italie. Suivant les calculs de Matteo Villani, Florence perdit les trois cinquièmes de sa population, Bologne en perdit les deux tiers, et presque toute l'Europe fut décimée dans cette effrayante proportion. Les Napolitains étaient déjà fatigués de la barbarie et de la rapacité des Hongrois, ils n'attendaient qu'une occasion pour se révolter contre l'oppresseur étranger, et rappeler leur légitime souveraine que, malgré ses torts, ils n'avaient jamais cessé d'aimer : telle était sur ce peuple sensuel la force de la beauté et de la jeunesse. À peine la contagion eut-elle jeté le désarroi dans l'armée et le trouble dans la ville, que des imprécations éclatèrent contre le tyran et ses bourreaux. Louis de Hongrie, menacé tout à la fois et de la colère du ciel et de la vengeance du peuple, tremblant de l'épidémie et de l'émeute, disparut tout à coup au milieu de la nuit, et laissant le gouvernement de Naples à Corrado Lupo, un de ses capitaines, courut s'embarquer à Barlette, et quitta le royaume à son tour comme il l'avait fait quitter quelques mois auparavant à Louis de Tarente.

Ces nouvelles arrivèrent à Avignon au moment où le pape venait de faire expédier à la reine la bulle d'absolution. Il fut décidé sur le champ de reprendre le royaume au vicaire de Louis de Hongrie. Nicolas Acciajuoli partit pour Naples, muni de la bulle miraculeuse qui devait faire constater aux yeux de tous l'innocence de la

reine, dissiper les scrupules et réveiller l'enthousiasme.
Le conseiller se dirigea d'abord au château de Melzi,
commandé par son fils Lorenzo ; c'était la seule forteresse qui avait refusé de se rendre. Le père et l'enfant
s'embrassèrent avec ce sentiment de légitime orgueil
qu'éprouvent en présence l'un de l'autre deux hommes
de la même famille qui viennent d'accomplir héroïque-
ment leur devoir. Le gouverneur de Melzi apprit au conseiller intime de Louis de Tarente que l'arrogance et les
vexations des ennemis de la reine avaient fini par lasser
tout le monde, qu'une conspiration en faveur de Jeanne
et son mari, tramée au sein de l'université de Naples,
avait de vastes ramifications dans tout le royaume, et
que la discorde régnait dans l'armée étrangère. L'infa-
tigable conseiller se rendit de la Pouille à Naples, parcourant villes et campagnes, se multipliant partout,
proclamant partout à haute voix l'acquittement de la
reine, son mariage avec Louis de Tarente, et les indul-
gences que le pape promettait à tous ceux qui feraient
un bon accueil à leurs souverains légitimes. Puis, quand
il vit que le peuple se levait sur son passage pour crier :
« Vive Jeanne et mort aux Hongrois ! » il retourna vers
ses maîtres, et leur annonça les dispositions dans lesquelles il avait laissé leurs sujets.

Jeanne emprunta de l'argent de tous les côtés où elle
put en avoir, arma des galères, et partit de Marseille
avec son mari, sa sœur et ses deux fidèles conseillers,
Acciajuoli et Spinelli, le 10 septembre 1348. Le roi et
la reine, ne pouvant entrer dans le port, qui était au
pouvoir de l'ennemi, débarquèrent à Santa-Maria del
Carmine, près de la rivière du Sebeto, aux applaudissements frénétiques d'une immense population, et accom-
pagnés par toute la noblesse napolitaine, ils se dirigèrent vers le palais de messire Ajutorio, près de Porta-
Capuana, les Hongrois s'étant fortifiés dans tous les
châteaux de la ville ; mais Nicolas Acciajuoli, à la tête
des partisans de la reine, bloqua si bien ces forteresses,
qu'une moitié des ennemis fut obligée de se rendre, et
l'autre moitié, prenant la fuite, s'éparpilla dans l'intérieur du royaume. Nous ne suivrons pas Louis de
Tarente dans sa pénible entreprise à travers la Pouille,
les Calabres et les Abruzzes, où il recouvra une à une

les forteresses occupées par les Hongrois. Par des
efforts d'une valeur et d'une patience sans exemple, il
s'était rendu maître à peu près de toutes les places considérables, lorsque les choses changèrent brusquement
de face, et la fortune des armes lui tourna le dos une
seconde fois. Un capitaine allemand, nommé Warner,
qui avait déserté l'armée hongroise pour se vendre à la
reine, s'étant revendu par une nouvelle trahison, se
laissa surprendre à Corneto par Conrado Lupo, vicaire
général du roi de Hongrie, et se réunit ouvertement à
lui, entraînant une grande partie des aventuriers qui
combattaient sous ses ordres. Cette défection imprévue
força Louis de Tarente de rentrer à Naples, et bientôt
le roi de Hongrie, averti que ses troupes étaient ralliées
autour de son drapeau, et qu'elles n'attendaient plus
que son retour pour marcher sur la capitale, débarqua
avec un grand renfort de cavaliers dans le port de
Manfredonia, et après s'être emparé de Trani, de Canosa
et de Salerne, vint mettre le siège à Aversa.

Ce fut un coup de foudre pour Jeanne et pour son mari.
L'armée hongroise se composait de dix mille cavaliers
et au delà de sept mille fantassins, et la place n'était
défendue que par cinq cents soldats, commandés par
Giacomo Pignatelli. Malgré cette immense disproportion
de nombre, le général napolitain repoussa vigoureuse-
ment l'attaque; et comme le roi de Hongrie combattait
au premier rang, il fut blessé au pied par une flèche.
Alors Louis, voyant qu'il lui serait difficile d'emporter
la place d'assaut, résolut de la prendre par la faim. Les
assiégés firent trois mois des prodiges de valeur ; mais
la résistance était impossible, et on s'attendait d'un
moment à l'autre à les voir capituler, à moins qu'ils ne
fussent décidés de périr jusqu'au dernier. Renaud des
Baux, qui devait arriver de Marseille avec une escadre
de dix galères pour défendre les ports de la capitale et
protéger la fuite de la reine, si l'armée hongroise venait
à s'emparer de Naples, retardé par les vents contraires,
avait dû s'arrêter en chemin. Tout paraissait conspirer
en faveur de l'ennemi. Louis de Tarente, dont l'âme
généreuse répugnait à verser le sang des braves dans
une lutte inégale et désespérée, se dévoua noblement et
offrit au roi de Hongrie de vider leur querelle dans un

combat singulier. Voici la lettre authentique du mari de Jeanne et la réponse du frère d'André.

« Illustre roi de Hongrie, qui êtes venu envahir notre royaume, — nous, par la grâce de Dieu, roi de Jérusalem et de Sicile, vous invitons à un combat singulier. Nous savons que vous ne vous inquiétez de la mort de vos soldats de lance, ou des autres païens que vous avez entraînés à votre suite, pas plus que s'ils étaient des chiens ; mais nous, qui craignons les malheurs qui pourraient arriver à nos soldats et gens d'armes, nous voulons combattre personnellement avec vous, pour terminer la présente guerre et ramener la paix dans notre royame. Celui de nous deux qui survivra à l'autre sera roi. Et pour que le duel se fasse en toute sûreté, nous proposons qu'il ait lieu ou à Paris, en présence du roi des Français, ou dans la ville de Pérouse, ou à Avignon, ou à Naples. Choisissez un de ces quatre lieux, et répondez-nous. »

Le roi de Hongrie, ayant d'abord entendu son conseil, lui répondit ainsi :

« Grand roi, nous avons lu et pris connaissance de votre lettre que vous nous avez envoyée par le porteur des présentes, et votre invitation au duel nous a plu souverainement ; mais nous n'approuvons aucun des lieux que vous prescrivez, parce qu'ils nous sont tous suspects, et par plusieurs raisons. Le roi de France est votre aïeul maternel, et quoique nous ayons avec lui des liens de sang, il ne nous est pas aussi proche parent. La ville d'Avignon, quoiqu'elle appartienne de nom au souverain pontife, est la capitale de la Provence, et a été toujours soumise à votre domination. Nous n'avons pas plus de confiance en la ville de Pérouse, parce que cette ville vous est dévouée. Quant à la ville de Naples, il n'est pas même nécessaire d'écrire que nous la repoussons, puisque vous savez bien qu'elle est en révolte contre nous, et que vous y régnez. Mais si vous désirez de vous battre avec nous, ce sera en présence de l'empereur d'Allemagne, qui est le maître suprême, ou du roi d'Angleterre, qui est notre ami commun, ou du

16

patriarche d'Aquilée, qui est bon catholique. Mais si vous n'aimez pas les lieux que nous vous proposons à notre tour, pour ôter tous les prétextes et abréger tous les délais, nous serons bientôt près de vous avec notre armée. Alors vous sortirez de votre côté, et nous pourrons terminer notre duel à la présence des deux camps. »

Après l'échange de ces lettres, la provocation de Louis de Tarente n'eut pas de suites. La garnison d'Aversa avait capitulé après une résistance héroïque; et l'on savait trop bien que si le roi de Hongrie pouvait arriver sous les murs de Naples, il n'aurait pas eu besoin de mettre sa vie en danger pour s'emparer de la ville. Heureusement les galères provençales étaient enfin dans le port. La reine et son mari eurent à peine le temps de s'embarquer et de se réfugier à Gaëte. L'armée hongroise se présenta devant Naples. La ville allait se rendre, et avait envoyé des orateurs au roi pour demander humblement la paix ; mais telle fut l'insolence des paroles des Hongrois, que le peuple irrité prit les armes et se prépara à défendre ses foyers avec l'acharnement du désespoir.

Tandis que les Napolitains tenaient tête à l'ennemi à la Porta-Capuana, à l'autre bout de la ville se passait un étrange épisode, dont le récit achèvera de peindre ces temps de violences barbares et de trahisons infâmes. La veuve de Charles de Duras, enfermée au château de l'Œuf, attendait dans une anxiété mortelle la galère sur laquelle elle devait rejoindre la reine. La pauvre princesse Marie, serrant dans ses bras ses petites filles éplorées, pâle, les cheveux épars, les yeux fixes, la bouche contractée, prêtait l'oreille à chaque bruit, partagée entre la crainte et l'espoir. Tout à coup des pas retentirent dans le corridor, une voix amie se fit entendre, Marie tomba à genoux et poussa un cri de joie : c'était son libérateur.

Renaud des Baux, amiral de l'escadre provençale, s'avança respectueusement, suivi de son fils aîné Robert et de son chapelain.

— Merci, Seigneur ! s'écria Marie en se relevant, nous sommes sauvées !

— Un instant, madame, reprit Renaud en l'arrêtant

du geste ; vous êtes sauvées, mais à une condition.

— A une condition ? murmura la princesse étonnée.

— Ecoutez-moi, madame : le roi de Hongrie, le vengeur des assassins d'André, le meurtrier de votre mari, est aux portes de Naples ; le peuple et les soldats napolitains vont bientôt succomber après un dernier effort de courage ; bientôt le fer et le feu de l'armée victorieuse vont répandre partout la désolation et la mort. Et cette fois, le bourreau hongrois n'épargnera pas ses victimes, il tuera les mères sous les yeux de leurs enfants, les enfants aux bras de leurs mères. Le pont-levis de ce château est levé, et nul ne veille à sa garde ; tous les hommes capables de tenir une épée sont à l'autre bout de la ville. Malheur à vous, Marie de Duras, si le roi de Hongrie se souvient que vous lui avez préféré son rival !

— Mais n'êtes-vous pas là pour me sauver ? s'écria Marie d'une voix pleine d'angoisse. Jeanne, ma sœur, ne vous a-t-elle pas ordonné de me mener près d'elle ?

— Votre sœur n'est plus dans le cas de donner des ordres, reprit Renaud avec un sourire de mépris. Elle n'avait que des remerciements à m'adresser de lui avoir sauvé la vie, ainsi qu'à son mari, qui prend lâchement la fuite à l'approche de l'homme qu'il avait osé provoquer en duel.

Marie regarda fixement l'amiral, pour s'assurer que c'était bien lui qui parlait avec tant d'arrogance de ses maîtres ; mais, effrayée par l'imperturbabilité de son visage, elle continua d'une voix douce :

— Puisque c'est à votre seule générosité que je devrai ma vie et celle de mes enfants, je vous en serai mille fois reconnaissante. Mais hâtons-nous, seigneur comte ; car il me semble à chaque instant entendre le cri de la vengeance, et vous ne voudrez pas me laisser en proie à mon cruel ennemi ?

— A Dieu ne plaise, madame ! je vous sauverai au risque de mes jours ; mais je vous ai déjà dit que j'y mettais une condition.

— Laquelle ? demanda Marie avec une résignation forcée.

— C'est que vous épouserez mon fils à l'instant même, en la présence de notre révérend chapelain.

— Téméraire ! s'écria Marie en reculant, le visage pourpre d'indignation et de honte ; c'est ainsi que tu oses parler à la sœur de ta légitime souveraine ? Rends grâce à Dieu que je veuille bien pardonner cette insulte à un moment de vertige qui a troublé ta raison, et tâche par ton dévouement de me faire oublier ta conduite.

Le comte, sans répondre un seul mot, fit signe à son fils et au prêtre de le suivre, et se disposa à sortir de la chambre. Au moment de franchir le seuil, Marie s'élança vers lui, et, joignant les mains, le supplia, au nom de Dieu, de ne pas l'abandonner. Renaud s'arrêta.

— J'aurais pu me venger, dit-il, de l'affront que vous me faites en refusant mon fils avec tant de hauteur ; mais je laisse ce soin à Louis de Hongrie, qui s'en acquittera à merveille.

— Grâce pour mes pauvres filles ! répétait la princesse ; grâce au moins pour mes pauvres enfants, si mes larmes ne peuvent pas vous toucher.

— Si vous aimiez vos enfants, répondit l'amiral en fronçant le sourcil, vous auriez déjà pris votre parti.

— Mais je ne l'aime pas, votre fils ! s'écria Marie d'une voix fière et tremblante à la fois. Oh ! mon Dieu, peut-on violer ainsi les sentiments d'une pauvre femme ? Mais vous, mon père, vous qui êtes un ministre de vérité et de justice, faites donc comprendre à cet homme qu'on ne peut pas appeler Dieu à témoin d'un serment qu'on arrache à la faiblesse, au désespoir !

Et, s'adressant au fils de l'amiral, elle ajouta en sanglotant :

— Vous êtes jeune, vous avez aimé peut-être ; vous aimerez sans doute un jour. Oh ! j'en appelle à votre loyauté de jeune homme, à votre courtoisie de chevalier, à tous les nobles élans de votre âme : réunissez-vous à moi pour détourner votre père de son fatal projet. Vous ne m'avez jamais vue ; vous ne savez pas si j'aime un autre homme dans le secret de mon cœur. Votre fierté doit se révolter de voir ainsi maltraiter une pauvre femme qui vient se jeter à vos pieds pour vous demander grâce et protection. Un mot de vous, Robert, et je vous bénirai dans tous les instants de ma vie, et votre souvenir restera gravé dans mon âme comme celui d'un ange tutélaire, et mes enfants apprendront votre nom pour le répéter tous les soirs, en priant Dieu de combler vos désirs. Oh! dites, voulez-vous me sauver? et qui sait plus tard je vous aimerai... d'amour!

— Je dois obéir à mon père, répondit Robert sans lever les yeux sur la belle suppliante.

Le prêtre gardait le silence. Deux minutes s'écoulèrent, pendant lesquelles ces quatre personnages, absorbés chacun par ses pensées, restèrent immobiles comme des statues sculptées aux quatre coins d'un tombeau. Dans ce terrible intervalle, Marie fut tentée trois fois de se jeter à la mer. Mais une rumeur confuse et lointaine vint tout à coup frapper son oreille; peu à peu le bruit s'approcha, et les voix devenant plus distinctes, on entendit des femmes dans la rue pousser ces cris de détresse :

— Fuyez! fuyez! fuyez! Dieu nous abandonne, les Hongrois sont dans la ville.

Les pleurs des enfants de Marie répondirent à ces cris, et la petite Marguerite, levant les mains vers sa mère, exprimait sa terreur par des paroles au-dessus de son âge. Renaud, sans jeter un regard sur ce tableau touchant, entraînait son fils vers la porte.

— Arrêtez! dit la princesse en tendant la main avec un geste solennel : puisque Dieu n'envoie pas d'autres secours à mes enfants, sa volonté est que le sacrifice s'accomplisse.

Et elle tomba à genoux devant le prêtre, courbant la tête comme une victime qui tend le cou à la hache du bourreau. Robert des Baux se plaça à son côté, et le prêtre prononça la formule qui les liait pour toujours, et consacra cet infâme viol par une bénédiction sacrilège.

— Tout est fini, murmura la veuve de Duras en jetant sur ses deux filles un regard plein de larmes.

— Non, tout n'est pas fini encore, reprit durement l'amiral en la poussant vers une autre chambre; avant de partir, il faut que le mariage soit consommé.

— O justice de Dieu! s'écria la princesse d'une voix déchirante : et elle tomba évanouie.

Renaud des Baux dirigea ses galères sur Marseille, où il espérait faire couronner son fils comte de Provence, grâce à son étrange mariage avec Marie de Duras. Mais cette lâche trahion ne devait pas rester impunie. Le vent se leva avec fureur, et le repoussa vers Gaëte, où la reine et son mari venaient d'arriver à peine. Renaud commanda à ses matelots de se tenir au large, menaçant de jeter aux flots quiconque oserait transgresser ses ordres. L'équipage répondit d'abord par des murmures; bientôt des cris de mort s'élevèrent de toutes parts, et l'amiral, se voyant perdu, passa des menaces aux prières. Mais la princesse, qui avait recouvré ses sens au premier éclat de tonnerre, se traînant sur le pont, criait au secours.

— A moi Louis! à moi, mes barons! mort aux misérables qui m'ont lâchement outragée!

Louis de Tarente s'élança dans une chaloupe, suivi d'une dizaine de ses plus braves chevaliers, et faisant force de rames, atteignit la galère. Alors Marie acheva son récit d'un seul trait, et se tournant vers l'amiral, comme pour le défier de se défendre, l'accabla d'un regard foudroyant.

— Misérable! s'écria le roi en se jetant sur le traître; et il le perça d'un coup d'épée.

Puis il fit charger de chaînes son fils et l'indigne ministre qui avait été complice de l'odieuse violence que l'amiral venait d'expier par sa mort, et prenant dans son bateau la princesse et ses filles, il rentra dans le port.

Cependant les Hongrois, ayant forcé une des portes de Naples, défilaient triomphalement vers le Château-Neuf; mais au moment où ils traversaient la place *delle Correggie*, les Napolitains s'aperçurent que les chevaux étaient si faibles et les cavaliers si exténués par les fatigues soutenues au siège d'Aversa, qu'un souffle aurait suffit pour disperser cette armée de fantômes. Alors, passant tout à coup de la terreur à l'audace, le peuple se rua sur les vainqueurs, et les refoula hors des murs qu'ils venaient de franchir. Cette brusque réaction populaire dompta l'orgueil du roi de Hongrie, et le rendit plus docile aux conseils de Clément VI, qui crut enfin devoir intervenir. Une trêve fut d'abord conclue depuis le mois de février 1350 jusqu'au commencement d'avril 1351; et l'année suivante la trêve fut changée en paix définitive, moyennant la somme de trois cent mille florins que Jeanne paya au roi de Hongrie pour les frais de la guerre.

Après le départ des Hongrois un légat fut envoyé par le pape pour couronner Jeanne et Louis de Tarente, et on choisit pour cette solennité le 25 mai, jour de la Pentecôte. Tous les historiens du temps parlent avec enthousiasme de cette fête magnifique, dont les détails ont été rendus éternels par le pinceau de Giotto, dans les fresques de l'église qui prit dans cette occasion le nom de l'*Incoronata*. On prononça une amnistie générale pour tous ceux qui, dans les guerres précédentes, avaient combattu dans l'un ou dans l'autre parti, et des cris d'allégresse accueillirent le roi et la reine, qui chevauchaient solennellement sous le dais, suivis par tous les barons du royaume.

Mais la joie de ce jour fut troublée par un accident qui parut d'un augure sinistre à la populace superstitieuse. Louis de Tarente, monté sur un cheval richement caparaçonné, venait de passer la Porta-Petruccia, lorsque des dames qui regardaient le cortège du haut de leurs fenêtres jetèrent sur le roi une si grande quantité de fleurs, que le cheval effrayé se cabra et rompit le frein. Louis, ne pouvant retenir son palefroi, sauta légèrement à terre; mais la couronne tomba en même temps de sa tête et se brisa en trois morceaux. Le jour même mourut la fille unique de Louis et de Jeanne.

Cependant le roi, ne voulant pas que cette brillante cérémonie fût attristée par des signes de deuil, fit continuer pendant trois jours les joutes et les tournois, et, en mémoire de son couronnement, institua l'ordre des *Chevaliers du Nœud*. Mais à dater de ce jour, signalé par un triste présage, sa vie ne devait plus être qu'une longue suite de déceptions. Après avoir soutenu des guerres dans la Sicile et dans la Pouille et dompté la rébellion de Louis de Duras, qui finit ses jours dans le château de l'Œuf, Louis de Tarente, usé par les plaisirs, miné par une maladie, accablé de chagrins domestiques, succomba à une fièvre aiguë, le 5 juin 1362, à l'âge de quarante-deux ans; et on n'avait pas encore descendu son cadavre dans le royal tombeau de Saint-Dominique, que déjà plusieurs prétendants se disputaient la main de la reine.

Ce fut l'infant de Mayorque, ce beau jeune homme que nous avons déjà nommé, qui l'emporta sur tous ses rivaux, y compris le fils du roi de France. Jayme d'Aragon avait une de ces figures douces et mélancoliques auxquelles une femme ne sait pas résister. De grandes infortunes noblement supportées avaient jeté comme un crêpe funèbre sur sa jeunesse : il avait passé treize ans dans une cage de fer; délivré de cette affreuse prison à l'aide d'une fausse clef, il avait erré de cour en cour pour recouvrer ses États; et l'on dit même que, réduit à un extrême degré de misère, il avait dû mendier son pain. La beauté du jeune étranger, le récit de ses aventures, avaient frappé Jeanne et Marie à la cour d'Avignon. Marie surtout avait conçu pour l'infant une passion d'autant plus violente qu'elle avait fait plus d'efforts pour la concentrer dans son cœur. Dès que Jayme d'Aragon arriva à Naples, la malheureuse princesse, qu'on avait mariée le poignard sur la gorge, voulut racheter sa liberté au prix d'un crime. Suivie de quatre hommes armés, elle entra dans la prison où Robert des Baux n'avait cessé d'expier une faute qui était bien plus celle de son père que la sienne. Marie s'arrêta devant le prisonnier, les bras croisés, les joues livides, les lèvres tremblantes. L'entrevue fut terrible. Cette fois c'était la princesse qui menaçait, c'était le jeune homme qui demandait grâce. Marie demeura sourde à ses prières, et la tête du malheureux roula sanglante à ses pieds, tandis que les bourreaux jetaient le corps à la mer. Mais Dieu ne laissa pas ce meurtre impuni : Jayme préféra la reine à sa sœur, et la veuve de Duras ne recueillit de son crime que le mépris de l'homme qu'elle aimait, et des remords cuisants qui la menèrent, jeune encore, à la tombe.

Jeanne se maria successivement avec Jayme d'Aragon, fils du roi de Mayorque, et avec Othon de Brunswick, de l'impériale famille de Saxe. Nous traverserons rapidement ces années, pressés que nous sommes d'arriver au dénouement de cette histoire de crimes et d'expiations. Jayme, éloigné de sa femme, continuant son existence orageuse, après avoir longtemps lutté en Espagne contre Pierre le Cruel, qui avait usurpé le royaume, mourut près de Navarre vers la fin de l'année 1375. Quant à Othon, ne pouvant pas se soustraire à la vengeance divine qui pesait sur la cour de Naples, il partagea courageusement jusqu'au bout la destinée de la reine. Se voyant privée d'héritiers légitimes, Jeanne avait adopté son neveu Charles de la Paix, comme il fut appelé par la suite à cause de la paix de Trévise. Ce jeune homme était fils de Louis Duras, qui, après s'être révolté contre Louis de Tarente, avait péri misérablement dans la prison du château de l'Œuf. L'enfant aurait subi également le sort de son père; mais Jeanne intercéda pour ses jours, le combla de bienfaits, et le maria à Marguerite, fille de sa sœur Marie et de son cousin Charles de Duras égorgé par le roi de Hongrie.

De graves dissensions s'élevèrent depuis entre la reine et un de ses anciens sujets, Bartolomeo Prignani, devenu pape sous le nom d'Urbain VI. Irrité de l'opposition de la reine, le pape avait dit un jour, dans un accès de colère, qu'il l'enverrait filer dans un cloître. Jeanne pour se venger de cette insulte, favorisa ouvertement l'antipape Clément VII, et lui offrit un asile dans son propre château, lorsque, poursuivi par les troupes d'Urbain, il s'était réfugié à Fondi. Mais le peuple, s'étant soulevé contre Clément, tua l'archevêque de Naples, qui avait contribué à son élection, brisa la croix qu'on portait processionnellement devant l'antipape, et lui laissa à peine le temps de monter sur une galère pour se sauver en Provence. Urbain déclara Jeanne déchue de son trône, délia ses sujets du serment de fidélité, et donna la couronne de Sicile et de Jérusalem à Charles de la Paix, qui se mit en marche pour Naples à la tête de huit mille Hongrois. La reine, ne pouvant croire à tant d'ingratitude, envoya à la rencontre de son fils adoptif sa femme Marguerite, qu'elle aurait pu garder en otage, et ses deux enfants, Ladislas et Jeanne, qui fut depuis la seconde reine de ce nom. Mais bientôt l'armée victorieuse arriva devant Naples, et Charles cerna la reine dans son château, oubliant, l'ingrat, que cette femme lui avait sauvé la vie et l'avait aimé comme une mère.

Jeanne supporta pendant ce siège tout ce que les soldats les plus endurcis aux fatigues de la guerre ne pourraient pas endurer. Elle vit tomber autour d'elle ses fidèles exténués par la faim ou décimés par la fièvre.

Après l'avoir privée d'aliments, on lançait tous les jours dans la forteresse des cadavres en putréfaction, pour infecter l'air qu'elle respirait. Othon était retenu avec ses troupes à Aversa; Louis d'Anjou, frère du roi de France, qu'elle avait nommé son successeur en déshéritant son neveu, n'arrivait pas à son secours, et les galères provençales que Clément VII avait promis de lui envoyer ne devaient paraître dans le port que lorsque tout serait perdu. Jeanne demanda une trêve de cinq jours, au bout desquels, si Othon n'était pas venu la délivrer, elle promit de rendre la forteresse.

Au cinquième jour, l'armée d'Othon entra par le côté de Piedigretta. Le combat fut acharné de part et d'autre, et Jeanne, du haut d'une tour, put suivre la nuée de poussière que soulevait le cheval de son mari à travers le plus épais de la bataille. Longtemps la victoire demeura incertaine; enfin, le prince se poussa avec tant de valeur contre l'étendard royal, pressé de rencontrer corps à corps son ennemi, il s'enfonça au centre de l'armée par un choc si violent, que serré de toutes parts, couvert de sueur et de sang, l'épée brisée dans sa main, il fut forcé de se rendre. Une heure après, Charles écrivait à son oncle le roi de Hongrie que Jeanne était en son pouvoir, et qu'il attendait les ordres de Sa Majesté pour décider du sort de la prisonnière.

C'était par une belle matinée de mai; la reine était gardée à vue dans le château d'Aversa; Othon avait obtenu la liberté à la condition de quitter Naples; Louis d'Anjou, ayant enfin réuni une armée de cinquante mille hommes, marchait en toute hâte à la conquête du royaume. Aucune de ces nouvelles n'était parvenue à l'oreille de Jeanne, qui vivait depuis quelques jours dans l'isolement le plus complet. Le printemps déployait toute sa pompe dans ces plaines enchantées, qui ont mérité le nom de terre heureuse et bénie, *campagna felice!* Les orangers couverts de leur neige odorante, les cerisiers élancés aux fruits de rubis, les oliviers aux petites feuilles d'émeraude, le grenadier empanaché de ses rouges clochettes, le mûrier sauvage, le laurier éternel, toute cette végétation puissante et touffue, qui n'a pas besoin de la main de l'homme pour fleurir dans ces lieux privilégiés de la nature, formait comme un vaste

jardin coupé çà et là par de petits ruisseaux souterrains.
On eût dit un Eden oublié dans ce délicieux coin du
monde. Jeanne, accoudée sur sa fenêtre respirait les
parfums printaniers, et reposait ses yeux voilés de
larmes sur un lit de verdure et de fleurs ; une brise légère,
embaumée d'âcres senteurs, se jouait sur son front
brûlant, et répandait sur ses joues moites de fièvre une
suave fraîcheur. Des voix mélodieuses et lointaines, des
refrains de chansons bien connues venaient seuls troubler le silence de cette pauvre chambrette, de ce nid
solitaire, où s'éteignait dans les larmes et dans le repentir
l'existence la plus brillante et la plus agitée de ce siècle
d'agitation et d'éclat.

La reine repassait lentement dans son esprit toute sa
vie depuis l'âge de raison ; cinquante ans de déceptions
et de souffrances. Elle songeait d'abord à son enfance si
heureuse et si douce, à l'aveugle tendresse de son aïeul,
aux joies pures et naïves de ce temps d'innocence, aux
jeux bruyants de sa petite sœur et de ses grands cousins.
Puis elle frissonnait à la première idée de mariage, de
contrainte, de liberté perdue, de regrets amers ; elle se
souvenait avec horreur des paroles trompeuses qu'on lui
murmurait à l'oreille pour jeter dans son jeune cœur le
germe de la corruption et du vice qui devaient empoisonner sa vie entière ; les brûlants souvenirs de son
premier amour, le parjure et l'abandon de Robert de
Cabane, les moments de délire passés comme dans un
rêve dans les bras de Bertrand d'Artois, tout ce drame
au tragique dénouement se détachait en traits de feu
sur le fond sombre de ses tristes pensées. Puis des cris
d'angoisse retentissaient dans son âme comme dans cette
nuit terrible et fatale. C'était la voix mourante d'André
qui demandait grâce à ses assassins. Un long silence de
mort succédait à cette horrible agonie, et la reine voyait
passer devant ses yeux des chars infâmes, où l'on tortu-
rait tous ses complices. Tout le reste n'était que persé-
cutions, fuite, exil, remords de l'âme, châtiments du
ciel, malédictions de la terre. Il se faisait autour de la
reine une affreuse solitude : mais, amants, parents, amis,
tout ce qui l'avait entourée était mort, tout ce qu'elle
avait aimé ou haï au monde n'existait plus ; ses joies,
ses douleurs, ses désirs, ses espérances, tout avait dis-

paru pour toujours. La pauvre reine, ne pouvant résister à ces images de désolation, s'arracha violemment à sa terrible rêverie, et s'agenouillant devant un prie-Dieu, pleura amèrement et pria avec ferveur. Elle était belle encore, malgré la pâleur extrême répandue sur ses traits; les nobles contours de son ovale se dessinaient dans toute leur pureté; le feu du repentir animait ses beaux yeux noirs d'un éclat surhumain, et l'espoir du pardon faisait errer sur ses lèvres un sourire céleste.

Tout à coup la porte de la chambre où Jeanne priait avec tant de recueillement s'ouvrit avec un bruit sourd, deux barons hongrois couverts de leurs armures se présentèrent à la reine, et lui firent signe de les suivre. Jeanne se leva en silence et obéit à ces hommes ; mais un cri de douleur s'échappa du fond de son âme lorsqu'elle reconnut l'endroit où André et Charles de Duras étaient morts tous les deux d'une mort violente. Cependant elle recueillit ses forces, et demanda d'une voix calme pourquoi on l'avait amenée dans ce lieu. Alors un des barons lui montra pour toute réponse un cordon de soie et d'or.

— Que la justice de Dieu s'accomplisse! s'écria Jeanne en tombant genoux.

Quelques minutes après elle avait cessé de souffrir.

C'était le troisième cadavre qu'on jetait par-dessus le balcon d'Aversa (2).

NOTES

(1) E però che per assoluta verità del fatto non poteano scusare la regina e levare il volgo dalla dubbiosa fama, proposero che se alcuno sospetto di non perfetto amore si potesse proporre o provare, che ciò non era venuto per corrotta volontà della regina, ma per forza li *malie* ovvero *fatture* che gli erano state fatte, alle quali la sua natura fragile, femminile, non avea saputo nè potuto riparare. (Matteo Villani, lib. II, chap. xxiv.)

(2) Le fond et les détails de cette histoire sont de la plus scrupuleuse exactitude. Nous avons consulté les différentes versions de Giannone, Summonte, Villani, Rainaldo, Palmieri, Collenuccio, Spondano, Gataro, et surtout la chronique latine de Domenico Gravina, auteur contemporain.

FIN DE JEANNE DE NAPLES

TABLE

———

E. GREVIN — IMPRIMERIE DE LAGNY

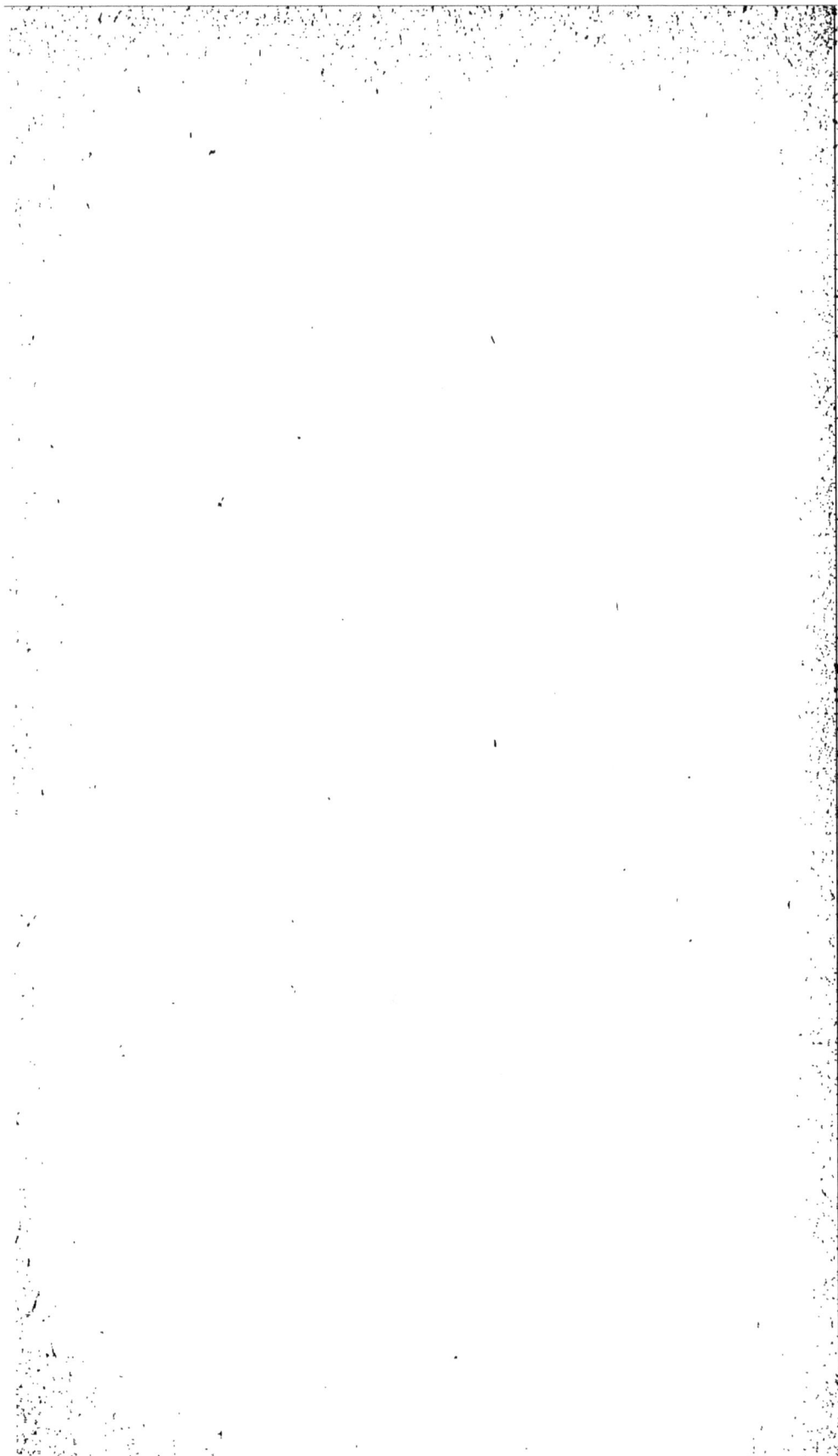

AUTEURS CÉLÈBRES

à 60 centimes le volume

En jolie reliure spéciale à la collection, 1 franc le volume

Le but de la collection des *Auteurs célèbres, à 60 centimes* le volume, est de mettre entre toutes les mains de bonnes éditions des meilleurs écrivains modernes et contemporains.

Sous un format commode et pouvant en même temps tenir une belle place dans toute bibliothèque, il paraît chaque quinzaine un volume.

CHAQUE OUVRAGE EST COMPLET EN UN VOLUME

Les volumes dont les titres sont en italiques ont une couverture illustrée en couleurs.

0

BIBLIOTHÈQUE POUR TOUS

à 75 centimes le volume broché
En jolie reliure spéciale . . . . 1 fr. 25

(Chaque ouvrage est orné de nombreuses figures dans le texte)

C. KLARY

MANUEL DE PHOTOGRAPHIE
POUR LES AMATEURS

Désiré SCRIBE

LE PETIT SECRÉTAIRE PRATIQUE

CHRISTIE et CHAREYRE

L'ARCHITECTE-MAÇON

G. CORNIÉ

MANUEL PRATIQUE ET TECHNIQUE DU VÉLOCIPÈDE

Aristide POUTIER

MANUEL DU MENUISIER-MODELEUR

L. TERRODE

MANUEL DU SERRURIER

BIBLIOTHÈQUE POUR TOUS (*Suite*).

J. VILLARD
MANUEL DU CHAUDRONNIER EN FER

Baron BRISSE
PETITE CUISINE DES FAMILLES

Adhémar de LONGUEVILLE
MANUEL COMPLET DES JEUX DE CARTES
SUIVI DE
L'Art de tirer les cartes

L. C.
NOUVEAU GUIDE POUR SE MARIER
suivi du
Manuel du Parrain et de la Marraine

GAWLIKOWSKI
GUIDE COMPLET DE LA DANSE

E. SABATIER
MANUEL DE L'AGRICULTEUR

E. VIGNES
L'ÉLECTRICITÉ CHEZ SOI

LES PIÈCES A SUCCÈS

Publication illustrée de simili-gravures, tirage de luxe sur papier couché

Prix de chaque fascicule grand in-8º, **60** cent.

La collection des **PIÈCES A SUCCÈS** *ne contient, en effet, que des œuvres qui ont été jouées et qui ont bien mérité leur titre.*

Dans ces Pièces on a pu établir comme une sorte de classement. Certaines peuvent être représentées **intégralement** *par de très jeunes gens dans des institutions, d'autres dans les salons, etc.*

	Hommes	Femmes
Peuvent être jouées dans les institutions :		
Le Gendarme est sans pitié, par Georges Courteline et Nonès	4	»
Le Sacrement de Judas, par Louis Tiercelin . . .	4	1
Monsieur Badin, par Georges Courteline	3	»
La Soirée Bourgeois, par Félix Galipaux	2	1
Le Commissaire est bon enfant, par G. Courteline et Jules Lévy	7	1
Les Oubliettes, par Bonis-Charancle.	4	1
Capsule, par Félix Galipaux	2	1
Peuvent être jouées dans tous les salons, intégralement ou avec de légères modifications :		
Silvé..e, par Alphonse Allais et Tristan Bernard. .	2	1
Mon Tailleur, par Alfred Capus	1	2
Les Affaires Étrangères, par Jules Lévy	2	3
Le Seul Bandit du Village, par Tristan Bernard. .	4	2
La Visite, par Daniel Riche	2	1
La Fortune du Pot, par Jules Lévy et Léon Abric .	2	2
Service du Roi, par Henri Pagat	3	2
L'Inroulable, par Pierre Wolf	1	2
Conviennent plus spécialement aux théâtres libres :		
Lui, par Oscar Méténier	2	2
La Cinquantaine, par Georges Courteline	1	1
Le Ménage Rousseau, par Léo Trézenik	1	4
En Famille, par Oscar Méténier	3	2

PIÈCES A SUCCÈS (*Suite*)

	Hommes	Femmes
Monsieur Adolphe, par Ern. Vois et Alin Monjardin.	2	2
La Casserole, par Oscar Méténier	8	3
La Revanche de Dupont l'Anguille, par Oscar Méténier (*Prix* 1 fr. 20)	10	3
Une Manille, par Ernest Vois	5	1
Caillette, par H. de Gorsse et Ch. Meyreuil	4	2
Paroles en l'air, par Pierre Veber et L. Abric . . .	5	3
L'Extra-Lucide, par Georges Courteline	1	1
Trop Aimé, par Xanrof.	1	1
Le Portrait (1 acte en vers) par Millanvoye et Cressonois	2	2
L'Ami de la Maison, par Pierre Veber.	3	2
Les Chaussons de Danse, par Auguste Germain . .	2	2
Dent pour Dent, par H. Kistemaeckers	3	1
Petin, Mouillarbourg et Consorts, par Georges Courteline	7	1
Grandeur et Servitude, par Jules Chancel	5	1
La Berrichonne, par Léo Trézenik	3	3
Un verre d'eau dans une tempête, par L. Schneider et A. Sciama	1	2
L'Affaire Champignon, par G. Courteline et P. Veber.	7	2
Le Pauvre Bougre et le Bon Génie, par Alph. Allais.	2	1
Les Crapauds. La Grenouille, par Léon Albric . .	2	1
Les Cigarettes, par Max Maurey.	3	1
Nuit d'été, par Auguste Germain	2	2
La Huche à pain (1 acte en vers), par J. Redelsperger	5	2
Si tu savais, ma chère, par Jules Lévy	1	3
La Grenouille et le Capucin, par Franc-Nohain . .	2	1
Le Coup de Minuit, par H. Delorme et Francis Gally.	2	3
Cher Maître, par Xanrof	3	1
Ceux qu'on trompe, par Grenet-Dancourt	2	2
Un Bain qui chauffe, par Pierre Veber.	2	2
Blancheton père et fils, par G. Courteline et P. Veber.	14	4
Un Début dans le monde, par Max Maurey et P. Mathiex.	1	5
Pour la Gosse, par Jules Lévy	3	3

Joli emboîtage pour 25 pièces. . . . Prix : 2 fr. 50

Collection Illustrée d'Ouvrages Utiles

Chaque Volume du format in-18, cartonnage élégant. — Prix 3 fr.

ARNOUS DE RIVIÈRE

TRAITÉ POPULAIRE du JEU DE BILLARD

Un volume illustré

J. DYBOWSKI

GUIDE DU JARDINAGE

Un volume illustré

C. KLARY

GUIDE DE L'AMATEUR PHOTOGRAPHE

Avec illustrations. — Un volume

PAUL BICHET

L'ART ET LE BIEN-ÊTRE CHEZ SOI

GUIDE ARTISTIQUE ET PRATIQUE

200 illustrations d'HENRIOT. — *1 Volume.*

LE LIVRE DES JEUX

Dominos, Cartes, Dames, Échecs, Jeux de Société, en plein air, etc.,

Nombreuses illustrations d'HENRIOT. — 1 volume

J. SOILLOT

Cours Théorique et Pratique de Comptabilité

1re et 2e parties . . . . 1 volume
3e et 4e parties. . . . . 1 volume

CHARLES DIGUET

GUIDE DU CHASSEUR

Illustrations et portrait par KAUFFMANN. — 1 volume

OUVRAGES UTILES (*suite*)

FISCH-HOOK

LE LIVRE DU PÊCHEUR

Avec nombreuses illustrations. — Un volume.

BARON BRISSE

LA CUISINE

des ménages bourgeois et des petits ménages

Un fort volume in-18 avec de nombreuses figures
et 200 Recettes utiles

LE SECRÉTAIRE

1 volume illustré par HENRIOT

Lettres officielles, lettres de jour de l'an, etc.

Dr CAMBOULIVES

L'HOMME et la FEMME A TOUS LES AGES de la VIE

4e Edition augmentée d'un Chapitre sur la **VIE FUTURE**
Un volume in-18 illustré de 25 figures

CHARLES ET ALEXANDRE DUCHIER

LA LOI POUR TOUS

LE PRÉVOYANT EN AFFAIRES. — Un volume

Y. SAINT-BRIAC

LA CUISINE VÉGÉTARIENNE

Un joli volume in-16 . . . . 2 fr. 50

VICOMTESSE NACLA

DICTIONNAIRE DES 36.000 RECETTES

Un fort volume in-32

DICTIONNAIRE RUSTIQUE ILLUSTRÉ

Un volume in-18

b

COLLECTION DE ROMANS

à 1 fr. 25 le volume

HECTOR MALOT (60 volumes)

Le Lieutenant Bonnet. 1 vol.	Anie. . . . . 1 vol.
Suzanne. . . . . 1 —	Les Millions honteux.. 1 —
Miss Clifton. . . . . . 1 —	Le Docteur Claude. . . 2 —
Clotilde Martory. . . . 1 —	Le Mari de Charlotte.. 1 —
Marichette . . . . . . 2 —	Conscience . . . . . . 1 —
Pompon. . . . . 1 —	Justice . . . . 1 —
Un Curé de province.. 1 —	Les Amants. . . . . . 1 —
Un Miracle . . . . . 1 —	Les Époux. . . . . . . 1 —
Romain Kalbris . . . . 1 —	Les Enfants. . . . . . 1 —
La Fille de la Comé-	Les Amours de Jacques 1 —
dienne . . . . 1 —	La Petite Sœur . . . . 2 —
L'Héritage d'Arthur . . 1 —	Femme d'argent. . . . 1 —
Le Colonel Chamber-	Les Besoigneux . . . . 2 —
lin. . . . . 1 —	Une Bonne Affaire. . . 1 —
La Marquise de Luci-	Mère . . . . 1 —
lière . . . . 1 —	Mondaine. . . . . . . 1 —
Ida et Carmélita. . . . 1 —	Un Mariage sous le se-
Thérèse. . . . . 1 —	cond Empire . . . . 1 —
Le Mariage de Juliette 1 —	La Belle Madame Donis 1 —
Une Belle-Mère. . . . 1 —	Madame Obernin . . . 1 —
Séduction. . . . . . . 1 —	Micheline . . . . 1 —
Paulette. . . . . 1 —	Le Sang bleu . . . . . 1 —
Bon Jeune Homme . . 1 —	Baccara. . . . . 1 —
Comte du Pape . . . . 1 —	Un Beau-Frère . . . . 1 —
Marié par les prêtres . 1 —	Zyte. . . . . 1 —
Cara. . . . . 1 —	Ghislaine . . . . 1 —
Vices français. . . . . 1 —	Mariage riche. . . . . 1 —
Raphaëlle . . . . 1 —	Complices. . . . . . . 1 —
Duchesse d'Arvernes.. 1 —	Amours de vieux . . . 1 —
Corysandre . . . . . . 1 —	Amours de jeunes. . . 1 —

Romans à 1 fr. 25 le Volume (*Suite*)

EUGÈNE SUE (43 volumes)

Les Sept Péchés capitaux. . . . . 5 vol.	Le Morne au Diable. . . 1 vol.
Les Mystères de Paris. 4 —	Les Enfants de l'amour 1 —
Mathilde (Mémoires d'une jeune femme). . 4 —	Les Mémoires d'un mari 2 —
Le Juif Errant. . . . . 4 —	Les Fils de famille . . 2 —
Les Misères des Enfants trouvés . . . . . . 4 —	Deux Histoires (1772-1810) . . . . 1 —
La Coucaratcha . . . . 1 —	Arthur, journal d'un inconnu. . . . . . . 2 —
La Famille Jouffroy. . 3 —	
La Salamandre . . . . 1 —	Miss Mary. . . . . . . 1 —
Latréaumont. . . . . . 1 —	Paula Monti. . . . . . 1 —
La Vigie de Koat Ven. 2 —	Plick et Plock. — Atar-Gull. . . . . 1 —
Le Commandeur de Malte . . . . 1 —	Thérèse Dunoyer . . . 1 —

ALEXIS BOUVIER (54 volumes)

Chochotte. . . . . . . 2 vol.	Iza-la-Ruine. . . . . . 1 vol.
Les Seins de marbre. . 1 —	La Mort d'Iza . . . . . 2 —
La Belle Olga . . . . . 1 —	La Petite Duchesse . . 2 —
Les Chansons du peuple 1 —	Le Bel Alphonse. . . . 2 —
Mlle Beaubaiser, sage-femme. . . . . . . 1 —	La Sang brûlé. . . . . 1 —
	Les Pauvres. . . . . . 1 —
Une Femme toute nue. 1 —	Le Club des Coquins. . , 1 —
Ninie . . . . 1 —	Mademoiselle Olympe . 1 —
La Petite Baronne . . 1 —	Les Soldats du déses-poir. . . . . 1 —
Les Yeux de velours. . 1 —	
Les Amours de sang. . 1 —	Histoire d'une jolie fille (Bayonnette) . . . . . 2 —
Le Fils de l'amant. . . 1 —	
Veuve et vierge. . . . 1 —	La Belle Grêlée . . . . 2 —
Les Créanciers de l'é-chafaud. . . . . . . 2 —	Mademoiselle Beau-Sourire . . . . 1 —
La Princesse Saltim-banque . . . . 2 —	Malheur aux pauvres.. 1 —
	Le Mariage d'un forçat 1 —
La Rousse. . . . . . . 1 —	Le Drame de Saint-Cyr (La Bouginotte) . . . 2 —
Le Domino rose. . . . 1 —	
L'Armée du crime. . . 1 —	Étienne Marcel . . . . 1 —
Lolo. . . . . 2 —	Amour, Misère et Cie. 1 —
La Femme du mort. . 2 —	Le Mouchard . . . . 2 —
La Grande Iza . . . . 2 —	Le Fils d'Antony . . . 2 —
Iza, Lolotte et Cie. . . 1 —	

Capitaine DANRIT

LA GUERRE FATALE

(France-Angleterre)

GRANDE PUBLICATION ILLUSTRÉE PAR L. COUTURIER

I. A BIZERTE. Un beau volume in-8º jésus, illustré :
Prix, broché, **5 fr.**
Relié toile, tranches dorées, plaque, **8 fr.**

II. EN SOUS-MARIN. Un beau volume in-8º jésus illustré :
Prix broché, **5 fr.**
Relié toile, tranches dorées, plaque, **8 fr.**

III. EN ANGLETERRE. Un beau volume in-8º jésus illustré :
Prix broché, **5 fr.**
Relié toile, tranches dorées, plaque, **8 fr.**

Les 3 parties en un seul volume : Prix, relié, **20 fr.**

Collection in-18 jésus, à 3 fr. 50 le Volume.

La Guerre de demain. Dessins et couvertures en couleurs de P. de Sémant. (Ouvrage couronné par l'Académie française) :

— *La Guerre de Forteresse*	2 vol.
— *En Rase Campagne*	2 vol.
— *En Ballon.*	2 vol.

La Guerre fatale. — *France-Angleterre*, édition illustrée par L. Couturier et H.-P. Dillon.

— *A Bizerte.*	1 vol.
— *En sous-marin*	1 vol.
— *En Angleterre*	1 vol.

DANRIT et DE PARDIELLAN

Le Journal de guerre du *Lieutenant Von Piefke.* . . .	2 vol.

(Contre-partie de la « Guerre de Forteresse » racontée par un officier allemand.)

Capitaine DANRIT

L'INVASION JAUNE

Grande publication illustrée par G. DUTRIAC,

1re partie : La Mobilisation Sino-Japonaise

1 volume in-8º illustré, *Prix : broché.* 4 50
Relié toile, plaque, tranches dorées 7 50

2º partie : **A travers l'Europe**

1 volume, in-8º illustré, *Prix* 7 50
Relié toile, plaque, tranches dorées 10 50

Les deux parties réunies en un volume.

Prix broché . . . . 12 »
Relié toile, plaque, tranches dorées . . . . . 15 »

L'INVASION NOIRE

LA GUERRE AU VINGTIÈME SIÈCLE

GRANDE PUBLICATION, ILLUSTRÉE PAR PAUL DE SÉMANT

1re partie : Mobilisation Africaine.

2me partie : Concentration, Pélerinage à La Mecque.

3e partie : **A travers l'Europe.**

4me partie : Autour de Paris.

Prix de chaque volume grand in-8º jésus : **4 fr.**

Souscription permanente des ouvrages ci-dessus et de
la *Guerre Fatale* in-8º en livraisons à **10** cent. et en séries à **50** cent.

Œuvres d'Alphonse DAUDET

à 3 fr. 50 le Volume

Aventures prodigieuses de Tartarin de Tarascon.
Illustrations de Rossi, Montégut, Myrbach . . . . . .   1 vol.

Tartarin sur les Alpes. Illustrations de Myrbach, Aranda,
Rossi . . . .   1 vol.

Port-Tarascon, Dernières aventures de l'illustre Tartarin.
Illustrations par Bieler, Montégut, Montenard, etc.   1 vol.

Sapho. Édition illustrée par Rossi, Myrbach, etc . . . . .   1 vol.

Jack. Illustrations par Rossi et Myrbach . . . .   1 vol.

Les Rois en exil. Illustrations de Bieler, Myrbach, etc.   1 vol.

Trente ans de Paris. Illustrations de Montégut, Myrbach,
Rossi, etc . . . .   1 vol.

Souvenirs d'un homme de lettres. Illustrations de
Montégut, Rossi, Bieler, Myrbach, etc. . . . .   1 vol.

L'Obstacle, Dessins de Bieler, Gambard, Marold et
Montégut . . . .   1 vol.

Rose et Ninette. Frontispice de Marold . . . .   1 vol.

L'Évangéliste. Illustrations de Marold, etc. . . . . . .   1 vol.

Robert Helmont. Illustrations de Picard, etc. . . . . .   1 vol.

Premier voyage, Premier mensonge. Illustrations de
Bigot-Valentin . . . .   1 vol.

La Fédor, Pages de la vie. Illustrations de Fabrès,   1 vol.

La petite Paroisse. Illustrations de H.-P. Dillon . . .   1 vol.

La Belle-Nivernaise, histoire d'un vieux bateau et de
son équipage. Illustrations de G. Fraipont . . . . .   1 vol.

Ouvrages de la Baronne STAFFE

Publiés dans le format in-18 jésus

Prix du volume broché. 3 fr. **50** — Cartonnage spécial, en plus **0** fr. **50**

ÉDITIONS REVUES, CORRIGÉES ET AUGMENTÉES

Usages du monde. Règles du savoir-vivre dans la Société moderne. — *Naissance.* — *Baptême.* — *Le Mariage.* — *Les Visites.* — *La Conversation.* — *Les Dîners, etc.* . . . . 1 vol.

Le Cabinet de Toilette. — *Agencement.* — *Soins corporels.* — *Conseils et Recettes.* — *Bijoux, etc.* 1 vol.

La Maîtresse de Maison et l'Art de recevoir chez soi. — *L'entrée en ménage.* — *La Femme d'intérieur.* — *Les Secrets de la ménagère, etc.* . . . . . 1 vol.

Traditions culinaires. — *L'Art de manger toutes choses à table* . . . . 1 vol.

La Correspondance dans toutes les circonstances de la vie. — *Enfance.* — *Premières amitiés.* — *Fiançailles.* — *Vie conjugale.* — *Vie sociale.* — *Serviteurs.* — *Lettres d'affaires, etc.* . . . . . 1 vol.

Mes Secrets. — *Pour plaire et pour être aimée.* 1 vol.

La Femme dans la Famille. — *La Fille.* — *L'Épouse.* — *La Mère* . . . . 1 vol.

Pour augmenter son Bien-être . . . . . . 1 vol.

Les Hochets féminins. — *Bijoux, Dentelles, Éventails, etc.* . . . . 1 vol.

Ouvrages de Mademoiselle ROSE

100 façons de préparer des plats pour végétariens. Un vol in-16. . . . . » 75

100 façons de préparer les légumes. Un vol. in-16. » 75

100 — d'accommoder le bœuf. Un vol. in-16. » 75

100 — — le veau. Un vol. in-16. » 75

100 — de préparer les œufs. Un vol. in-16. » 75

100 — — les pommes de terre. Un vol in-16. . . . . » 75

100 façons de préparer les potages. Un vol. in-16. » 75

100 — — les entremets sucrés. Un vol. in-16. . . . . » 75

100 façons de préparer les plats froids. Un vol. in-16. » 75

100 — d'accommoder les restes. Un vol. in-16. » 75

100 — de préparer les plats maigres. Un vol. in-16. . . . . » 75

100 façons de préparer les sauces. Un vol. in-16. » 75

100 — — le gibier. Un vol. in-16. » 75

100 — de se guérir (accidents et petites maladies). Un vol. in-16 . . . . » 75

100 façons de préparer un plat en quelques minutes. Un vol. in.-16. . . . . » 75

100 façons de préparer des plats bon marché. Un vol. in-16. . . . . » 75

Émile ANDRÉ

100 COUPS DE JIU-JITSU

1 vol. in-16 illustré. . . . . Prix. 1 fr. 25

100 FAÇONS DE SE DÉFENDRE DANS LA RUE SANS ARMES

1 vol. in-16 illustré . . . . Prix. 75 cent.

100 FAÇONS DE SE DÉFENDRE DANS LA RUE AVEC ARMES

1 vol. in-16 illustré. . . . . Prix. 75 cent.

Baronne STAFFE

INDICATIONS PRATIQUES POUR RÉUSSIR
dans le Monde et dans la Vie

1 vol. in-16. . . . . Prix. 75 cent.

INDICATIONS PRATIQUES CONCERNANT L'ÉLÉGANCE
du vêtement féminin

1 vol. in-16 . . . . Prix. 75 cent.

INDICATIONS PRATIQUES POUR OBTENIR UN BREVET
de femme chic

1 vol. in-16. . . . . Prix. 75 cent.

H.-L.-Alphonse BLANCHON

100 FAÇONS D'AUGMENTER SES REVENUS
pendant ses loisirs

1 vol. in-16 . . . . Prix. 75 cent.

Albert CIM

PETIT MANUEL DE L'AMATEUR DE LIVRES

1 vol. in-16 illustré . . . . Prix. 75 cent.

Docteur MONIN

HYGIÈNE DE LA FEMME

1 vol. in-16. . . . . Prix. 75 cent.

LES
MEILLEURS AUTEURS CLASSIQUES

Français et Étrangers

VOLUMES PARUS

ARISTOPHANE, Théâtre. 2 vol.

BEAUMARCHAIS, Théâtre.

BERNARDIN DE SAINT-PIERRE, Paul et Virginie.

BOCCACE, Le Décaméron. 2 vol.

BOILEAU, OEuvres poétiques et en prose.

BOSSUET, Oraisons funèbres.

— Discours sur l'histoire universelle.

BRANTOME, Dames Galantes.

CÉSAR, Commentaires sur la guerre des Gaules.

CHATEAUBRIAND, Atala ; René ; Le dernier Abencérage.

CORNEILLE, Théâtre. 2 vol.

DANTE, La Divine comédie.

DESCARTES, Discours de la Méthode, Méditations métaphysiques.

DIDEROT, La Religieuse ; Le Neveu de Rameau.

ESCHYLE, Théâtre.

FENELON, Télémaque.

FOE (DANIEL DE), Robinson Crusoé.

GŒTE, Werther ; Faust ; Hermann et Dorothée.

HOMÈRE, Iliade.

— Odyssée.

LA BRUYÈRE, Caractères.

La FAYETTE (Mme de), Mémoires ; Princesse de Clèves.

LA FONTAINE, Fables.

— Contes.

LA ROCHEFOUCAULD, Maximes.

MAISTRE (Xavier de), OEuvres.

MARIVAUX, Théâtre.

MOLIÈRE, Théâtre. 4 vol.

MONTAIGNE, Essais. 4 vol.

MONTESQUIEU, Lettres persanes.

PASCAL, Pensées.

— Les Provinciales.

RABELAIS, OEuvres. 2 vol.

RACINE, Théâtre. 2 vol.

ROUSSEAU (J.-J.), Confessions. 2 vol.

— Julie ou la nouvelle Héloïse. 2 vol.

SCHILLER, Les Brigands ; Marie Stuart ; Guillaume Tell.

SÉVIGNÉ (Mme de), Lettres choisies.

SPINOZA, Éthique.

STAËL (Mme de), De l'Allemagne. 2 vol.

VIRGILE, L'Énéide.

VOLTAIRE, Dictionnaire philosophique.

— Histoire de Charles XII, roi de Suède.

Etc., etc., etc.

Chaque volume broché, **95 cent.**, relié toile pleine, **1 fr. 75**

CH. BROSSARD

Géographie Pittoresque et Monumentale

de la FRANCE
et de ses COLONIES

Description du Sol. - Curiosités - Monuments
Cartes des Départements.

Chaque volume renferme 600 gravures dont 160 en couleurs
L'ouvrage tiré sur papier couché, forme six volumes grand in-8°

TOME I
LA FRANCE DU NORD

TOME II
LA FRANCE DE L'OUEST

TOME III
LA FRANCE DE L'EST

TOME IV
LA FRANCE DU SUD-OUEST

TOME V
LA FRANCE DU SUD-EST

TOME VI
COLONIES FRANÇAISES

Prix du volume broché . . . . 25 fr.
En reliure demi-chagrin, plaque . . . . 32 fr.
En reliure amateur, coins . . . . 35 fr.

GÉOGRAPHIE (suite)

La publication se vend aussi en séries à 0 fr. 60 et en fascicules régionaux comme il suit :

FRANCE DU NORD

Paris et le Département de la Seine.	4 50
Seine-et-Oise	2 »
Ile-de-France	6 50
Picardie, Artois et Flandre	6 50
Normandie.	8 »

FRANCE DE L'OUEST

Bretagne	10 »
Maine-Anjou.	4 50
Touraine-Orléanais.	7 »
Berry-Bourbonnais	4 »

FRANCE DE L'EST

Champagne	6 »
Lorraine-Belfort	4 50
Franche-Comté. . . . . ,	4 »
Bourgogne.	6 50
Nivernais-Lyonnais.	5 »

FRANCE DU SUD-OUEST

Le Poitou.	5 »
Aunis, Saintonge, Angoumois, Limousin	6 »
Guyenne et Gascogne, I : *Gironde, Dordogne, Lot, Lot-et-Garonne*	7 »
Guyenne et Gascogne, II, et Béarn : *Tarn-et-Garonne, Aveyron, Landes, Gers, Htes.-Pyrénées. Basses-Pyrénées.*	7 50

FRANCE DU SUD-EST

Roussillon, Comté de Foix	2 »
Languedoc.	7 50
Auvergne, Marche	4 »
Savoie, Dauphiné.	4 50
Littoral méditerranéen : *Provence, Nice, Avignon*	6 50
Corse	1 50

GÉOGRAPHIE (suite)

COLONIES FRANÇAISES

Algérie	5 »
Tunisie	2 »
Maroc	2 »
Afrique occidentale française	4 »
Madagascar, Réunion, etc	2 50
Colonies d'Asie	6 »
Colonies d'Amérique	2 50
Colonies d'Océanie	1 50

L'OUVRAGE SE VEND ÉGALEMENT PAR DÉPARTEMENT,
AVEC CARTE SPÉCIALE

1ʳᵉ Série à O fr. 75

Alpes (Basses).	Cantal.
Alpes (Hautes).	Creuse.
Ardèche.	Lozère.
Ariège.	Savoie.
Belfort (Territoire de).	Savoie (Haute).

2ᵐᵉ Série à 1 fr. 35

Ain.	Drôme.
Aisne.	Eure.
Allier.	Eure-et-Loir.
Alpes-Maritimes.	Gard.
Ardennes.	Garonne (Haute).
Aude.	Gers.
Aveyron.	Hérault.
Charente.	Indre.
Cher.	Isère.
Corrèze.	Jura.
Corse.	Landes.
Doubs.	Loire.

GÉOGRAPHIE *(suite et fin)*

2ᵐᵉ Série à 1 fr. 35 *(Suite)*

Loire (Haute).
Lot.
Lot-et-Garonne.
Manche.
Marne.
Marne (Haute).
Mayenne.
Meurthe-et-Moselle.
Meuse.
Nièvre.
Oise.
Orne.
Puy-de-Dôme.

Pyrénées (Basses).
Pyrénées (Hautes).
Pyrénées-Orientales.
Saône-et-Loire.
Saône (Haute).
Sarthe.
Tarn.
Tarn-et-Garonne.
Var.
Vaucluse.
Vendée.
Vienne (Haute).
Vosges.

3ᵐᵉ Série à 1 fr. 95

Aube.
Bouches-du-Rhône.
Calvados.
Charente-Inférieure.
Côte-d'Or.
Côtes-du-Nord.
Deux-Sèvres.
Dordogne.
Finistère.
Ille-et-Vilaine.
Indre-et-Loire.

Loiret.
Loir-et-Cher.
Maine-et-Loire.
Morbihan.
Pas-de-Calais.
Seine-et-Marne.
Seine-et-Oise.
Somme.
Vienne.
Yonne.

4ᵐᵉ Série à 2 fr. 50

Gironde.
Loire-Inférieure.
Nord.

Rhône.
Seine-Inférieure.

Le Bon Journal

paraissant tous les Dimanches

MAGAZINE ILLUSTRÉ à 15 centimes

NOUVELLE SÉRIE

PARIS, DÉPARTEMENTS, ALGÉRIE et TUNISIE. Six mois : **4 fr. 50**. — Un an : **8 fr.**

ÉTRANGER, UNION POSTALE. . . . . . . Six mois : **7 fr.** — Un an : **13 fr.**

ADMINISTRATION ET RÉDACTION :

PARIS   26, *Rue Racine*, 26   *PARIS*

EN VENTE :

A PARIS, dans tous les kiosques et chez tous les marchands de journaux. — **EN PROVINCE,** chez les libraires et marchands de journaux et dans toutes les gares de chemins de fer.

LE BON JOURNAL est le seul **Magazine** illustré à 15 centimes, 40 pages de texte avec nombreuses illustrations, romans des meilleurs écrivains français, toutes les actualités de la mode, du théâtre, des sciences, des arts, du sport, etc.

Primes remboursant intégralement à tous les abonnés le montant de l'abonnement. Grands concours d'actualités dotés de nombreux prix importants.

LE BON JOURNAL ne publie que des romans que tout le monde peut lire ; *c'est le journal de la famille par excellence.*

Envoi franco, sur demande, de numéros spécimen.

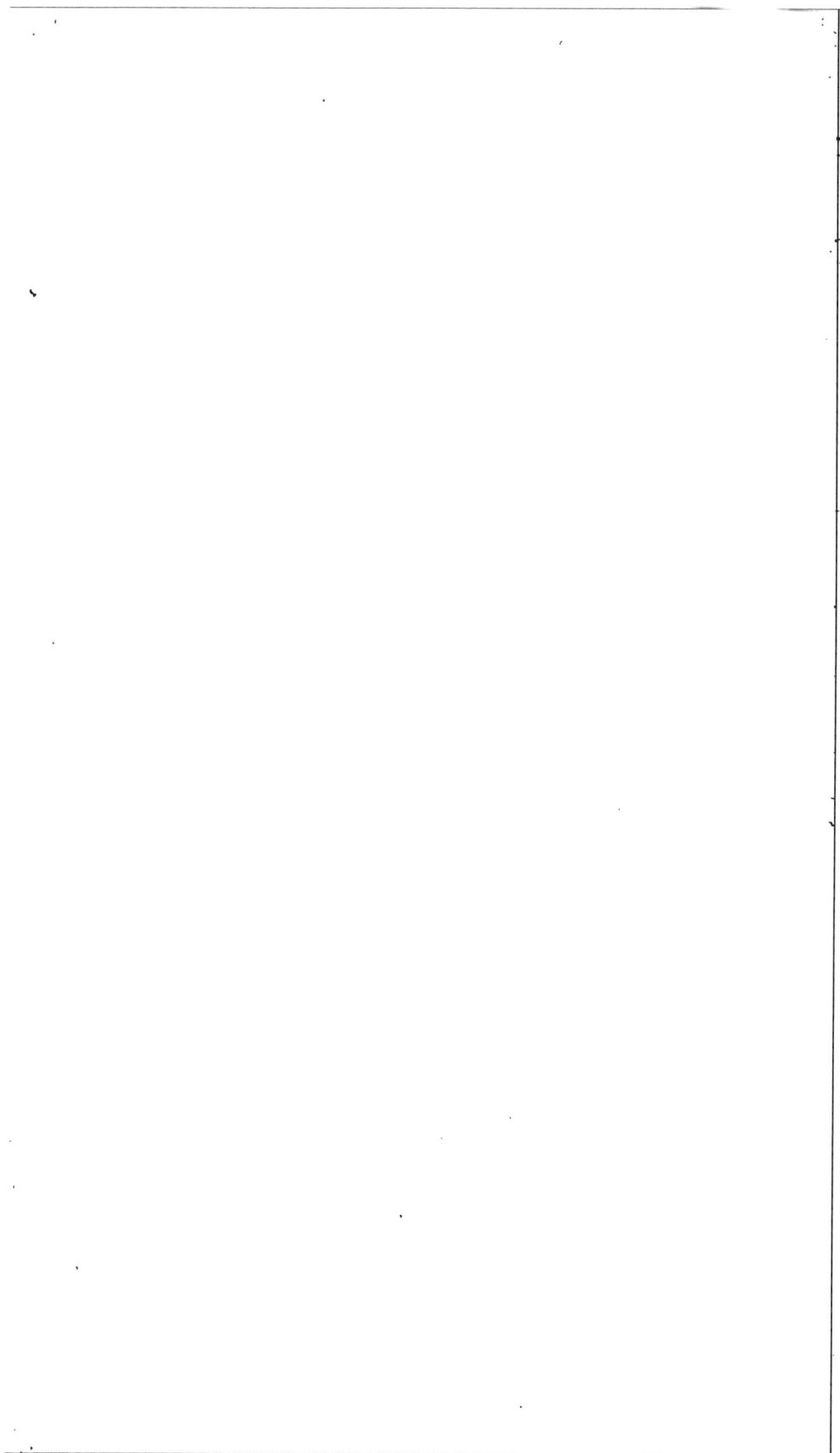

www.ingramcontent.com/pod-product-compliance
Lightning Source LLC
Chambersburg PA
CBHW070244200326
41518CB00010B/1675